냉전 이후 미국 패권

자본주의와 민주주의, 전쟁의 변주

이혜정 지음

한울
아카데미

이 도서의 국립중앙도서관 출판예정도서목록(CIP)은 서지정보유통지원시스템 홈페이지(http://seoji.nl.
go.kr)와 국가자료공동목록시스템(http://www.nl.go.kr/kolisnet)에서 이용하실 수 있습니다.
CIP제어번호: CIP2017022940(양장), CIP2017022939(반양장)

차례

표

그림

서문

두 번째 서문이다. 첫 번째는 2000년이었다. 서울대 미국학연구소에서 대공황에서 한국전쟁까지 미국 패권의 수립을 다룬 박사논문("The Making of American Hegemony from the Great Depression to the Korean War")을 출간할 때 영문으로 짤막한, 그리고 지금 보면 유치해서 부끄러운 서문을 썼다.

　이후 세 가지 기원·현재에 관한 연구 주제를 붙들고 있다. 첫째는 미국 패권의 현재를 그 기원, 더 거슬러 올라가면, 미국의 탄생에서부터 검토하는 것이다. 둘째는 대공황에서 최종적으로 무너진 미국 패권 이전의 구질서인 19세기 영국 패권 혹은, 더 일반적으로 보자면, 근대 국제질서의 기원에서 현재의 세계(질서·무질서)를 조명하는 것이다. 셋째는 한국전쟁 이후 한미 동맹의 기원을 중심으로 한국 외교의 역사적 진화와 현재를 성찰하는 것이다.

　2008~2009년 몬태나 대학에서 안식년을 보냈다. 몬태나의 자연은 시간이 정지한 듯 아름다웠다. 하지만 그 시절은 격렬하고 혼란스러웠다. 2008년 8월 미줄라 공항에 도착한 이후 처음 들은 뉴스는 뷰트라는 소도시 출신의 19세 백인 병사가 이라크에서 사망한 원인이 자살로 판명되었다는 것이었다. 백인이 95%가 넘는, 이 아름다운 곳에서 자란

백인 소년은 왜 이라크에 갔을까? 그는 팔루자 전투에서처럼 가가호호 모든 방문을 박차고 들어가 테러리스트를 색출할 자신이 없어서 자살한 걸까? 내가 속한 연구소에서 미 국방부 용역으로 대테러전쟁과 이슬람 문화·언어 등에 관한 강연을 할 때면, 이라크와 아프가니스탄으로 동원될 ROTC 학생들이 몰려들었다. 그들이 불쌍했다.

내 살림도 한가한 처지는 아니었다. 2008년 9월 15일 리먼 브라더스가 파산한 이후의 미국발 세계금융위기로 원-달러 환율이 급등했기 때문이다. 미국을 공부하는 학자로서 좋은 기회이기는 했다. 그 가을 미국 최초로 오바마가 흑인 대통령으로 탄생하는 정치적 격변이 연출되었다. 선거 운동 과정을 관찰하면서 박사논문 때 다루었던 대공황과 뉴딜체제 그리고 미국 정치 발전 문헌들을 다시 들여다보고, 인종 문제에 관해서는 새롭게 관심을 갖기 시작했다. 오바마와 몬태나의 '검은 발'과 '납작 머리' 인디언 때문이기도 했고, 지구사의 관점에서 대서양의 노예무역과 '블랙 자코뱅'의 아이티 혁명에 관한 문헌을 발견했기 때문이기도 했다.

2009년 말 학과가 없어지는 '구조조정' 발표는 몬태나에서 돌아오면서 세웠던 계획, 대공황에서부터 오바마까지 미국 패권에 관한 책을 쓴다는 원대한 계획을 수포로 돌아가게 하는, 좋은 핑계였다. '구조조정'의 교내 정치에 휘말리면서 삶은 피폐해졌다. 안식년은 연구년으로 바뀌었고, 긴 호흡으로 방대한 문헌을 정리하고 일차 사료를 다루는 작업으로는 매년 할당된 논문 생산량을 채울 수 없었다.

미국 패권의 현재와 직면해야 했다. 고육지책이었지만, 이점도 있었다. 권위적인 설명이 축적되어 있지 않으니, 기존 연구 정리에 품이 많이 들지 않았고 미국의 학자, 전문가들이나 나나 같은 조건이었다.

인터넷의 발달로 자료에 대한 접근이 문제 되지도 않았다. 미국 패권의 현재를 다루지만, 한국과 미국에서 횡행하는 현재주의를 경계하고자 했다.

국내에서 거의 상시적으로 진행되는 미국의 동아시아·한반도 정책에 대한 학계나 정치권, 언론의 분석은, 분명 필요한 작업이다. 하지만 이 작업은 흔히 미국의 단편적 정책적 선언을, 적어도 이전 정책 노선이나 담론의 맥락에서 체계적으로 분석하기보다는 한국의 정책적 대응이 필요한 전제로서 액면 그대로 수용하고, 한국의 기대나 원망을 정책적 처방과 전망에 투영하는 경향이 있다. 한미 동맹이 국내정치의 이념적·정책적 경쟁의 기준으로 작동하면서, 한국의 현재주의적·이념적·정파적·정책적 기대나 원망은 심지어는 미국의 대한정책은 미국의 세계·패권 전략의 하위체계라는 공리조차 쉽게 넘어서기도 했다.

미국의 패권전략 자체를 다루는 '노동 분업'에 입각해서, 미국의 정책을 미국의 시각에서 다루고자 했다. '우리에게 미국은 무엇인가'에서 '미국에게 미국 패권은 무엇인가'로 질문이 바뀐 것이다. 이때의 문제는 미국의 외교 현안에 따라붙는 미국 패권의 전통적·정통적 정당화를 어떻게 객관적이고 비판적으로 분석하느냐 하는 것이었다. 두 가지 길이 있었다. 기본적으로 정책적 선언을 적어도 정책 담론의 맥락, 더 넓게는 정치·경제·안보 현실의 맥락에서 '두텁게 기술thick description'하는 것이 하나였고, 다른 하나는 이러한 실증적 분석을 미국과 미국 패권에 관한 역사적·이론적 시각에서 녹여내는 것이었다.

이 책은 이러한 문제의식에서 쓰인 논문 일곱 편을 묶은 것이다. 1장은 영국 패권과 냉전기 미국 패권의 역사적 맥락에서 냉전 이후 미국의 대전략 논쟁을 다룬 것으로, '대공황에서 한국전쟁까지 미국 패권의 기원'에 관한 논의 및 이 책의 주제라 할 수 있는 미국 패권의 기본적인 동학, 즉 '민주주의, 자본주의, 전쟁의 변주'를 소개하는 총론의 성격을 띤다. 2장은 가장 오래전인 2000년에 쓰인 것으로, 1991~2000년 기간 미국의 다양한 국가안보전략 보고서들을 검토했다. 3장은 9·11테러 이후 부시 독트린에 대한 비판적 분석이고, 4장은 부시 정부 2기의 민주주의 확산을 위한 변환외교에 대한 비판적 분석이다. 5장은 대침체를 배경으로 한 오바마 정부의 이라크 종전과 아프가니스탄 증파에 대한 검토이고, 6장은 오바마 정부 2기의 중산층 복원 실패를 중심으로 정치·경제·안보상의 도전을 평가해본 것이며, 7장은 1970년대 이래 미국의 신자유주의 패권 2.0에 대한 트럼프의 도전을 다양한 각도에서 조명한 것이다.

2009년 초에 발표된 4장의 변환외교는 발표 시기나 내용 면에서 이 책 전반에서 주요한 변곡점이다. 2000년에 발표된 2장이나 2003년 말에 쓰인 3장의 경우에는 정책적 담론 자체에 대한 두터운 기술은 시도되었지만, 그 현실적 맥락에 대한 검토나 이론적 조명은 이후의 장들과 비교하면 상대적으로 취약하다. 4장은 그 소재가 된 2006년 1월 국무장관 라이스의 변환외교 연설이 발표된 직후 구상되었으니 발표까지 거의 3년이 소요되었다. 변환외교의 탈근대성에 대한 강조로 한국 외교에 대한 계몽을 시도하는 서울대 외교학과의 은사이신 하영선 선생님의 해석을 공개적으로 비판하는 데 대한 주저함이 있었고, 근대 국제체제의 기원으로서 웨스트팔리아 체제 자체에 대한 비판을 녹여내는 부담도 있었다.

성과라면 근대성 자체가 단일한 원칙에 근거한 것이 아니라 주권과 식민·제국주의 등 복합적이고 모순적인 원칙을 담고 있다는 확신을 갖게 되면서, 미국 패권에 대해서도 그 지정학적·지경학적, 그리고 국내 정치경제적 기반 사이의 '변주'에 대한 이론적 천착을 시도하게 된 점이었다. 이러한 변화는 오바마 2기의 '현재'에 대한 두터운 기술과 거시적 이론적 조명을 종합한 6장에서 두드러진다. 2009년의 취임사부터 2014년 말까지 오바마의 주요한 연설을 꼼꼼히 살펴본 6장에서 확인한 가장 큰 발견은 오바마 자신이 설정한 미국 재건의 핵심적 목표인 중산층 복원에 실패했다는 '자백'이었고, 그 원인을 대공황과 대침체의 역사적·이론적 비교를 통해서 규명하고자 했다. 2015년에 발표된 1장에서는 역사적 비교의 시점을 영국이 대전략 개념을 개발하는 제1차 세계대전으로까지 확장했고, 역시 중산층의 붕괴를 배경으로 정치권의 양극화가 심화되어 초당파적 외교의 기반이 붕괴된 데다가 대외정책 전문가 집단마저 분열된 점에 주목해, 미국 패권의 국내적 기반이 심각하게 무너져 있다는 함의를 도출했다. 7장 '트럼프의 반란'에서는 트럼프 자신의 '진술'과 함께 미국의 정치적·경제적 현실에 대한 두터운 기술을, 미국 예외주의에서 완전히 벗어나 탄생에서부터 인종주의적인 미국의 '원죄'와 결합시키고자 했다.

이러한 시도는 각 논문의 심사 과정에서 심각한 문제를 발생시키기도 했다. 2014년 말이나 2015년의 시점에서 오바마의 건강보험 개혁 시도 자체가 중산층의 붕괴에 따른 것이라는 주장이나 신자유주의의 정치적 종언이 다가왔다는 주장은 논문을 게재 불가로 심사하는 근거였다. 2016년 9~10월의 시점에서 '초현실적인surreal' 선거가 진행 중이라거나 트럼프가 '과대망상'의 장애를 가지고 있다는 표현에 대해서는 지극히 주관적인 것으로 삭제하라는 요청을 받기도 했었다. 트럼프의 '과대망상'은 자신의 취임식에 최대 인파가 참석했다는 주장 등 그의 다양한 막말을 통해 증명되고 있고, 트럼프가 미국 민주주의와 패권의 최대 위협으로 비판받는 현실은 충분히 '초현실적'이다. 각 장의 편집은 최대한 원문을 살리는 방향으로 진행했다.

이 책이 나오기까지 꽤 오랜 시간이 걸렸다. 2000년에 발표된 2장부터 올해 2017년 초에 발표된 7장까지 걸린 시간만 17년이다. 많은 이들에게 많은 신세를 졌다. 부모님과 선생님들께서는 오래 기다려주셨다. 훌륭한 학자이자 술친구들인 신홍기, 전재성, 박성우, 구갑우, 이수형은 곁을 내어주고 책 언제 낼 거냐고 채근해주었다. 특히 작년에 전재성과 구갑우가 트럼프에 관한 원고를 청탁해준 것은 이 책이 나오는 데 결정적 역할을 했다. 6장의 공저자이기도 한 김상기는 공과 사로 두루두루 선생을 챙기느라 수고가 많았다. '세계 최고의 조교' 최계원은, 2012년 처음으로 냉전 이후의 현실적 기점에 따라 편집본을 기획할 때부터, 마지막 교정까지 수고해주었다. 편집 과정에서 유재승과 김아현의 도움도 컸다. ≪프레시안≫ 박인규 대표는 원고를 한울에 소개해주셨고, 한울의 허유진, 최규선 편집자는 꼼꼼하게 책을 만들어주셨다. 모두에게 감사드린다. 마지막으로 아내 유혜란에게 고마움을 전한다. 이 책은 2000년 이후 학자로서 내 분투의 기록이다. 아내에게도 작은 성취이기를 바란다.

각 장의 출처

1장 탈냉전기 미국 대전략

이혜정. 2015. 「자제 대 패권: 탈냉전기 미국 대전략의 이해」. ≪한국정치연구≫, 제24집 3호, 171~197쪽.

2장 단극 시대의 논리

이혜정. 2000. 「단극 시대 미국 패권전략의 이해」. ≪한국과 국제정치≫, 제16권 2호, 1~38쪽.

3장 부시의 전쟁

이혜정. 2004. 「부시의 전쟁: 대테러전쟁의 논리와 한계」. 한신사회과학연구소 편저. 『미국의 신보수주의 외교전략과 한반도 평화문제』. HWB, 45~73쪽.

4장 부시의 실패

이혜정. 2009. 「변환외교의 논리: 또는 미국적 현실주의의 변명」. ≪한국정치외교사논총≫, 제31집 1호, 265~298쪽.

5장 오바마의 전쟁

이혜정. 2010. 「오바마의 전쟁: 미국의 경제위기와 대테러전쟁의 해체」. ≪21세기정치학회보≫, 제20집 3호, 249~271쪽.

6장 오바마의 한계

이혜정·김상기. 2014. 「오바마를 위한 변명: 담대한 희망 대 역사」. ≪21세기정치학회보≫, 제24집 3호, 625~653쪽.

7장 트럼프의 반란

이혜정. 2017. 「어떻게 불구국가 미국을 다시 위대하게 만들 것인가: 미국 우선주의, 백인 우선주의, 그리고 트럼프 우선주의」. ≪동향과 전망≫, 통권 제99호(봄호), 9~50쪽.

1

탈냉전기 미국 대전략

패권전략 논쟁의 역사적 개관

높은 곳의 비밀과 기만에서 벗어나서, 돌아오라, 미국이여. 극심한 낭비로 조국을 약화시키는 군사비 지출에서 벗어나서, 돌아오라, 미국이여.

★ 조지 맥거번, 1972년 미국 민주당 대선 후보 지명 수락 연설 중.

만약 우리가 제2차 세계대전 이후 우리의 제2의 천성이 되어버린 지구적 개입주의를 자제할 수 있다면, 우리는 언제인지 모르지만 미래에 부상할 수도 있는 위협에 보다 명확하게 대응할 능력을 보존하면서도 우리의 안전을 확보할 수 있을 것이다.

★ Sapolsky et al(2009: 85).

지구 전체에 걸친 미국의 개입은 우리가 아는 귀신이고 미국이 빠진 세상은 우리가 모르는 귀신이다. 미국 지도자들이 감축을 선택한다면, 그들은 기본적으로 자유주의적 지도국의 개입 없이 세상이 어찌 돌아가는가에 대한 엄청난 실험을 감행하는 것이다. 그 결과는 재앙적일 수 있다.

★ Brooks, Ikenberry and Wohlforth(2013a: 142).

1. 서론: 맥거번의 재림

1972년 미국 민주당 대선 후보 조지 맥거번George McGovern은 미국 민주·공화 양당의 대선 후보 중 가장 진보적이고 평화주의적인 정책을 공약한 인물로 꼽힌다. "돌아오라, 미국이여!"는 그가 대선 후보 지명 수락 연설에서 남긴 유명한 구호다. 그는 이 구호로 베트남에서 미군의 철수를 주창했을 뿐 아니라 기성정치의 부패와 특권을 비판하고, 인종·성적 차별과 실업에서 자유로운 미국을 꿈꾸며, 미국인 모두가 합심해 그런 진정한 미국을 만들 수 있다는 희망과 자신감을 갖기를 호소했다. 버락 오바마Barack Obama가 맥거번의 재림인지는 미국 정치권의 논란거리였다(Miroff, 2009: 9~11).

맥거번이 탈냉전기 미국 대전략 논의에서 재림한 것은 확실하다. 조지 부시George H. W. Bush 정부는 소련의 해체를 신중히 관장했으나, 빌 클린턴William Jefferson "Bill" Clinton 정부는 단극체제의 도래가 분명해지면서 미국 체제의 전 지구적 개입과 확장에 나섰다. 1990년대 중반, 봉쇄의 대안이 전 지구적 패권이어서는 안 된다는 자제restraint와 역외균형offshore balancing의 대안적 대전략이 등장했다. 자제전략은 미국의 경제적 재건이 우선되어야 한다는 신념과 미국에 대한 직접적 위협이 없다는 평가를 바탕으로, 국방비의 대폭 삭감과 유럽·아시아 주둔 미군의 전면적 철수 그리고 중동 주둔 미군의 부분적 철수를 주장했다. 자제전략의 구호는 맥거번의 "돌아오라, 미국이여"였다(Gholz, Press and Sapolsky, 1997: 6). 역외균형은 패권에 대한 비판적 인식과 국제정치의 영원한 법칙으로서 세력균형에 대한 믿음을 바탕으로 한다. 크리스토퍼 레인(Layne, 1997)은 10년 내에 단극체제가 쇠퇴할 수밖에 없을 것으로 예견하고, 해외 주둔 미군의 대대적 철군과 안보 공약 축소, 지역별 세력균형이 깨질 우려가 있을 때에만 미국이 직접 개입하는 역외균형전략을 제안했다.

이러한 소수의 비판적·대안적 대전략은 1990년대 후반의 다양한 대전략 논의들 중에서 독자적인 대전략으로 인정받지 못한 채 잊혔다. 클린턴 2기(1996~2000) 미국은 경제 호황으로 냉전기에 유례없는 흑자 예산을 누리고 있었고, 미국은 유사 이래 최고·최대의 제국으로 불렸다. 미국의 전략가들은 현실에서 그 어떤 잠재적 패권 경쟁자도 발견하지 못하자 미래의 다양한 위협들, 심지어는 예상할 수 없는 위협까지 찾고 있었다(이혜정, 2000).

그러나 9·11테러와 조지 W. 부시George W. Bush 정부의 이라크 침공으로 모든 것이 바뀌었다. 영국을 제외한 독일과 프랑스 등 유럽의 전통적 우방이 부시 정부의 이라크 침공에 반대하면서 미국 패권에 대한 새롭고 다양한 견제가 이론화되었다(Pape, 2005). 중동 전체의 민주화를 테러 위협의 궁극적 해법으로 내건 부시 정부는 미국의 막대한 재정적·군사적·인적 자원을 동원하고도 이라크 전후 처리 과정에서 처참한 실패를 겪었다. 역외균형론이 미국 패권의 쇠퇴를 확인하면서 다시 등장했고(Layne, 2007), 이라크 전쟁에 반대했던 현실주의자들도 역외균형 주장에 동참했다(Mearsheimer and Walt, 2003; Walt, 2005a, 2005b). 패권의 제도적 관성에 대한 자제 요청은 그 실제적 대안으로 역외균형을 포섭하면서 자제-역외균형론으로 자리 잡았다(Posen, 2007). 대침체Great Recession를 배경으로 자제론자들은 "마침내 맥거번의 시간이 도래했다It is, finally, time to come home"라고 선언하기에 이르렀다(Sapolsky et al., 2009: 94). 이에 맞서 패권론자들은 맥거번의 구호를 비틀어 "돌아오지 마라,

미국이여Don't Come Home, America"를 외치며 자제-역외균형론을 반박하고 나섰다(Brooks, Ikenberry and Wohlforth, 2012/13; Posen, 2007, 2008).

이 장은 탈냉전기 봉쇄의 대안을 모색하는 미국 대전략 논의를 자제-역외균형론과 패권론의 대립을 중심으로 분석하고 평가한다. 이를 위해 2절에서 근대 전쟁의 진화를 배경으로 한 대전략 개념의 탄생, 냉전기 봉쇄전략과 국가안보국가를 바탕으로 한 미국 패권의 형성과 진화를 역사적으로 추적한다. 3절에서는 탈냉전기 대전략 논의 지형의 전반적 변화를 개관한 후, 자제-역외균형 대 패권 논쟁의 핵심적 쟁점이 세력균형의 초역사적 법칙성 혹은 단극체제 미국 패권의 예외적 안정성 여부임을 밝히고 그에 따른 기존 패권-동맹정책과 자제-역외균형 전략의 손익계산 논쟁을 평가한다.

2. 대전략 개념의 역사적 기원과 진화

세계대전과 대전략 개념의 탄생

전략은 역사적 진화를 거쳐 다양한 분야에서 다양한 의미로 쓰이는 다의적이고 논쟁적인 개념이다. 전략의 의미는 고대 그리스 장군의 군사지휘 기술에서 시작해 모든 분야의 인간 활동에 자원을 투입해 목적을 달성하는 계획으로까지 확대되었다. 서구에서 지휘관의 전쟁술로서 전략 개념이 구체화된 것은 상비군과 국민군이 등장한 18세기 이후다. 양차 세계대전을 거치면서 대외정책 전반의 장기적인 비전을 설정하고 이를 실현하기 위해 국력의 모든 요소를 투입하는 "최고 수준의 치국술statecraft"로서 대전략 개념이 형성되었다(Brands, 2014: 1).

전략 개념은 근대 전쟁의 변화에 따라 진화해왔다. 제1차 세계대전 이후 영국이 강대국의 전유물로서 대전략을 발명하고, 제2차 세계대전 이후에는 미국이 이를 전 지구적으로 실천했다(Murray, 2011). 나폴레옹 전쟁을 배경으로 카를 폰 클라우제비츠Carl von Clausewitz는 전쟁을 정치의 연장으로 규정하고, 개별 전투의 승리를 위해 병력을 운용하는 전술과 전쟁의 승리를 위해 개별 전투를 이용하는 전략을 구분했다. 제1차 세계대전까지 육군에 의존하는 유럽 대륙의 고전적 전략론에서 전쟁과 평화의 구분, 그리고 전쟁의 목적을 규정하는 정치와 전략·전술의 구분은 엄격했다. 황제 개인이 국가와 군부를 대표했고, 일단 전쟁이 발발하면 전쟁의 수행은 전적으로 장군들의 전략에 달려 있었다.

민주주의 영국 제국의 상황은 달랐다. 제국의 경제적 기반은 초기의 산업 생산력에서 19세기 중반 이후 상업과 금융으로 옮아갔다. 이를 지키는 주요한 수단은 해군력과 패권 경쟁국 출현을 막기 위한 세력균형 외교였다. 해상수송로 보호 등 해군 작전에서 전쟁과 평화의 뚜렷한 구분은 없었다. 해군력 확충은 물론 동맹에 대한 재정적 지원을 요구하는 세력균형 외교의 실현을 위해서는 의회의 동의가 필수적이었다. 제1차 세계대전을 계기로 영국의 전략가들은 전통적인 육군전략과 해양전략을 어떻게 통합할 것인지, 군사전략 전반을 상업과 금융의 이익과 외교, 민주주의와 어떻게 조화시킬 것인지 고민했다. 이런 노력의 대표적 성과가 리델 하트B. H. Liddel Hart가 고안해낸, 전쟁의 승리를 위해 국가의 모든 자원을 동원하는 대전략 개념이다(Strachan, 2013: 33).

제2차 세계대전은 산업화와 민족주의가 결합된 총력전이 지구적 수준에서 전개된 근대 전쟁의 궁극이자 근대 국제체제의 궁극적 파국이었다. 전쟁의 승패는 총력전을 위해서 국내적으로는 물론 외교를 통

표 1-1 **대전략의 층위**

층위	공간적 범위	시간적 규모	목적	수단
대전략	지구적	장기(수십 년)	최고의 정치적 목적	모두(외교, 정보, 군사, 경제)
전략	전쟁의 모든 전구 (theaters)	중기(수년)	전반적 군사적 승리	군사, 정보, 경제
작전(operations)	특정한 전구	단기(수주, 달)	작전(campaign)의 승리	군사, 정보
전술	개별 전장	초단기(분, 일)	전술적 목적	군사

자료: Martel(2015: 30).

해 자원을 동원하는 대전략의 실천에 달려 있었다. 승리는 미국·영국·소련의 대동맹에 돌아갔고, 그 주역은 미국이었다. 제2차 세계대전 이후 냉전으로 대전략의 통합적 성격은 더욱 강해졌으며 전쟁과 평화의 구분은 더욱 모호해졌다. 핵무기 등장으로 전략 시행을 통한 전쟁 승리가 아니라 위협의 설득을 통해 전쟁을 방지하는 억지전략이 탄생했다. 제3세계에서 벌어진 대리전과 내전이 착종된 실제의 전쟁들도 진영 대결과 핵억지의 논리에 의해 제한되었다. 전쟁의 승리를 관장하는 전통적인 육군전략의 영역은 축소되고, 군 지휘부의 역할은 새로운 주체들(혁명가와 외교관, 외교정책 전문가, 억지의 게임논리를 개발하는 물리학자와 수학자 등)에게로 넘어갔다. 이에 대한 반발로 1980년대 미국과 영국의 군부는 전략과 전술 사이에 순수한 군사적 논리의 새로운 층위인 '작전operations'을 개발했다(Luttwak, 1980/81; Milevski, 2014).

냉전과 미국 패권

영국에서 탄생한 대전략 개념을 미국은 제2차 세계대전 이후에 국가전략이라는 이름으로 수용했다(Strachan, 2005: 38; Hoffman, 2014). 영국은 제1차 세계대전을 거치면서 민주주의 정치체제, 국제체제의 경제적 기반인 세계자본주의체제에서의 경제적 이익, 그리고 국제체제의 지정학적 질서에서의 지배라는 세 가지를 조화시키는 것을 대전략의 핵심 과제로 설정했다. 미국 입장에서도 세 가지의 조화는 국가 대전략의 핵심 과제였다. 이에 대한 미국적 해법은 1945년에서 1953년 사이에 두 가지 기제를 통해 마련되었다. 국가안보국가national security state와 봉쇄전략이 그것이다. 전자는 전쟁과 평화의 경계를 허물고 대외정책과 국방정책은 물론 국내정치에서의 이념적 통제까지도 포괄하는 안보 개념을 제도화했고, 후자는 소련의 위협을 전면에 내세워 세계자본주의를 재건하는 패권 기획을 정당화했다. 미국의 대전략으로서 패권은 봉쇄를 명분으로 하고 국가안보국가를 제도적 기반으로 한다(Gaddis, 1982; Campbell, 1998; Hogan, 1998; Miscamble, 2009; Leffler, 2010; Gray, 2011).

이 과정에 관한 가장 권위 있는 설명은 아마도 1945년부터 1953년 초까지 미국의 대외정책을 관장한 해리 트루먼Harry S. Truman 대통령의 1952년 말 연설일 것이다. 이임을 앞둔 1952년 12월 19일 국가전쟁대학에서 행한 "미국 외교의 회고U.S. Foreign Policy in Review"라는 제목의 연설을 통해, 그는 자신의 대외정책이 소련의 위협에 대한 방어적 대응이 아닌 "긍정적, 창조적, 건설적"인 것임을 강조했다(Truman, 1953). 그에 따르면, 전후 질서의 수립은 '원칙, 청사진, 제도화'의 세 단계로 진행되었다. 미국은 1945년에 이미 브레턴우즈 체제와 유엔, 미국의 핵독점 등 지구적 수준에서 전후 질서의 '원칙들'을 제시했다. 이를 과거 동맹국 중 하나가 "거부"하자, 미국은 1947~1948년에 이러한 전후 현실에 맞게 트루먼 독트린과 마셜플랜, 일본 재건의 새로운 '청사진'을 마련했고, 한국전쟁 이후 이들 미국 패권의 기제들을 자유세계에서 '제도화'하는 데 성공했다. 소련을 적시하지도 않은 트루먼의 회고는, 제2차 세계대전 발발 직후 이미 미국 체제의 생존 공간을 지구 전체의 "대영역The Grand Area"으로 설정하고 세계자본주의체제의 재건과 전 지구적 군사력 투사 능력을 통해 미국이 대영역을 재건하고 통제할 것을 주장한 미국 패권주의자들의 전후 질서 구상(Cumings, 1999)과 일맥상통한다. 하지만 그의 회고는 냉전의 기원을 소련의 팽창정책에 둔 정통주의 시각과는 배치되며, 소련의 위협을 강조하고 마셜플랜이나 일본 재건을 추진했던 자신의 수사와도 배치된다(Hogan, 1987).

트루먼이 자부하는 한국전쟁 이후의 서부 유럽과 일본의 재건, 나토 건설 등 제도화의 성과living institutions는 1950년 초 NSC-68이 제안한 대규모 재무장정책에 따른 것이다. 재무장정책은 의회의 (예산) 지지를 확보하지 못해 즉각적으로 실행되지 못하다가 한국전쟁 이후 안보 예산이 급증하면서 현실화되었다. NSC-68은 미국 외교의 목표를 미국 체제에 유리한 국제 환경을 조성하는 것으로 정의하고, 이를 위한 과업으로 두 가지를 설정했다. 하나는 소련의 위협에 대한 대응이고, 다른 하나는 소련이 없더라도 추진해야 하는 과업이다. NSC-68은 이 두 가지 과업이 서로 착종되지만 기본적으로 독자적이라고 강조했다(May, 1993).

세계자본주의체제의 재건은 후자에 속하는 것으로, 소련의 위협에 선행하고 기본적으로 독자적인 과업이다. 대공황 이후 독일이나 일본이 무력으로 건설한 폐쇄적 경제권은 물론 영국이 정치적 합의를 통해서 건설한 영연방의 지역경제권도 해체하고, 이들 지역경제권을 미국 중심의 세계자본주의체제에 통합하는 것은 미국의 국제주의자들이 제2차 세계대전에 미국이 공식적으로 참전하기도 전에 이미 설정해놓은 전후 질서의 주요한 목표였다(이혜정, 2001). 이들은 제2차 세계대전 기간에 '무기대여법Lend-lease'을 통해 영국을 지원하면서도, 미국의 지원이 전후 영국의 금융 패권 회복과 영연방 유지에 도움이 될까 우려했다. 이러한 우려는 전쟁으로 인한 영국 경제의 쇠퇴 및 1945년 5월 독일의 항복 직후 무기대여법에 의한 지원을 전격적으로 중단한 트루먼 정부의 '실수'가 초래한 경제적 충격 때문에 기우로 밝혀졌다. 전쟁 기간 독일에 직접 점령당하지 않은 영국 경제의 재건은 유럽 경제를 재건하는 발판이었고, 특히 안정적인 국제통화 질서를 수립하는 데 필수적인 조건이었다. 트루먼 정부는 '실수'를 벌충하기 위해 1946년에 무기대여법을 대신해 영국에 차관을 지원하면서, 영국이 외환 통제를 폐기하고 파운드화와 달러의 태환을 허용할 것을 조건으로 걸었다. 하지만 미국 경제와 영국은 물론 전 세계경제의 극심한 불균형이 초래한 달러 부족으로, 영국은 외환 자유화는커녕 산업의 국유화 등 '사회주의화'의 길을 걸었고, 1947년 초에는 재정 악화로 그리스 반군에 대한 지원을 중단한다고 미 국무부에 통보했다. 한편 유럽 대륙의 경제 재건에 필수적인 독일의 재건은 소련과의 합의를 통해 하나의 독일 정책을 추진한다는 전쟁 기간 중의 합의에 발목을 잡혔고, 독일 재건에 대한 프랑스의 우려 때문에 표류하고 있었다. 이에 따라 미국은 1947년 트루먼 독트린을 발표하고, 영국에 대한 지원과 함께 독일의 분할과 재건을 위한 경제 지원을 마셜플랜으로 입법화하는 한편, 일본의 재건에도 나섰다. 하지만 1949년 영국의 파운드화 평가절하에 따라 한시적인(1948~1952) 마셜플랜의 지원으로는 기대하는 성과가 조기에 달성될 수 없음이 증명되었고, 소련의 위협과 함께 독일 재건에 대한 프랑스의 우려를 잠재우는 수단인 나토에 대한 미국의 군사적 지원도 의회의 반대에 직면했다. 이와 더불어 1949년 중국의 공산화로 미국이 통제하는 자유세계가 축소되고, 소련의 핵개발로 자유세계에 대한 미국의 기존 군사적 보호 기제(핵독점)에도 심대한 도전이 제기되었다. NSC-68은 이를 타개하기 위한 미국의 패권 구상이었고, 이후 미국은 한국전쟁 이후 경제·군사·기술 원조를 통합한 상호 안보mutual security 지원을 통해 서유럽·일본의 재건과 미국 진영으로의 통합을 제도화했다. 트루먼 정부는 1946년 영국 차관의 입법화 과정에서부터 소련의 위협을 전면에 내세웠다. 의회의 반국제주의자들 혹은 국가주의자들, 특히 공화당 의원들이 세계자본주의 재건의 경제적 논리에 따른 지원을 거부했기 때문이다. NSC-68의 구상이 현실화될 수 있었던 것은 소련의 위협을 증명한 한국전쟁의 '구원' 덕분이었다(Acheson, 1969; Jervis, 1980; Borden, 1984; Cuming, 1993; Lee, 2000).

국제주의자 혹은 패권주의자의 정치적 음모를 넘어 소련의 위협이 적극적으로 활용될 수밖에 없었던 구조적 원인을 찾자면, 그것은 미국 경제의 상대적 자족성이다. 영국과 비교하면 대륙 규모의 연방국가인 미국은 세계경제에 대한 의존도가 낮다. 산업 부문의 경쟁력을 상실하고 무역과 금융으로 경제적 이익의 중심을 옮긴 영국과 달리, 미국은 상대적으로 산업과 무역, 금융 전 부분의 경쟁력을 균형적·지속적으로 유지하고 있었다. 미국이 세계경제에 대해 지니는 구조적 영향력은 크지만, 전통적인 토지귀족이 산업·금융 자본과 결합해 국제주의적 대외 정책을 지지한 영국(Cain and Hopkins, 2001)과 달리, 미국 국내정치에서 국제주의자들의 정치적 영향력은 상대적으로 취약했다. 또한 유럽의 강대국 정치를 경험하고 현실주의적 치국술에 대한 이해를 지닌 영국과 달리, 미국은 유럽 제국주의 세력을 제외하면 지역의 강대국이 부재한 예외적 환경에서 일방주의 외교 전통을 키워왔다(McDougall, 1997). 미국 국가주의 혹은 민족주의는 미국 체제의 보편적 정당성과 우월성 및 일방주의 외교정책을 신봉한다. 소련은 군사적 측면에서 미국에 도전일 뿐 아니라 사회체제와 이념의 측면에서 미국 체제의 안티테제였다. 미국의 국제주의 혹은 패권주의자들이 패권을 제도화하기 위해서는 국내의 국가주의 세력을 설득해야 했고, 여기에 소련은 유용한 위협이 되었다. 소련을 그러한 유용한 위협으로 정의하는 것은 적대적 타자를 통해 미국을 새롭게 구성하는 정체성의 정치이기도 했다(Campbell, 1998).

1947년의 국가안보법National Security Act of 1947에 따라 전쟁성과 육군성은 국가군사기구National Military Establishment로 통합되고, 해외 비밀공작과 첩보활동을 관장하는 중앙정보부CIA 및 외교·국방 정책 전반을 조율하는 국가안보회의NSC가 설치되었다. 국가군사기구는 1949년 개정 국가안보법에 따라 국방부로 개편되었다. 평시에는 국무부가 대외정책 전반을 조율하고 전시에는 전쟁부가 해군성과 협조하며 전쟁을 주관하던 전통적인 전쟁과 평화의 구분은 사라졌다. 군사적 활동과 정보·첩보 활동의 경계도 허물어졌다. CIA와 FBI의 경합으로 국내와 국제 정보활동의 경계도 모호해졌다. 이제 전쟁과 평화, 군사와 국내외 정보 전반은 안보정책의 대상이 되었고, 안보정책은 국방부와 NSC가 주도했다(Stuart, 2003). 한국전쟁은 트루먼의 새로운 대외정책 청사진만 제도화한 것이 아니라, 안보 예산을 세 배 이상 증가시키면서 안보기구의 제도화도 이루어낸 것이다(Hogan, 1998; Friedberg, 2000).

냉전의 정상 상태: 민주주의, 자본주의, 안보의 변주

탈냉전기 미국의 전략가들은 냉전 시대의 안정성을 강조해왔다. 그러나 봉쇄정책이 항상 성공적이었던 것은 아니었고, 안보의 요청이 미국 민주주의의 헌정 질서와 자본주의의 안정적인 운영과 항상 조화된 것도 아니었다. 오히려 안보, 민주주의, 자본주 각 영역 내부의 정책 혹은 노선 투쟁과 세 영역 사이의 긴장과 모순이 냉전의 정상 상태에 가까웠다. 문제는 트루먼 정부에서부터 불거졌다. 한국전쟁 초기 트루먼 정부는 두 개의 전략, 즉 북한군을 38도선 이북으로 축출하고 전쟁 이전의 상황을 복구하는 제한전쟁과 한반도에서 공산주의를 완전히 괴멸시키는 롤백rollback 전략 사이에서 갈팡질팡했다. 1950년 6월 25일 북한의 남침 직후 미국의 한국전 개입을 주도한 국무장관 딘 애치슨Dean Acheson은 봉쇄전략에 따라 제한전쟁을 주장했지만, 유엔군 사령관 더글러스 맥아더Douglas MacArthur는 인천상륙작전의 기세를 몰아 38도선을 넘어 한반도 전역을 공산주의에서 해방시킬 것을 주장했다. 트루먼 정부의 정책 결정 과정에서 후자가 득세하면서 38도선을 넘는 북진이 결정되었고, 이후 중국군이 개입하고 전선이 교착되면서는 다시 전자, 즉 봉쇄에 근거한 제한전쟁 주창자들이 정책을 주도해 맥아더를 해임하고 휴전협상을 추진하게 된다. 전쟁이 장기화되면서 여론은 악화되었고, 현직 대통령 트루먼은 재선 도전을 포기할 수밖에 없었다. 매카시즘, 그리고 노조 지도자와 인권운동가 등에 대한 FBI의 사찰로 헌정 질서는 훼손되었고, 재무장의 재정 부담에 대한 우려로 드와이트 아이젠하워Dwight Eisenhower 정부는 비밀공작과 핵무기에 의존하는 뉴룩New Look 전략을 채택했다(Bowie and Immerman, 1998).

봉쇄의 성공 사례로 꼽히는 서유럽과 일본의 경제 재건은 미국 경제의 상대적 쇠퇴와 맞물리면서 이들 동맹이 미국의 안보 제공에 무임 승차하고 있다는 비판으로 이어졌다. 다른 한편으로는, 미국이 금 태환 중지 이후에도 달러의 기축통화 지위에 따른 특혜를 누리고 있는 데서 볼 수 있듯이, 미국이 시혜적 패권에서 약탈적 패권으로 변모했다는 비판이 부상하기도 했다. 제2차 세계대전 이후 미국의 압도적 지위는 역사적 예외로서 미국 경제의 상대적 쇠퇴는 필연적이었다. 이에 따라 미국 경제의 상대적 이득을 확보하는 개별 국가 차원의 국익과 세계자본주의체제의 안정적 관리라는 패권국가의 과제는 상호 충돌할 수밖에 없었다(Gilpin, 1981; Gadzey, 1994; 백창재, 2009).

베트남 전쟁의 비극이 증명하듯, 봉쇄를 명분으로 한 미국의 제3세계 개입은 전반적으로 실패로 귀결되었다. 이란, 과테말라, 칠레 등에서 CIA의 쿠데타 개입과 제3세계 군부정권에 대한 미국의 지원은 민주주의 훼손이라는 비판에 직면했다. 통킹만 결의안에서부터 이란·콘트라 스캔들에 이르기까지 안보기구의 비밀주의와 여론 호도, 의회에 대한 기만은 미국 민주주의 자체의 기반을 침식했다. 영국의 제국적 지배는 '백인의 의무White Man's Burden'나 문명 표준과 같은 위계적이고 온정주의적이며 인종주의적인 명분을 내세웠다. 미국은 제3세계에서 안보나 세계자본주의의 요청 등으로 사실상 영국의 제국적 지배와 다를 바 없는 개입을 시행했지만, 그 명분으로 민족자결주의와 주권, 국제법과 민주주의 등 새로운 가치들을 내걸었다. 이러한 가치들을 전후 제3세계의 현실, 즉 제국주의의 유제 속에서 사회혁명과 국가 건설의 열망이 내전으로 발화된 현실에서 실현하는 것은 원천적으로 불가능한 과업에 가까웠다(Hahn and Heiss, 2001; Westad, 2005).

냉전 시기 미국의 개입은 폭과 내용 면에서 부침을 거듭했다

(Gaddis, 1982; Dueck, 2011). 첫 번째 감축retrenchment 혹은 개입 축소는 아이젠하워 정부가 NSC-68의 대규모 재무장정책에서 한국전쟁의 종식과 뉴룩으로 전환한 것이었고, 두 번째는 리처드 닉슨Richard Nixon 정부가 베트남에서의 철군과 중·소 분쟁을 활용한 데탕트를 추진한 것이었다. 양자 모두 개입에 대한 국내의 정치적 저항이나 지지의 상실과 재정적 압박이 작동했지만, 후자의 경우 개입의 장애와 감축의 후유증이 훨씬 심각했다. 베트남은 미국 민주주의와 세계자본주의, 안보의 세 영역에서 모두 위기가 연쇄적으로 발생한 사례였다. 그 대표적인 시기는 북베트남과 베트콩의 '구정 공세'가 입증한 개입의 실패, 미국 경제의 상대적 쇠퇴를 보여준 달러 위기, 그리고 현직 대통령의 재선 불출마 결정과 미국 민주당 전당대회 시위 사태로 대표되는 국내정치적 위기가 중첩된 1968년이었다. 반전운동의 여파로 징병제가 폐지되고 모병제가 시행되면서 군사 개입의 물적·제도적 기반이 침식되었다. 베트남 철수 협상에서 닉슨의 비밀주의가 결국 워터게이트로 이어졌다고 본다면, 헌정 질서의 위기 역시 베트남이 남긴 상처다(Herring, 1996; Logevall, 2014).

패권의 전통은 감축에 대한 반발을 불러오기도 했다. 대표적인 사례는 존 F. 케네디John F. Kennedy와 로널드 레이건Ronald Reagan 정부가 통상전력과 핵전력 그리고 제3세계에 대한 개입을 동시에 확대한 것이다. 케네디의 유연반응전략은 아이젠하워의 뉴룩에 대한 반발이었다. 1972년 선거에서 민주당의 '평화후보' 맥거번은 닉슨에게 참패했다. 닉슨의 데탕트 정책은 역설적이게도 같은 공화당의 반발을 촉발했다. 데탕트에 대한 반발은 민주당을 지지했던 자유주의자들이 신보수주의로 거듭나는 결정적 계기였다. 레이건은 데탕트에 반대하는 신보수주의의 지원을 배경으로, 도덕외교를 내세우며 미국의 기존 안보정책과 안보기구 전반의 개혁을 추구했던 지미 카터Jimmy Carter에게 압승을 거두었다. 이러한 사례는 감축정책의 국내정치적 한계가 분명히 존재함을 웅변한다.

감축에 대한 케네디와 레이건의 반발은 성공적이었는가? 케네디의 전면적 개입 정책이 성공적이었는가에 대한 평가는 그가 재임 중 암살을 당했기 때문에 반사실적 추론일 수밖에 없다. 레이건의 외교정책에 대한 평가는 결국 냉전이 평화적으로 종식되었다는 점에서는 긍정적일 수 있다. 그러나 쿠바 침공 작전의 실패와 미사일 위기, 그리고 이란·콘트라 스캔들과 나토의 핵전력 모의 군사훈련 '유능한 궁수Able Archer'가 초래한 실제 핵전쟁의 위기를 고려하면, 케네디와 레이건의 전면적 개입 정책이 성공적이었다고 보기는 어렵다. 이들이 겪은 핵 위기는 억지의 안정성에 대한 심각한 회의로 이어졌고, 핵 위기 이후 이들은 모두 신중한 대외정책으로 돌아섰다. 특히 레이건은 '유능한 궁수' 이후 대소련 군사 대결에서 협상으로의 '반전Reagan Reversal'을 연출하며 미하일 고르바초프Mikhail Gorbachev와의 협상을 통해 냉전의 평화적 종식을 이끌어낼 수 있었다. 케네디와 레이건의 외교적 업적은 전면적 개입과 대결이 아니라 자제와 협력의 산물이었다(Fisher, 1997; Brands, 2014: 102~143).

3. 탈냉전기 미국 대전략 논쟁: 지구적 패권과 그 대안들

자제-역외균형론

소련의 해체로 냉전이 끝난 후 미국에서는 비로소 국가전략이 아닌 대전략의 이름으로 봉쇄의 대안에 대한 논의가 시작되었다. 이 과정에서 봉쇄에 가려 있던 패권에 대한 도전을 제기한 것이 자제-역외균형론이다. 탈냉전기 대전략 논의의 공통적인 출발점은 1945~1953년의 '대전략 황금기'에 형성된 봉쇄의 기조가 냉전 전 기간에 걸쳐 성공적으로 유지된 데 반해 냉전 종언 이후에는 봉쇄에 버금하는 대전략의 수립이 계속 실패하고 있다는 '현재주의적' 관찰이다(Feaver, 2009: 549~550; Brands, 2014: 17~58; Dueck, 2015; Martel, 2015: 300~336).

대전략 관련 논의는 크게 두 가지, 봉쇄를 대체하는 대전략의 수립이 불가능하다는 회의론과 구체적인 대전략 제안으로 나뉜다. 회의론은 다시 절대적 혹은 원천적 불가론과 역사적 불가론으로 구분할 수 있다. 전자는 미래의 불확실성과 인간 본성의 근원적인 오류, 관료제의 관성, 여론과 시류에 휩쓸리는 민주주의의 병폐 등에 따라 장기적이고 거시적인 수준에서 일관되게 목적과 수단의 균형을 이루는, 엄밀한 의미의 대전략 시행이 원천적으로 불가능하다고 주장한다(Betts, 2000; McDougall, 2010). 후자는 이념, 경제, 안보 등 다양한 위협과 그에 대한 미국의 대응을 하나로 묶고 대내외적으로 지지를 확보할 수 있는 틀을 제공해주었던 소련의 위협이 지니는 해석적 가치heuristic value를 강조한다. 그처럼 대내외적 지지를 확보할 수 있는 새로운 위협이 없기 때문에, 구체적으로는 9·11테러의 궁극적 원인인 실패국가의 안보 위협에 대한 합의가 없으므로, 탈냉전기의 역사적 조건 속에서 새로운 대전략 수립이 불가능하다는 것이다(Krasner, 2010).

구체적인 대전략을 제안한 논의 중에서 개입 반대와 적극 개입의 양극단을 일관되게 지킨 것은 자유지상주의와 신보수주의다(표 1-2 참조). 대내외정책 모두에서 작은 정부를 지향하는 자유지상주의는 개입

표 1-2 **탈냉전기 미국 대전략 유형론 변화**

Kohout et al. (1995)	Posen and Rose (1996/97)	Art (1998/99)	Dueck (2004)	Reveron and Grosdev (2015)
비개입	신고립주의	고립주의	철수	전략적 자제 / 고립주의
		선택적 개입		
다자주의	선택적 개입	봉쇄	세력균형 현실주의	역외균형 / 선택적 개입
	협력안보	협력 안보	자유주의적 국제주의	자유주의적 국제주의 / 협력 안보
단극주의		지역적 집단안보		
	우위	지구적 집단안보	우위	우위 / 국가주의적 자유주의
		지배		

반대의 극단에서 소련의 해체가 진행 중일 때부터 적극적으로 평화배당peace dividend을 요구했으며, 냉전을 명분으로 한 기존의 안보정책과 동맹 네트워크, 국방태세의 전면적인 감축을 주장했다(Ravenal, 1990/91; Carpenter, 1992, 1997). 조지 W. 부시의 대테러전쟁이 아프가니스탄과 이라크의 늪에 빠지고 이들 전쟁의 전비가 대침체와 겹치면서 심각한 국내 정치경제적 위기가 발생했다. 패권을 추구하는 미국의 국가안보기구가 위협을 과장해 불필요한 전쟁과 안보 비용으로 미국의 민주주의를 훼손하고 있다는 자유지상주의의 비판이 더욱 날카로워졌다(Preble, 2009). 적극적 개입의 극단에서는 미국 체제와 패권의 정당성을 신봉하는 신보수주의가 그 어떤 잠재적 패권 경쟁도 허용하지 않겠다는 결의로 단극체제를 시작했다(Krauthammer, 1990/91; Tyler, 1992.3.8; Kristol and Kagan, 1996). 1990년대 미국 패권에 대한 예상할 수 없는 미래의 위협까지도 방지하고자 했던 신보수주의의 시각에서 볼 때 이라크 전쟁은 비록 준비 과정과 전후 질서 수립에 실수가 있었지만 절대적으로 필요한 예방전쟁이었고, 미국은 모두 수단을 동원해 자신의 체제

를 지키고 가치를 확대하는 과업을 자신에게 주어진 역사적 운명으로 받아들이고 실행해야 한다(Kaplan, 2015).

대전략 논의 구도의 핵심적인 변화는 이원화와 자제-역외균형의 부상이다. 1990년대 신보수주의와 자유지상주의의 양극단 사이에 존재했던 선택적 개입, 협력 안보, 다자주의 등의 대안은 9·11테러 이후에는 점차 독자적 대안으로서의 의미를 상실해, 대전략 논의 지형이 전반적으로 개입·패권과 고립·철수의 양극단으로 이원화되었다. 선택적 개입은 원래 냉전 해체의 혼란기에 기존 안보정책의 전면적 감축과 확대 사이에서 기존 정책을 일정하게 축소하면서 지속하는 중간적 입장으로 출발했지만, 나토의 확장 등 클린턴 정부의 개입과 확장 정책 및 부시 정부의 대테러전쟁에 대한 지지를 표명하면서 현실의 패권정책과의 차별성을 상실해갔다(Art, 1991; Posen, 2014: 170). 협력안보는 힘에 의존하는 '단극주의'나 '우위'와 구분되는, 냉전의 군축 경험을 국제제도와 협력을 통해 더욱 확대·발전시키자는 독자적인 대전략으로 제시되었다. 하지만 협력안보의 대표적인 주창자였던 매들린 올브라이트 Madeleine Albright가 국무장관으로서 국제질서의 필수국가indispensible nation로 미국을 자리매김하고(Albright, 1998) 학계의 자유주의 이론가들이 이라크 전쟁을 찬성하거나 이후 부시 정부의 민주주의 기획을 지지하면서 협력안보의 독자성 역시 상당 부분 침식되었다(Ikenberry, 1998/99; Ikenberry and Slaughter, 2006).

자제-역외균형론은 처음 등장한 1990년대 중반에는 주목받지 못하다가 부시 정부의 이라크 침공 이후 현실주의자들이 가세하면서 독자적인 대전략으로 인정받기 시작했고, 대침체를 배경으로 주류 패권 엘리트들의 적극적인 반론에 직면할 정도로 성장했다(Gholz et al., 1997;

Layne, 1997; Walt, 2005a; Posen, 2007, 2008; Brooks, Ikenberry and Wohlforth, 2012/13; Brands, 2015). 자제-역외균형론은 나토의 정치동맹화, 중동에서 미 지상군의 전면 철수, 동아시아 주둔 미군의 전폭적 감축 등 전통적으로 고립주의로 분류되는 자유-지상주의와 동일한 주장을 펼친다. 이러한 주장은 실제 미국의 안보정책과는 동떨어진 것으로, 자제-역외균형론의 현실 정책에 대한 영향력은 미미하다. 이 점에 대해서는 비판자들은 물론 주장자들도 동의한다. 예를 들면, 단행본 규모의 가장 체계적인 자제론을 출간한 배리 포센(Posen, 2014: 173~174)도 기존의 "자유주의적 패권 기획이 쉽게 포기될 리는 없"으며, 자신의 저서가 정치인들이 자제전략으로 선회하게 되는 "깨달음의 순간an Eureka moment"이 될 가능성도 없다고 밝혔다.

그럼에도 자제-역외균형론은 비판자들이 그 '매력의 허상'을 폭로해야 할 필요를 느낄 정도로 부상했다(Brands, 2015: 8). 이라크 전쟁과 대침체의 충격이 기존 패권정책의 한계와 비용을 적나라하게 노출시킨 데다 현실주의자들이 가세했기 때문이다. 이 함의는 결코 가볍지 않다. 현실주의는 국제정치학계의 정통적 패러다임이고, 학계의 대전략 담론은 현실의 대전략·안보정책의 밑그림이 되며, 대외정책에 대한 정파적 담론의 논리를 제공하기 때문이다. 학계의 논의가 정파적 논의로 이어진 대표적인 예로는 2000년대 초반 대전략 논의에 대한 학술적 분류를 제시했던 콜린 듀엑(Dueck, 2004, 2015)이 2016년 대선을 앞두고 오바마 독트린에 맞서는 보수의 대전략을 제안하고 나선 것을 들 수 있다.

미국 패권 예외주의

자제-역외균형과 관련된 논쟁들은 특정한 이론적·역사적·정치적 인식에 바탕을 둔다(Walt, 2005a; Posen, 2007, 2008; Brooks, Ikenberry and Wohlforth, 2012/13; Craig, 2013; Friedman, Green and Logan, 2013; Brands, 2015). 논쟁의 기본 구도는 자제-역외균형론과 패권론의 대립이다. 자제-역외균형론 내부는 다시 1990년대부터 논의를 일관되게 전개해오고 있는 원조 자제-역외균형론과 이라크 전쟁 이후에 합류한 현실주의 역외균형론으로 나뉜다.

이 논쟁에서 핵심적인 이론적 쟁점은 단극 시대 미국 패권의 안정성이고, 역사적 쟁점은 미국 패권이나 외교의 전통에 대한 이해이며, 정치적·정파적 쟁점은 미국 민주주의의 성격이나 현황, 구체적으로는 대외정책 결정 과정에서 민주적 정책 결정 여부다. 가장 첨예한 대립은 원조 역외균형론과 미국 패권 예외주의(Brooks, Ikenberry and Wohlforth, 2013a) 사이에서 벌어진다.

원조 역외균형론자인 레인(Layne, 1993, 2012a)은 수세적 현실주의의 시각에서 세력균형을 미국도 피해 갈 수 없는 국제정치의 법칙이라고 보고, 단극체제의 미국 패권은 쇠퇴할 수밖에 없다고 일관되게 주장해왔다. 역사적·정치적으로 보면 레인은 미국의 대외적 팽창이 민주주의의 희생을 가져왔다는 수정주의 외교사가 윌리엄 애플먼 윌리엄스(Williams, 1959)의 입장을 따른다. 레인(Layne, 1997, 2007, 2012b)의 시각에서 냉전기 미국 외교의 본질은 소련에 대한 봉쇄가 아니라 문호 개방의 연장선에서 이루어진 패권이며, 냉전의 종언은 미국 체제의 확산을 도모할 기회가 아니라 패권에 의해 훼손된 미국 민주주의를 회생시키고 필연적인 세력균형의 작동에 맞춰 역외균형을 시행할 것을 요청하는 것이다.

원조 역외균형론의 대척점에는 미국 패권 예외주의가 있다. 이는 단극안정론과 자유주의 패권론의 결합이다. 스티븐 브룩스와 윌리엄 월포스(Brooks and Wohlforth, 2005, 2008; Wohlforth, 1999)는 미국의 단극체제가 다른 국가들이 미국에 대한 견제를 시도할 엄두조차 내지 못하는 일종의 '절대적인' 단극체제이며, 그에 따라 안정적으로 유지될 것이라고 일관되게 주장해왔다. 존 아이켄베리(Ikenberry, 2011)는, 미국의 패권이 미국 민주주의를 훼손했다고 비판하는 레인과는 상반되게, 미국의 패권이 미국과 세계에 모두 긍정적 영향을 미친다고 본다. 아이켄베리의 시각에서 냉전의 종언은 미국의 자유주의적 패권을 확장할 기회다. 비록 부시 정부의 이라크 전쟁이 패권의 자유주의적·제도적 기제와 그 이점을 제대로 이해하지 못한 실수이기는 하지만, 민주주의 확산 기획 자체는 미국이 추구해야 하는 필수적 과업이라는 것이다. 그는 미국 패권의 자유주의적·합의적·제도적 기제가 중국의 부상 등 국제정치의 힘의 변화를 담아낼 수 있을 만큼 충분히 유연하고 탄력적이라고 주장한다. 브룩스와 월포스의 단극안정론이 힘의 측면에서 미국 패권의 예외적 안정성과 지속 가능성을 강조한다면, 아이켄베리는 국제질서의 수립과 운용에서 다른 국가들의 의견을 일정하게 포섭해 이들이 미국에 대한 견제에 나설 가능성을 원천적으로 제거하는 미국 패권의 자유주의적 예외성을 강조한다. 이들의 미국 패권 예외주의 시각에서 자제-역외균형론은 미국 패권의 긍정적 기능을 전혀 이해하지 못해 그 핵심 기제인 동맹의 포기를 주장하는 무책임한 전면적 감축 주장이자 미국 리더십 자체의 포기 주장이나 다름없다(Brooks, Ikenberry and Wohlforth, 2012/13).

현실주의자 스티븐 월트(Walt, 1987)는 이라크 전쟁 이후 미국 패권 예외주의를 포기하고 역외균형론을 지지하기 시작했다. 힘이 아니라 위협이 동맹 형성의 핵심 요소라는 그의 동맹 이론은 미국이 자신의 힘을 타국에 위협이 되지 않게 사용한다면 반미 동맹이 형성되지 않을 수 있다는 '조건부' 미국 패권 예외주의였다. 그의 단극체제에 대한 인식 역시 양가적이었다. 단극체제는 미국에 기회와 위험을 동시에 제공하며, 그 안정성은 미국이 자신에 대한 견제를 예방할 수 있는 현명한 외교를 할 수 있느냐에 달렸다는 것이다(Walt, 2002). 그의 판단에 따르면 부시 정부의 외교는 전혀 현명하지 못한 것이었다. 그는 존 미어세이머John Mearsheimer와 함께 부시 정부의 이라크 전쟁을 불필요한 예방전쟁이라며 공개적으로 반대하고 미국 외교가 이스라엘 로비에 포획되었다고 비판했다(Mearsheimer and Walt, 2003, 2006). 월트(Walt, 2005a, 2005b, 2011)는 이 과정을 거치면서 자신과 역사적·이론적 입론이 전혀 다른 레인을 원조로 하는 역외균형론을 주장하고, 미국이 여전히 제1의 강대국이기는 하지만 기존의 영향력을 더 이상 행사할 수는 없게 되었다며 미국 시대의 종말을 선언하기에 이른다. 대침체 이후에는 미어세이머(Mearsheimer, 2011) 역시 역외균형론을 분명하게 주장한다.

원조 자제론자 하비 사폴스키Harvey Sapolsky와 그 제자들의 논의는 국제정치이론에 기반을 둔 것이라기보다 미국 국방정책의 실체에 대한 오랜 실증적 연구와 자유지상주의적 정치 지향의 결합이다(Sapolsky, 1972; Gholz, Press and Sapolsky, 1997; Sapolsky, Gholz and Talmadge, 2008; Sapolsky et al., 2009). 최근 자제론의 대표 주자로 떠오른 포센은 1990년대 선택적 개입주의자에서 자제론으로 선회한 경우로, 학술적 기반은 대전략의 하위체제로서 군부의 독트린에 대한 연구와 국제정치 현실주의이론이고, 정치적 입장은 대외정책 결정이 외교·안보 엘리트들에 의해 독점되고 있다는 비판적 인식이다(Posen, 1984, 2014; Posen and Ross, 1996/97). 외교정책 결정 과정의 비민주성에 대한 비판은 자제-역외균형론의 공통 기반으로, 미어세이머(Mearsheimer, 2014) 역시 국가 안보국가에 의한 민주주의의 훼손을 강력하게 비판한다.

패권 대 역외균형

패권의 손익계산

논쟁의 주요한 도구는 상대의 입장을 무력화하는 호명이다. 자제-역외 균형을 감축으로 호명하고, 자신의 입장을 우위나 패권이 아니라 적극 개입deep engagement으로 호명하는 미국 패권 예외주의의 반론이 바로 그 런 경우다(Brooks, Ikenberry and Wohlforth, 2012/13). 감축 대 적극개입 의 호명이 자제 대 패권 논쟁의 성격을 경제적 협력을 포함한 모든 대외적 관여에 대한 찬성과 반대인 것처럼 호도한다는 비판은 정당하다 (Friedman, Green and Logan, 2013: 183~184). 논쟁의 실제 구도가 자제 대 패권인지, 아니면 감축 대 적극개입인지는 결국 미국 대전략의 목표 와 사활적 국익, 그리고 보존되어야 할 미국의 패권이나 우위의 구체적 인 내용에 달려 있다.

아이켄베리(Ikenberry, 2007: 24)는 미국이 빠진 세상은 혼란일 것이 라 경고하고 동맹을 미래 국제 환경 조성을 위한 투자로 규정한다. 그 의 시각에서 보존되어야 하는 것은 미국의 국제 환경 조성 리더십 그 자체다. 한편 월트(Walt, 2005a, 2005b, 2011)는 자신의 역외균형론이 미 국의 우위를 지키려는 패권론이 아니냐는 비판에 대해 자신은 힘의 배 분 상태로서 미국이 지니는 상대적 우위를 의미했을 뿐이라고 논평한 바 있고, 영향력 측면에서 미국의 시대는 끝났다고 선언하기도 했다.

따라서 월트와 아이켄베리가 동일한 목표를 공유하는 적극개입론자 혹은 패권론자라고 보기는 어렵다. 포센(Posen, 2003)은 해상수송로나 상공, 우주 공간 등 지구적 공유지global commons에 대한 군사적 통제를 미국의 기본적 목표로 설정하기 때문에, 역외균형에 따른 공약이나 비용보다는 더 많은 부담과 비용을 미국이 감당해야 한다고 본다. 하지만 미국 필수국가론을 자유주의 패권론으로 보고 패권의 본연적인 지구적 행동주의를 비판하는 포센의 입장을 고려하면, 미국 외교의 기본 목표에서 포센과 아이켄베리의 차이는 분명하다.

자제론자들은 패권의 지구적 개입이 반발과 부작용을 낳게 마련이라고 비판한다. 그 증거는 베트남부터 소말리아, 보스니아, 이라크로 이어진 군사적 개입과 9·11테러의 원인이 된 걸프전쟁 당시 미군의 사우디 주둔, 북한의 핵보유를 추동한 미국의 이라크 공격, 중동 테러의 원인으로서 미국의 이스라엘 지원 등이다. 이에 대한 브룩스 등 패권론자들의 반론은 미군 전진(해외)배치의 긍정적 효과에서 시작한다. 미군의 전진배치 때문에 미국에 대한 견제가 발생하는 것이 아니라, 오히려 미국이 미군의 전진배치와 제도를 이용해 동맹을 통제하는 것이고, 미군의 전진배치가 없으면 지역 갈등과 핵확산이 고조되는 등 미국 개입의 긍정적 안보 효과가 엄청나다는 것이다. 이어서 패권론자들은 그들에게 불리한 사례들에 대한 적극적인 방어와 그런 사례들의 '증거 능력'을 부정하는 반론을 펼친다. 그것은 탈냉전기 소말리아 등에 대한 소규모 군사적 개입이 다자적 개입이었으므로 문제가 없었고, 이라크 전쟁의 경우에 기본적으로 신보수주의가 결정한 예외적 사례로서 패권전략의 필연적 결과라는 결정적 증거가 없으며, 오히려 비판자들이 그 증거를 내놓아야 한다는 것이다. 더 나아가 이들은 베트남 전쟁 이후 개입을 자제했던 것처럼 이라크 전쟁 이후에도 '이라크 신드롬'이 생겨 미국이 그렇게 움직일 것이라고 주장한다(Brooks, Ikenberry and Wohlforth, 2012/13: 31~33).

　　과연 이라크 전쟁은 신보수주의가 외교정책 결정 과정을 장악하면서 생긴 예외적인 경우인가? 언제 어떤 조건에서 그런 파국적인 결정이 허용되는가? 안보와 미국의 리더십, 신뢰성의 문제 등에서 신보수주의와 자유주의적 패권의 구분은 과연 가능한가? 9·11테러를 통해 부시 정부의 전략가들이 도출한 교훈은 실패국가의 위협에 대한 예방전쟁의 필요성이었고, 이는 신보수주의자에게 국한된 것은 아니었다(Krasner, 2010). 이라크 전쟁을 예방전쟁이 아니라 전진배치의 문제로 환원하고, 전진배치 자체가 전쟁을 촉발한 것은 아니므로 이라크 전쟁이 미국 패권의 부작용을 보여주는 사례가 아니라고 주장하는 것은 논리적 오류다. '이라크 신드롬'은 원래 존 뮬러(Mueller, 2002, 2005, 2009)가, 대단히 예외적인 사례로 결코 전쟁의 대상이 아닌 9·11테러의 위협을 과장하여 미국 민주주의를 훼손하는 부시 정부를 비판하는 데 사용한 개념이다. 이를 민주주의의 '자정self-correcting' 능력의 증거로 제시하며 이라크 전쟁이 패권의 산물이라는 증거를 대라고 반발하는 것도 모순적이다 (Friedman, Green and Logan, 2013: 187). 패권주의자들이야말로 미국의 '자정 능력'에 대한 증거를 제시해야 한다. 베트남에서 이라크로 이어지는 미국 군사 개입의 비극을 추적하는 역사가의 시각에서 보면 그러한 증거는 존재하지 않는다(Gardner and Young, 2007).

역외균형의 전망

자제-역외균형론에 대한 패권론자들의 비판은 학계의 '훌륭한' 현실주의자들의 주장이 장차 패권의 기반을 잠식할 가능성에 대한 일종의 예방전쟁이다. 예를 들면, 조지프 나이(Nye, 2005)는 월트의 역외균형론에 대한 논평을 보통 학술 논쟁에서 필요 없는 현실주의자로서 월트의 자질과 업적에 대한 평가로 시작했다. 브룩스 등의 감축 비판도 훌륭한 안보연구자들이 대부분 감축을 지지하고 있다는 지적에서 시작한다 (Brooks, Ikenberry and Wohlforth, 2012/13: 7). 패권론자들의 시각에서 이 논쟁의 구도는 자신들에게 대단히 불리하다. 패권의 과거 실패 사례는 이미 나와 있는데, 아직 실현되지 않은 역외균형에 대한 대차대조표를 따지는 것은 기본적으로 미래의 추론 영역이기 때문이다. 이에 패권론자들은 정당하고 공평한 논쟁의 기준을 위해 미래의 역외균형의 손익 전망도 과거 패권의 역사처럼 철저하게 따져야 한다고 주장한다 (Brooks, Ikenberry and Wohlforth, 2013b: 196~198; Brands, 2015: 8).

이에 대한 역외균형론의 반론은 패권의 안정성 전망 역시 '사회과학 실험'일 뿐이라는 것이다(Friedman, Green and Logan, 2013: 192). 그 결과, 역외균형을 실시하면 핵확산과 지역 경쟁이 고조될 것이라는 패권론자들의 비판적 전망·실험에 대해서 역외균형론자들은 또 다른 전망·실험, 즉 북한의 핵은 관리 가능하며 새로운 핵확산도 그 주체가 국가일 경우 안정적일 수 있고 다만 비국가 행위 주체로 핵무기가 확산되는 것만은 확실히 막아야 한다는 반론으로 맞섰다(Sapolsky et al., 2009; Craig, 2013; Posen, 2014).

동맹은 일방적으로 미국의 비용을 강요하는 덫이 아니라 미국이 우방을 관리하고 통제하는 수단이기도 하다. 이는 역외균형에 대한 정당한 비판이다. 포센(Posen, 2014)은 일본과 유럽의 미국 동맹국들이 재정적 측면에서 무임승차를 했고, 대만은 미국의 안보 공약을 믿고 1990

년대 독립을 주장했으며, 일본은 주변국과의 역사적 화해를 거부하는 위험한 외교를 감행했다고 비판한다. 대만과 일본의 이러한 사례는 분명 미국에 불리한 동맹정치의 한 측면이지만, 동맹정치의 전체상은 아니다. 유럽의 입장에서 실체적 안보 위협에 따른 자신의 합리적 안보전략을 미국이 무임승차라고 비판하는 것은 부당하다(Fettweis, 2011). 미국은 동맹을 수단으로 일본과 서독, 한국의 핵개발을 억지했고, 서독에 달러화 유지 비용을 전가했으며, 자신에게 유리한 자유무역협정을 한국에 강요할 수도 있었다(Brooks, Ikenberry and Wohlforth, 2012/13).

역외균형의 효과에 대한 비판은 그로 인한 재정 절감 효과가 크지 않다는 데 집중된다. 역외균형을 위한 군사력을 유지하는 경우 GDP 대비 2.5% 정도의 군사비가 필요한데, 이는 기껏해야 지금보다 1% 정도의 감축이며 이 정도로는 균형예산을 달성할 수 없다는 것이다. 제2차 세계대전이나 냉전 시기의 군사비와 비교하면, 그리고 미국의 경제력을 고려하면 현재의 군사비는 결코 큰 부담이 아니라는 주장도 개진된다(Brands, 2015).

군사비 감축 효과가 크지 않을 수 있다는 추론의 근거는 충분하지만, 문제는 정치적으로 허용되는 예산 적자와 군사비 수준 등이 객관적으로 확정할 수 없는 미국 정치의 '주관적' 결정 사항이라는 점이다. 예를 들면 균형예산 달성을 위해 시퀘스터sequester*가 제도화된 것은 미국 정치의 양극화에 따라 민주·공화 양당이 예산 문제에서 정치적 타협에 실패했기 때문이다. 로버트 커헤인(Keohane, 2012)에 따르면, 미국 정치의 패권 비용 부담 의지는 "알 수 없는 것들"에 속한다. 그는 미국 패권

---

* 국방비를 포함한 예산 전반에 대한 일률적·강제적 삭감.

의 미래를 결정하는 핵심적이지만 "알 수 없는 것들"로서 중국이 계속 성장할지, 대침체의 정도와 성격이 어떨지, 중동의 혼란이 민주화로 정착될지 더욱 악화될지, 미국의 정치적 의지는 어떨지 등을 들고 있다. 그는 이러한 핵심적 변수들이 불확실하기 때문에 미국 패권의 미래를 알 수 없다고 강조하며, 지금까지 무수하게 미국 패권의 미래를 전망하는 데 실패한 전문가들에게 미국 패권의 미래에 대한 전망을 아예 포기하라고 조언한다. 이는 무책임한 자세일지 모르지만, 미국 패권 진화의 핵심적 변수를 정확히 짚은 조언으로서 자제-역외균형 대 패권-동맹 논쟁에도 그대로 적용된다.

4. 소결

이 장에서는 탈냉전기 미국 대전략 논의의 핵심인 자제-역외균형과 패권-동맹 논쟁에 대한 역사적·이론적 분석을 시도했다. 역사적 분석의 초점은 대전략이 세계자본주의와 국제 안보 질서에서의 지배적 지위를 민주주의체제와 조화시키려는 영국과 미국의 패권전략으로, 이 세 가지 요소의 긴장이 대전략의 역사적 진화를 결정해왔다는 것이다. 이론적 분석은 양 진영의 이론적 입론과 '합종연횡'을 밝히는 데 주력했다. 자제-역외균형론은 1990년대부터 미국 패권의 대안을 모색한 자유지상주의와 이라크 전쟁 이후 부시 정부의 일방주의가 미국에 대한 견제를 불러왔다는 현실주의의 비판이 결합된 것이다. 패권-동맹론은 단극 시대 미국 패권 예외주의로, 이는 단극체제의 안정성을 강조하는 일부 현실주의자들과 미국 패권의 자유주의적·제도적 기반을 강조하는 자유주의 패권론자들이 연합해 주장하는 바다. 대침체의 경제적 위기를 배경으로 자제-역외균형이 부상하자, 세력균형이 미국 패권에 적용되는지 여부와 동맹의 비용과 이익을 둘러싼 자제-역외균형 대 패권-동맹의 논쟁이 본격적으로 불거졌다. 전자는 세력균형의 법칙성과 동맹의 비용을 강조하고, 후자는 미국 패권의 예외적 안정성과 동맹의 이익을 강조한다.

미국 패권 예외주의를 둘러싼 미국 국제정치학계의 논쟁은 확대·심화될 것이다. 그리고 이 논쟁의 향방은 1990년대 독자적인 이름조차 부여받지 못했던 자제-역외균형론이 이라크 전쟁과 대침체 이후 부상한 것처럼, 결국 민주주의와 자본주의 그리고 안보 질서의 조화와 긴장의 현실에 따라 결정될 것이다. 현실에서 민주주의와 자본주의, 안보 질서의 삼중 위기는 오바마 집권의 배경이었고 현재도 진행 중이다. 오바마 정부는 대침체의 경제위기와 이라크, 아프가니스탄에서의 안보위기를 배경으로 집권했고, 이후 티파티Tea Party의 부상과 월가 점령Occupy Wall Street 운동, 시퀘스터, 연방정부 폐쇄 등 극심한 정치적 분열을 경험했다. 실업률은 5%로 떨어지고, 예산 적자도 거의 3분의 2로 대폭 줄었다. 하지만 미국의 경제성장은 중산층의 복구로는 이어지지 않고 있다. 중산층의 좌절과 분노는 지난 대선 후보 경선운동에서 공화당의 도널드 트럼프Donald Trump와 민주당의 버니 샌더스Bernie Sanders가 약진했던 데서 잘 드러난다. 시리아 내전과 아프가니스탄 전쟁의 전황도 좋지 않다. '필수국가 미국Indispensible America'을 모토로 하는 팽창적인 패권정책의 시행은 어려울 것이다(Bremmer, 2015). 그러나 패권전략과 동맹 기제의 관성을 고려할 때 전면적인 역외균형의 시행 가능성 또한 희박하다.

이상의 논의가 한국에 대해 지니는 함의는 무엇인가? 자제-역외균형론과 패권-동맹론 모두 동맹에 대한 미국 국익 위주의 철저한 통제를 주장한다. 한편 현실의 미국 대전략은 중동에 대한 개입을 자제하고 중국의 부상에 대한 대응을 정치적·경제적·군사적 측면에서 전방위적으로 강화했다. 오바마 정부는 아시아 회귀 혹은 재균형 정책을 추진했으며, 그 일환으로 환태평양경제동반자협정Trans-Pacific Strategic Economic Partnership: TPP 협상을 타결했다. 한국은 경제는 중국에, 안보는 미국에 의존했다. 또한 중국의 부상은 한반도의 안보 질서에도 그 영향력을 나타내기 시작해, 미국과 중국 간 '신경전'은 한국에 고고도미사일방어체계THAAD 배치 논란을 안겨주었다. 한국은 일본과 역사 및 주권 문제로 불화하고, 일본의 군사 대국화를 우려하는 한편, 미국은 일본의 집단적 자위권을 환영하며 군사적 기여 확대와 한일의 협력을 압박해왔다. 이는 자제-역외균형론과 패권-동맹론이 모두 동의하는 정책이다. 미국은 북한의 위협을 내세워 한미일 동맹 강화와 한미 동맹 관리에서 한국의 책임과 역할, 비용 분담 증가를 강력하게 요구할 것이 분명하다. 미국 민주당의 유력 대선 후보였던 힐러리 클린턴(Clinton, 2015)은 TPP 반대 입장을 표명했는데, 만일 이후 한국이 TPP에 가입하려면 상당한 대가를 치러야 할 것이다. 시혜는 고사하고 어쩌면 호혜적인 한미 동맹조차 미국에 기대하기 힘든 상황이 되었다. 한국도 기존의 관성과 기대에서 벗어나 새로운 전략 모색에 나서야 한다.

2

단극 시대의 논리

냉전의 종언과 미국의 국가안보전략, 1991~2000

하지만 우리는 전환기에 있다. 옛 질서는 사라져버렸지만 새로운 질서는 아직 수립되지 않았다. 우리 앞에 있는 장애와 불확실성은 엄중하다. 동구와 소련에서의 개혁은 엄청난 문제들에 직면해 있고, 산업민주주의 국가들은 무역 분쟁과 안보 분담 논쟁을 벌이고 있으며, 개발도상국은 혼란과 위험에 놓여 있다.

★ 부시, 1991년 「국가안보전략 보고서」 서문 중.

지금 이 순간 미국의 역사적 소명은 자유와 진보의 세력을 규합하고, 지구적 경제의 에너지를 영구한 번영으로 이끌며, 우리의 민주적 이념과 가치를 더욱 공고히 하고, 미국의 안보와 지구적 평화를 진전시키는 리더십을 발휘하는 것이다.

★ 클린턴, 1999년 「새로운 세기를 위한 국가안보전략 보고서」 서문 중.

미국이 현재와 같은 급속한 경제성장을 인플레 없이 향후 25년간 지속할 것이라고 믿는 경제학자는 없다. 미국 경제의 침체downturns가 발생할 것이다. 핵심적인 질문은 그 침체가 얼마나 심각할지, 그리고 그 원인이 무엇일지다.

★ The United States Commission on National Security/21st Century(1999: 28).

1. 서론

21세기 벽두에 미국은 역사상 유례없는 패권국가다. 미국은 전 지구적으로 군사력을 투입할 수 있는 유일한 국가이고, 그 어떤 잠재적 경쟁국보다 한 세대 앞선 무기체계로 무장하고 있다. 정보혁명을 기반으로 한 미국의 '신경제'는 세계경제의 성장을 견인하고 있으며, 미국 경제의 기술적 우위는 1995년 전 세계 로열티 절반 이상을 미국이 거두어들인 데서 극명하게 드러난다. 또한 미국은 문화와 이념의 연성권력 측면에서도 전 세계적인 영향력을 행사하고 있다. 미국 대중문화에 대한 비판도 물론 존재하지만, 미 대통령 안보담당보좌관 샌디 버거(Berger, 1999. 3.27)가 강조했듯이, 베이징 대학교의 기숙사가 중국공산당 지도자 초상이 아니라 미국 농구선수 마이클 조던의 포스터로 장식되고 있는 것이 현실이다.

사회주의경제의 실험을 주도한 소련은 제국을 잃었을 뿐 아니라 연방 자체가 붕괴되었고, 러시아는 미국의 지원으로 자국의 핵무기를 해체하는 지경에 이르렀다. 냉전이 아니라 한국전쟁이라는 열전을 통해 미국과 대결했고 독자적인 사회주의경제를 모색했던 중국은 미국 시장 접근과 세계무역기구wto 가입을 위해 자국 시장 개방과 개혁을 미국에 공약했다. 클린턴 대통령은 중국에 항구적인 정상무역국 지위를 부여하면서 거대한 중국 시장 개방과 함께 궁극적으로 중국 체제의 정치적 변화에 대한 미국의 영향력 확보를 강조했다(Clinton, 2000). 이는 거시적 시각에서 보면 엄청난 역사적 역설이다. 중국 공산화는 19세기 이후 서구 제국주의와의 투쟁을 통한 독자적 근대화의 모색이라 볼 수 있고, 미국은 서구 제국주의의 현대적 계승자라고 볼 수 있기 때문이다. 인도차이나에서 프랑스를 계승한 미국과의 전쟁에서 승리해 미국 패권의 대내외적 기반을 잠식했던 베트남이, 냉전 종언 이후 미국과의 관계를 정상화하고 시장경제를 도입해 한국인이 운영하는 하청공장에서 나이키 신발을 생산하는 예는 더욱 극적이다(Landler, 2000.4.28).

단극 시대 미국 패권은 국제관계를 규율하는 큰 틀이다. 이는 특히, 미국의 패권전략이 분단과 전쟁을 규정했던 한반도에서, 그러하다. 2000년 6월의 역사적인 남북정상회담 이후 남북한 주도에 의한 냉전구조 청산에 대한 기대가 높아지고 있지만, 한반도에서 미국의 영향력은 여전히 지대하다. 미국은 북한과의 정전협정과 제네바합의의 당사자이며, 한국군의 전시작전지휘권을 쥐고 있다. 미국은 '외세'인 동시에 한반도 문제의 실제적 '당사자'인 것이다. 미국의 한반도 정책은, 한반도의 분단과 전쟁이 그러했듯이, 전 지구적 이해관계에 근거한 미국 패권전략의 적용이다. 일례를 들면, 시장경제 확산과 대량살상무기 통제 강화라는 미국 패권전략에 의해 북한 핵무기 개발은 한반도 전쟁 위기로까지 발전했고, 한국은 외환위기를 계기로 기존 발전모델의 수정에 착수하지 않을 수 없었다. 미국 패권전략의 이해는 국제관계 구조와 성격에 대한 이론적 분석을 위한 주요 과제일 뿐 아니라, 한반도의 미래를 기획하는 데 필수조건이라는 실천적 의미를 지닌다.

이러한 문제의식에서 이 장은 단극 시대 미국 패권전략의 기조와 변화를 클린턴 행정부의 안보전략 보고서들을 중심으로 분석한다. 소련 제국의 해체라는 봉쇄 대상의 소멸과 미국 경제의 침체는 공산주의의 봉쇄라는 명분에 근거했던 기존 미국 패권전략의 재정립을 요구했다. 부시 행정부는 물론 집권 초기 클린턴 행정부 역시, 냉전의 해체에 따른 미국 패권전략의 변화(특히 군사력의 감축)에 대한 압력과 패권의 관성 사이의 갈등으로, 외교정책 전반의 혼란과 비판에 직면했다. 1996년 초반 탈냉전의 종언을 선언한 클린턴 행정부는 1997년부터 냉전 기간에 구축된 미국의 개입 기제를 유지하는 한편, 미래의 위협에 대응한다는 논리에 근거한 "새로운 세기를 위한 국가안보전략"을 추구했다. 1997~1998년의 국제 금융위기 이후에는 지구화globalization에 따른 도전과 혼란에 대한 대응이, 2020~2030년까지 지속될 것으로 전망되는 미국 패권의 최우선적 과제로 설정되었다.

2. 탈냉전의 혼란

위협 부재의 위협: 부시 행정부의 1991년 국가안보전략 보고서

소련 체제를 개혁하려던 고르바초프의 노력은 결국 소련 해체로 이어졌다. 고르바초프의 참모인 게오르기 아르바토프Georgy Arbatov에 의하면, 소련은 1980년대 후반 미국과의 군비 경쟁을 포기하고 일방적인 군축을 감행함으로써 미국의 적을 없애는 "끔찍한terrible 일"을 벌이고 있었다(Huntington, 1997: 30). 프랜시스 후쿠야마(Fukuyama, 1989)는 1989년 소련의 동구 지배가 무너지는 것을 목도하며 소련 제국의 붕괴를 자유민주주의와 시장경제로 대표되는 서구 이념의 최종적 승리로 파악하고, 이념적 대결 측면에서 "역사의 종언"을 선언했다. 소련 자체가 해체된 직후인 1992년 1월에 부시 대통령(Bush, 1992)은 연두교서를 통해 냉전은 단순히 끝난 것이 아니라 미국이 승리한 것이라고 강조하고, 이로써 미국은 자유세계의 지도국에서 전 세계의 지도국이 되었다고 천명했다.

냉전의 종언은 분명 서구 이념의 실재하는 대안체제의 실패를 의미했고, 미국 패권의 영역을 전 세계로 확장시켰다. 그러나 미국의 패권전략가들에게 냉전의 종언은 결코 '역사의 종언'이나 축복만은 아니었다. 제2차 세계대전 후 미국 패권은 소련 공산주의의 팽창을 봉쇄한다는 명분으로 제도화되고 정당화되어왔기 때문이다. 대공황과 제2차 세계대전으로 피폐하고 분열된 세계자본주의체제를 재건하려는 미국의 패권 구상은 이미 제2차 세계대전 중에 진행된 것이며, 이는 전후 소련의 영향력을 배제하면서 독일과 일본의 경제를 재건하는 동시에 이 국가들을 미국의 동맹국으로 묶어놓은 형태로 실현되었다. 브루스 커밍스(Cumings, 1993)는 이러한 미국의 정책을 "이중 봉쇄"로, 존 아이켄베리(Ikenberry, 1998)는 미국과 동맹국 간의 "전략적 상호제약"에 근거한 "거대 자유주의 전략"으로 개념화했다. 멜빈 레플러(Leffler, 1992) 역시 미국의 냉전정책 실체를 자유진영 내에서 '제3의 길'을 허용하지 않는 "압도적 힘"의 정책으로 파악했다. 제2차 세계대전 후의 미국 패권을 "초대받은 제국"으로 보더라도, 소련의 이념적·군사적 위협은 서구가 미국의 경제 지원과 군사적 보호를 요청하고 그 대가로 자신들에 대한 미국의 통제를 받아들이는 주요한 요인이었다(Lundestad, 1999). 또한 소련의 위협은 반공과 봉쇄의 이름으로 미국의 자유주의적 패권정책에 대한 국내 여론의 지지와 초당파적 합의, 국가안보기구 건설에 '유용한 적'이었다(Latham, 1997; Hogan, 1998).

"소련의 분명하고 실재하는 위협"에 비견될 만한 위협 부재에 대한 우려는, 1920년대와 1940년 후반의 미국 외교 간 대조라는 '역사적 교훈'의 형태로 단극 시대 미국 패권 논의에 일관되게 나타난다. 이는 소련이 붕괴 중인 1991년 8월에 작성된 부시 행정부의 국가안보전략 보고서에서 이미 발견된다. 이 보고서는 단극 시대 미국 패권의 새로운 전망을 창출하는 데에는 실패한 듯 보이지만, 미국 패권의 새로운 과제들은 잘 정리했다. 이 점에서 이 보고서는 이후 클린턴 행정부 시기 미국 패권전략을 분석하는 출발점이자 그 변화를 가늠하는 기준이 된다. 한편 이 보고서는 미국의 국익과 외교의 목적, 새로운 국제 환경의 특징, 그리고 미국 외교의 목표에 맞게 정치적·경제적·군사적 수단을 조직하는 과제를 다룬다(The White House, 1991).

또한 이 보고서는 소련의 붕괴에 따라 미국은 새로운 국제 환경이 제공하는 기회와 도전들을 정확히 파악해야 할 뿐만 아니라 더 나아가 안보에 대한 기존의 인식을 수정해야 할 과제에 직면했다고 지적한다. 이 보고서는 동구와 소련의 불투명한 미래에 대한 경계를 늦추지 않으면서도 소련의 위협이 재발할 가능성이 극히 적다고 보고, 새로운 국제 환경에서 구체적인 위협의 요소가 아닌 우려의 요소만 발견한다. 그러나 이러한 위협의 부재는 미국 패권체제의 전면적 수정 요구로 인식되지 않고 있다. 반대로 이는 단극 시대 미국 국가안보전략의 가장 주요한 실재적 위협으로 간주된다. 이 보고서는 냉전 시기의 소련에 비견할 만한 위협이 부재했고 이에 따라 미국의 전 세계적 개입이 제한적이었던 1920년대의 국제관계가 결국 제2차 세계대전으로 귀결되었음을 상기시킨다. 또한 미국의 '지도력' 이외에 국제체제 안정을 가져올 수 있는 요소가 존재하지 않기에, 냉전 종언 이후에도 미국은 피할 수 없는 국제적 '책임'을 지고 있다고 천명한다.

부시 행정부는 소련 제국의 해체가 완결되기도 전에, 냉전의 종언 이후에도 미국 패권체제를 유지하겠다는 의지를 분명히 밝혔다. 그리고 1991년 국가안보전략 보고서를 통해 단극 시대의 정치적·경제적·

군사적 환경에서 미국 패권의 유지라는 불변의 목표를 실현할 수 있는 수단들에 고심한다. 또한 이 보고서는 민주주의 신장, 군비 통제, 대량 살상무기 확산 방지 및 이민과 난민, 마약 문제와 같은 비전통적 안보 요소들을 1990년대 미국 외교의 정치적 의제로 설정하고, 그 최우선 과 제로서 기존의 독일 및 일본과의 동맹 관계 존속을 든다. 그리고 경제 적 마찰의 가능성과 소련이라는 공동 위협의 소멸에 의한 동맹의 약화 를 우려하면서 독일과 일본의 경제적·정치적 부상이 지역적 안정은 물 론 전 세계적 안정을 위해 이들과의 동맹관계를 더욱더 필수적으로 만 들었다고 강조한다. 이는 독일과 일본이라는 최대의 잠재적 경쟁국의 자율적 대외 관계를 동맹체제를 통해 통제하겠다는 의지의 표명으로, "압도적 힘"의 논리, "이중 봉쇄" 그리고 "거대 자유주의 전략"의 개념으 로 앞서 설명한 미국 패권의 논리에 다름 아니다. 같은 맥락에서 보고 서는 나토의 존속과 유엔 등 기존 국제기구를 활용하는 미국 중심의 사 안별 비공식적 연합 형성의 중요성을 강조한다.

이 보고서는 미국의 경제력이 패권 유지라는 미국 외교 불변의 목 표를 실현하기 위한 핵심적 수단이자 전제조건이라고 지적한다. 시장 개방을 중심으로 한 미국 경제의 경쟁력 확보와 이를 위한 미국과 선진 자본국가, 국제기구 간 국제적 공조체제 구축, 개발도상국의 부채 문제, 지구적 환경문제 등이 1990년대 미국 외교의 경제적 의제로 부각되고 있다. 또한 기존의 코콤COCOM: Coordinating Committee for Multilateral Export Controls 을 대체할 새로운 기술 통제 기구 설립과 석유를 비롯한 에너지원에 대 한 지속적인 미국의 통제력이 경제적 의제에 포함되어 있다. 이에 더해 우주를 미래의 경제와 전쟁의 공간으로 규정하고, 우주에서의 미국의 기술적 우위 확보를 강조하는 것도 주목할 만한 점이다. 즉, 보고서는 미국 경제의 경쟁력 회복과 함께 세계자본주의체제의 제도, 자원과 환경 자체(우주 공간을 포함)에 대한 미국의 통제를 주장한다.

미국 경제 침체와 소련 붕괴는 기존 미국 군사정책의 변화에 대한 압력으로 작용했다. 이러한 변화의 압력을 의식하면서도 부시 행정부의 국가안보전략 보고서는 단극 시대 미국에 대한 군사적 위협이 다양한 요인에 기인하는 국제체제의 불안정 자체라고 주장하면서, 위협 요인의 억지뿐 아니라 이에 대한 철저한 응징 능력을 갖춘 미국의 군사력을 지역적·지구적 안보의 주요한 보장책이자 토대로 규정한다. 미국이 다양한 위기의 해결을 위해 투입되는 첫 번째 세력이 되어야 한다는 것이다.

이 보고서는 러시아와 우크라이나 등 구소련 국가들이 여전히 핵무기를 보유하고 있으며 미래의 새로운 핵 국가들은 냉전 시기 소련과 달리 억지의 논리를 따르지 않고 핵 사용을 불사할 수도 있음을 강조하면서, 탄도탄미사일 방어체계의 개발과 비전략적 핵무기의 지속적 활용, 더 나아가 B-2 전략폭격기와 같은 전략적 핵무기체계의 현대화에 의한 핵억지 능력의 제고를 1990년대 미국 대외정책의 최우선적 과제들 중의 하나로 설정한다. 이러한 핵전략은 현실적·잠재적 적의 이격 능력second-strike capacity 자체를 허용하지 않겠다는 것으로, 곧 냉전 시기의 상호확증파괴mutual assured destruction: MAD에 의한 핵전략 폐기를 의미한다는 점에 주목해야 한다. 또한 보고서는 유럽의 나토와 아시아에서의 일본 및 한국과의 쌍무적 군사동맹을 중심축으로 하는 미군의 지속적인 해외 전진배치, 걸프전과 같은 지역적 분쟁은 물론, 다양한 갈등 양상에 대한 미군의 개입태세 유지, 첨단 군사기술에 바탕을 둔 군사력 재구성을 제안한다. 이러한 기조에 따라 "기본 군사력Base Force"으로 명명된 부시 행정부의 미 군사력 재편 계획은, 비록 급격한 국방예산 삭감 및 기지 감축과 예산 낭비 축소 등을 통한 효율성 제고를 기약하기는 했지만, 전술적 군사력, 대서양 군사력, 태평양 군사력, 비상 투입 전략이라는 네 가지 유형의 전력을 종합해 단극 시대에 절대적으로 필요한 군사력 수준을 최대한 끌어올리는 것이었다.

부시 행정부의 1991년 국가안보전략 보고서는 노골적인 패권 의지의 선언문이다. 미국의 국익과 새로운 국제 환경에 대한 인식이 새로운 안보전략 수립의 토대라고 지적하면서도, 보고서는 미국 국익의 우선순위를 확정하지 못한 채 패권적 이해를 나열하는 데 그친다. 또한 새로운 국제 환경에 대한 인식도 그 본질적인 성격 규정에 미치지 못한 채 단지 냉전 이후 시대라는 막연하고 부정적인 정의에 머무른다. 국익의 우선순위에 대한 규정이 부재함에 따라, 이 보고서는 미국 패권의 실현을 위한 정치적·경제적·군사적 수단 간의 조화나 선택적 운영의 기준에 대한 지침을 제공하는 데도 실패했다.

국방정책의 "전면적 검토"

클린턴 행정부 역시 앞서 지적한 부시 행정부의 국가안보전략의 미비점을 쉽게 극복하지 못했다. 1994년과 1995년에 발표된 클린턴 행정부의 「개입과 확산의 국가안보전략A National Security Strategy of Engagement and Enlargement」 보고서는 거시적 시각에서 미국 패권의 새로운 패러다임을 수립한 것이라기보다 1993년의 「전면적 검토Bottom-Up Review」라는 미 군사력 재편 계획의 기조를 반영한 것이다. 국방부에서 주관하는 미 군사력 재편 계획이 백악관에서 주관하는 국가안보전략보다 먼저 발표되었다는 것은 냉전의 종언과 미국 경제의 침체에 따라 국방정책의 수정에 대한 압력이 가중되었음을 의미하며, 클린턴 행정부가 대외정책에 관한 새로운 전망과 일관된 원칙 없이 출범했음을 보여준다.

국방장관 레슬리 에스핀Leslie Aspin이 1993년 9월에 발표한 「전면적 검토」는 냉전 종언에 따라 새로운 국제 환경의 특징을 파악하고, 이에 따라 미국의 국방전략과 군사력을 그 근저에서부터bottom-up 재구성하는 것을 목적으로 천명한다. 하지만 이 보고서는 미국 국익에 대한 본격적인 논의나 새로운 국제 환경의 성격에 대한 명확한 규정 없이, 미국의 패권을 유지하기 위한 개입정책을 주장한다. 즉, 「전면적 검토」 역시 부시 행정부의 '기본 군사력' 구상과 마찬가지로 단극 시대 미 군사력의 급격한 감축을 제한하는 것을 실제적 목적으로 한다. 「전면적 검토」는 독자적인 두 개의 대규모 지역전쟁 수행, 소규모 분쟁 개입, 미군의 해외배치, 핵억지라는 네 개의 군사적 임무를 미 군사력 재편의 기본 단위로 설정하고, 각기 임무에 필요한 병력과 무기체계를 합산하는 방식으로 미군의 구성과 규모를 결정했다(U.S. Department of Defense, 1993).

「전면적 검토」는 미국 헌법 전문을 원용해 미국인의 생명과 안전보호, 미국의 제도와 가치 보존, 미국의 안녕과 경제적 번영 제공 등을 미국의 근본적 목적이라고 간략히 언급하면서, 민주주의와 개방적 국제경제체제 등 미국의 핵심적 가치의 국제적 실현이 미국의 국익을 증진시킨다고 덧붙였다. 이러한 전제에서 「전면적 검토」는 예방과 동반자 관계를 기본 축으로 하는 미국의 개입전략strategy for engagement, prevention and partnership을 주창한다. 예방의 논리는 미국의 전 세계에 대한 지속적인 정치적·경제적·군사적 개입을 통해 미국의 국익에 대한 위협의 발생을 예방하며, 미국의 국익에 유리한 국제적 환경을 조성한다는 것이다. 동반자 관계의 논리는 미국의 기존 동맹체제를 새로운 조건과 타협의 틀을 통해 존속시키는 것으로, 새로운 틀의 핵심적 내용은 동맹국의 부담 증가다.

새로운 국방전략의 모색은, 새로운 국제 환경의 본질적 성격이 아니라 새로운 위험danger의 발견을 통해 추구되고 있다. 새로운 위험의 네 가지 범주는 핵, 지역 갈등, 구소련 제국의 민주적 전환, 미국 경제력의 약화다. 이 중 국방전략의 직접적 대상은 핵과 지역 갈등의 위험이다. 「전면적 검토」는 원조와 군부의 접촉 등을 통해 구소련 제국의 민주주의로의 평화적 전환을 돕는 한편, 이들의 민주적 전환이 역전될 수도 있음을 강조하며 그에 대비한 군사력과 동맹체제 구축을 제안한다. 미국의 경제력 약화는 "아마도 가장 중요한" 위험으로 제시된다. 그러나 「전면적 검토」는 기존 군사동맹을 통한 통상압력의 가능성, 군산복합체의 이중 용도(군사용과 상업용) 기술 개발의 지원을 강조하고, 더 중요하게는 다양하고 새로운 위험의 증가를 통해 미 군사력의 임무를 확대함으로써 경제적 제약에 의한 군사력 감축 압력에 대응한다.

핵위험은 구소련 제국의 잔존 핵무기와 핵확산에서 연유한다. 그 대응은 구소련 제국과의 협력적 핵감축, 확산 방지, 확산 대응이다. 부시 행정부의 국가안보전략 분석에서 이미 언급된 것처럼, 냉전 이후 미국의 핵전략은 매우 공격적으로 변화했다. 「전면적 검토」 역시 미국의 전략적·전술적 핵무기의 압도적 우위를 기본으로 하여 대량살상무기 확산을 정확히 감지할 수 있는 첩보 능력, 대량살상무기 및 운반체계를 파괴할 수 있는 타격 능력, 그리고 대량살상무기의 공격에 대한 지역적·제한적 국내방어체계(전역미사일방위Theater Missile Defense: TMD 및 국가미사일방위National Missile Defense: NMD) 개발을 제안한다.

지역적 위험이라는 범주는 「전면적 검토」에서 제시하는 새로운 국방전략의 가장 주요한 기반이다. 여기에는 대규모 지역전쟁은 물론, 모든 종류의 현재적·잠재적 갈등 양상(소규모 분쟁, 국가 내부의 인종적·종교적·민족적 분규, 국가 지원 테러리즘, 우방국의 내부 전복, 반란, 마약 거래 등)이 포함된다. 이에 대한 대응은 미국 단독으로 두 개의 대규모 지역전쟁을 동시에 승리할 수 있는 전력의 확보, 지속적인 미군의 해외배치, 평화 유지 활동 등 정규 전쟁 이외의 모든 군사활동이다. 두 개의 대규모 지역전쟁을 동시에 승리한다는 정책은 중동과 한반도에서의 전쟁을 가상한 것이나, 역사적으로 전례가 없다거나 걸프전 이후 이라크의 전력 약화와 한국군과 주한 미군의 군사력이 북한의 도발을 억지하기에 충분하다는 비판에 취약했다. 이에 따라 「전면적 검토」는 대규모 지역전쟁의 현실적 발발 가능성과 독립적인, 현재로서는 "예상할 수 없는 위험unforseen dangers"에 대비한다는 정당화 논리까지 동원하고 있다. 미군의 해외배치 역시 지역적 위험에 대한 대응이나 지역 안정의 보장은 물론, 주요 지역의 정세에 미국의 군사적 영향력뿐 아니라 정치적·경제적 영향력을 담보하는 수단으로서 그 필요성이 강조되고 있다. 다양한 비전통적 안보 위협에 대한 미국의 비정규적 군사 개입 정책은 단순히 평화 유지를 넘어 국지적 문제에 대한 외부 세력의 요구를 강제하는 것임에 주목해야 한다(Maynes, 1995). 「전면적 검토」는 이 목적에 필요한 군사력을 기존의 해외배치 미군이나 대규모 지역전쟁에 대응하는 전력에서 동원할 수 있다고 전제한다.

클린턴 행정부의 「전면적 검토」의 핵심은 국제체제의 모든 불안정 요인에 대한 미군의 개입태세 확립이라고 볼 수 있다. 안보담당보좌관 앤서니 레이크Anthony Lake는 "봉쇄에서 확산으로"라는 구호로 「전면적 검토」의 기반이 된 개입정책을 설명하는데, 이는 시장민주주의국가들의 결속 강화, 민주주의와 시장경제 확산, '반발국가backlash state' 봉쇄, 인도주의적 원칙에 의한 개입을 그 내용으로 한다(Lake, 1993; Maynes, 1993~1994).

「전면적 검토」와 클린턴 행정부의 새로운 개입주의 모두 심각한 비판에 직면했으며 일관성 있게 시행되지 않았다. 「전면적 검토」는 군사력 임무를 늘리는 한편, 부시 행정부의 '기본 군사력' 구상에 비해 미군 규모를 약 15% 축소하고 국방예산을 회계연도 1995년에서 1999년의 총액으로 보아 약 1조 달러가량 삭감했다(Khalilzad and Ochmanek, 1997; Krepinevich, 1995). 임무와 예산의 이러한 불균형은 국방예산을 안보가 아니라 예산 적자 감축이라는 경제적 고려에 의해 결정함으로써 무기체계 현대화 과제를 방기했다는 비판을 받았다(Zakheim, 1997). 다른 한편으로 「전면적 검토」는 재정 적자가 누적되고 미국 안보의 직접적 위협 요인이 부재한 상황에서 군사력 감축을 요구하는 세력의 비판도 받았다. 평화배당을 바라는 이들에게 냉전 평균 90%에 이르는 회계연도 1995년(「전면적 검토」에 의한 국방예산 편성의 첫해)의 국방부 예산은 납득할 수 없는 것이었다. 특히 비판의 표적이 된 것은 대규모 지역전쟁을 순차적으로 수행할 경우win-hold-win보다 350억 달러나 많은 예산을 필요로 하고 그 가능성도 의심스러운, 두 개의 대규모 지역전쟁의 동시 수행win-win 시나리오였다(Callahan, 1994; Smith, 2001).

개입과 확산의 국가안보전략

집권 초기 클린턴 행정부의 개입주의는, 리처드 하스(Haass, 1995)의 비판에 따르면, '봉쇄에서 확산으로'가 아니라 '봉쇄에서 혼란으로' 나아갔다. 클린턴 행정부의 개입주의는 그 목적으로 미국 경제의 경쟁력 회복을 위한 공격적 경제주의, 민주주의의 확산과 인도주의적 원칙 등을 내세웠고, 개입의 수단 측면에서도 일방주의unilateralism와 공세적 다원주의 혹은 신국제주의, 공식적 동맹에 대한 의존 등으로 혼란스러웠다(Haass, 1995). 이는 냉전의 종언에 따른 당파적 외교 노선의 변화와도 관계가 있었다. 냉전의 종언은 반공 노선을 수용한 냉전 자유주의 세력과 인권이나 민주주의 같은 보편적 이념을 외교정책의 목표로 삼은 윌슨주의자들을 화해시켜 새로운 개입주의를 창출했다(Stedman, 1993; Hoffmann, 1995). 신중상주의라고까지 평가된 클린턴 행정부의 경제주의는 국가경제위원회National Economic Council: NEC 신설, NAFTA와 APEC을 통한 시장 개척, 개별 미국 기업의 해외시장 진출과 특히 미국의 10대 신흥시장 공략을 위한 상무부의 활동 등에서 잘 드러난다. 국무장관 워런 크리스토퍼Warren Christopher가 주장하듯, 역사상 유례없는 재정 적자에 직면한 클린턴 행정부가 미국 경제의 회생에 중점을 둔 것 자체는 변명할 필요가 없는 것이었다(Dumbrell, 1997: 181; Stremlau, 1994~1995).

문제는 이러한 경제 우선의 외교정책과 여타 새로운 개입주의 조류를 조율하고 관리할 미국 패권의 전반적 전망, 미국 국익에 대한 명확한 인식, 정치적·경제적·군사적 수단의 운용에 관한 일관된 기준 등이 부재했다는 것이다. 이에 따른 시행착오는 '광란의 국제주의'라는 비판을 불러일으켰으며, 그 예로 '무법국가' 북한의 핵문제에 대한 정책이 군사적 수단을 동원한 초강경책과 외교적 협상 사이를 오간 것이나, 부시 행정부가 중국의 인권 탄압에 미온적이라는 클린턴의 1992년 대선 캠페인 공세의 연장에서 중국의 인권 개선을 조건으로 중국에 미국의 시장을 개방하다가 1994년 이후에는 이 조건을 폐기한 것을 들 수 있다(Hendrickson, 1994; Christopher, 1998: 152~164). 또 다른 대표적 사례는 유엔을 통한 민주주의와 인도주의 목적의 개입정책이 소말리아에서의 미군 희생과 이에 따른 여론 반발로 인해 1994년에는 미국의 국제평화 유지군 참여를 엄격히 제한하는 정책으로 반전된 것이다.

이러한 시행착오 끝에 「전면적 검토」에서 내세운 '개입, 예방, 동반자 관계의 전략'을 보완한 것이 1995년 2월에 발표된 「개입과 확산의 국가안보전략」의 골자다. 「전면적 검토」와 마찬가지로 「개입과 확산의 국가안보전략」도 미국 안보의 위협 요인에 대한 인식에서 출발한다. 여기서 위협은 크게 직접적인 것과 간접적·잠재적인 것의 두 범주로 나뉜다. 직접적인 위협의 범주는 구소련 제국과 중국이 순탄하게 시장경제 및 민주주의로 이행할 것인가에 대한 "걱정스러운 불확정성 troubling uncertainties" 및 대량살상무기의 확산, 폭력적 극단주의와 군사적 민족주의, 인종적·종교적 분쟁의 부상으로 야기되는 분명한 위협을 포함한다. 간접적이고 잠재적인 위협은 직접적이지도 군사적이지도 않지만 미국 안보의 현재와 미래에 영향을 미친다고 주장되는 초국가적 도전의 범주로서, 테러리즘, 마약 거래, 환경 파괴, 천연자원 고갈, 인구 팽창, 난민 문제 등이 포함된다. 「전면적 검토」와 비교하면 「개입과 확산의 국가안보전략」에서는 구소련 제국의 핵문제에 대한 경계가 완화되고, 구소련 제국의 미래는 물론 중국 체제 변혁의 전망까지 우려하고 있다. 또한 종래의 '지역적 위험'이라는 포괄적 범주를 세분화해, 좀 더 직접적인 군사적 성격의 문제를 초국가적 문제와 분리한다(The White House, 1995).

부시 행정부의 1991년 국가안보전략 보고서가 냉전의 종언으로 1920년대와 같은 미국의 고립주의가 부상할 것을 우려한 것처럼, 클린턴 행정부의 1995년 「개입과 확산의 국가안보전략」도 미국의 '적극적 지도력active leadership'의 유무에 따른 제1차 세계대전과 제2차 세계대전의 상이한 국제체제적 결과를 상기시키며, 1940년 후반의 미국 지도층이 했던 것처럼, 현재의 미국은 창조적이고 건설적인 개입을 추구해야 한다고 강조한다. 이 보고서는 미국 헌법 전문에 천명된 미국 연방의 공동 방어와 복지 증진, 자유의 확보를 미국의 영속적인 국익으로 규정하고, 이를 바탕으로 안보의 증진과 경제적 번영의 신장, 민주주의의 확산이라는 개입과 확산 전략의 기본 목적을 끌어낸다.

이 보고서는 민주주의와 시장경제 확산이 도덕적·이념적 십자군 원정을 기획하는 것이 아니라, 전략적으로 주요한 지역의 안정을 도모하는 실제적 고려에 의해 움직이고 있으며, 이를 위해서 다양한 비정부 행위 주체들을 외교적으로 활용diplomacy multipliers하는 것이 중요하다고 지적한다. 경제적 번영에 대해서는 미국 경제의 경쟁력 강화와 수출시장 개척, 에너지자원의 안정적 확보와 함께 거시경제정책 조율을 위한 미국과 여타 선진자본국들 간, 그리고 미국과 국제기구 간 공조 및 세계경제 전반의 지속적 성장을 위한 노력이 나열된다. 가장 중점적으로 다루어지는 것은 안보의 증진인데, 이 보고서는 두 개의 대규모 지역전쟁의 독자적인 수행 능력과 지속적인 미군의 해외배치, 대량살상무기의 확산 방지와 공세적인 확산 대응이라는「전면적 검토」의 기조를 재차 강조한다.

테러리즘과 마약 거래에 대한 강력한 대응이 하나의 새로운 변화이며 더 중요한 변화는 민족적·인종적·종교적 분쟁을 주요 대상으로 해서 미국 국익에 따른 선택적인 군사력 사용을 강조하는 것이다. 사활적 국익을 위해서는 독단적이고 결정적인 군사력 사용을 불사할 것이며, 중요하지만 사활적이지는 않은 국익이 걸려 있을 때에는 비군사적 수단을 우선하고, 군사력 사용의 비용과 위험이 군사력 사용의 국익 증진과 균형을 이룰 때에만 군사력을 동원한다. 여기서 사활적 국익은 미국의 생존과 직결된 것으로, 그 예로 미국의 국토, 시민, 동맹과 경제적 번영의 방어를 든다. 중요한 이익은, 미국의 생존은 아니지만 미국의 안녕과 미국이 처한 국제 환경의 성격에 영향을 미치는 것으로 정의된다. 이러한 구분이 실제적으로 모호하고, 더욱이 사활적 국익이 동맹과 미국의 경제적 번영의 방어까지 포함할 정도로 매우 포괄적이라는 점에 주목해야 한다.

마지막으로 인도주의적 원칙이 걸린 경우에는 미군의 전투 능력 자체가 일반적으로 최선의 수단이 아니라고 규정되며, 시급한 인도주의적 구호나 사회 재건의 조건이 오직 군사력에 의해서만 확보될 수 있고, 미군에 대한 위협이 미미할 때와 같은 조건을 들어 미군의 사용을 엄격하게 제한한다. 또한 국제적 '평화작전peace operations'은 미국의 안보를 위한 하나의 수단이지 안보전략 자체가 아니라고 강조하고, 이러한 군사활동을 위해 미국의 주권, 대통령의 군 통수권을 결코 포기하지 않을 것이라고 천명한다.

3. 탈냉전의 종언

새로운 위협을 찾아서

집권 1기, 특히 1993년과 1994년에 클린턴 행정부가 패권전략의 새로운 전망을 수립하는 데 실패한 것은 그러한 과제가 지니는 본질적 어려움에도 기인하지만 미국 경제의 침체에 따른 외교정책의 상대적 중요성 감소도 중요한 이유였다. 1993년의 대통령 취임 연설에서 미국의 재건을 역설하고 나선 클린턴은 1994년 첫 연두교서의 거의 대부분을 미국 경제의 회복이라는 과제에 할애했다. 미군의 개입태세 확립 및 강력한 대테러정책을 중심으로 한 비전통적 안보 요인에 대한 강조가 1995년의 연두교서에 나오기는 하지만, 이는 1994년 선거에서 탄생한 공화당의회에 대한 방어적 수사의 성격이 짙다.

클린턴 집권 1기의 연두교서 중에서 외교정책이 중요하게 다루어지는 것은 대통령 선거의 해인 1996년이 처음이라고 할 수 있다. 지난 27년 이래 가장 낮은 실업률과 인플레이션을 기록한 미국 경제의 회생을 강조하면서, 클린턴은 냉전의 종언 이후에도 미국이 지난 50년간 세계 평화를 지켜온 '지도력'을 유지해야 한다고 주장한다. 그에 따르면 미국은 비록 세계의 경찰국가는 아니지만 가장 강력한 평화 유지 세력으로서 대량살상무기의 확산, '불량국가'의 공격, 인종적·종교적 분규, 마약 등 국경을 무시하는 새로운 위협에 강력히 대처해야 하며, 그렇지 않으면 미래에 미국의 국익이 훼손될 것이라고 경고한다(Clinton, 1996).

1996년 2월에 발표된 「개입과 확산의 국가안보전략」은 기본 골격에서 1995년판과 유사하지만, 안보 증진 수단에 대한 논의에서 변화를 보인다. 1995년 보고서의 서문은 "전투 투입 능력을 갖춘 군"만을 내세우는 데 반해, 1996년판의 서문은 안보 증진 수단으로 "효과적인 외교"를 덧붙인다. 이는 집권 초기 클린턴 행정부의 난제였던 비정규적 군사 개입의 문제에서 벗어나 좀 더 전반적인 미국 패권의 전망을 수립하고 다양한 수단을 활용하려는 의도이기도 하고, 공화당이 추진하는 외교 예산 삭감에 대한 방어이기도 하다(The White House, 1996).

국무장관 크리스토퍼의 회고에 의하면, 국무부의 예산 삭감을 주장하는 공화당 의회로부터 국무부의 예산을 확보하는 것이 미국 외교의 주요한 과제였다고 한다. 또한 크리스토퍼는 1995년 1월에서야 개별 사안이 아닌 클린턴 행정부 외교정책의 전반적인 기조에 대해 처음으로 연설했다고 회고한다. "미국 외교의 원칙과 기회"라는 연설에서 그는 미국의 지속적인 개입정책과 국제문제 주도, 독일과 일본을 위시한 강대국들과의 협력 강화, 미래의 안보와 경제협력을 규율하기 위한 나토·유엔·IMF 등 기존 제도의 재조정, 민주주의와 인권 신장을 미국 외교의 네 가지 원칙으로 설정했다. 다섯 가지 최우선 정책 과제로는 자유무역의 확장, 나토의 확장, 중동 평화, 핵확산방지조약Nuclear non-Proliferation Treaty: NPT의 영구화를 중심으로 한 비확산체제의 확립, 범죄·테러·마약 문제에 대한 강력한 대응을 들었다(Christopher, 1998).

1996년의 국가안보전략 보고서의 가장 중요한 변화는 1995년판에 무수히 사용된 '탈냉전post-cold war'이라는 표현을 모두 삭제한 것이다. 탈냉전이라는 표현을 삭제한 것은 단순히 수사의 차원에 머물지 않는다. 이는 미국 패권의 지평을 탈냉전, 즉 냉전이라는 과거로부터 해방시켜 미래로 넓히려는 시도다. 1996년 4월 안보담당보좌관 레이크는 '지도력'은 현재의 위기에 대한 관리 능력과 함께 미래의 문제를 예상하고 미래의 이익을 위한, 또는 미래의 비용을 줄이기 위한 투자를 할 수 있는 능력이라고 강조하며, 강력한 경제를 바탕으로 한 미국의 힘을 새로운 미국 세기의 토대를 건설하는 데 사용할 것을 주창한다. 레이크가 제안한 건설의 과제는 나토 확장과 대량살상무기 확산 방지 및 '무법국가'와 테러리스트에 대한 강력한 대응을 중심으로 한 안보체제 건설과 자유무역체제의 확립이다(Lake, 1996).

미국 패권의 지평을 미래로 확장하는 것은 냉전을 명분으로 성립

된 기제들을 미래 과제의 해결 수단이라는 논리로 존속시키는 데 유용하다. 또한 이러한 시간의 확장은 "분명하고 실재하는 위협의 부재"라는 단극 시대 미국 패권의 최대 난제를 해결하는 아마도 가장 효과적인 전략일 것이다. 개입과 확산의 전략은 소련의 빈자리에 '반발국가' 혹은 '불량국가'를 세웠다. 그러나 '불량국가'로 낙인찍힌 국가들의 힘이 소련에 비해 절대적으로 미약하며, 걸프전과 경제제재 이후의 이라크처럼 그 국가들이 미국과의 연속적인 대결을 견뎌내고 지속적인 위협이 되기에는 엄연한 한계가 있다.* 「전면적 검토」에 대한 한 비판적 분석은 미국에 대항하는 강대국의 부상이라는 미래의 가능성만이 진정한 위협이며, "위협 부재의 골짜기threat trough"에 빠진 미국이 취해야 하는 최선의 전략은 위협 인식의 지평을 최대한 미래로 확장하고, 미래의 압도적 군사기술 우위를 확보하기 위한 기술 개발에 투자를 집중하는 것이라고 지적한다(Krepinevich, 1995). 이러한 논리는 1996년 국방장관 윌리엄 페리William Perry가 주장한 "예방·억지·격퇴 전략"에서도 발견된다. 이후 "예방적 방위"라는 이름으로 주장되는 이 삼중전략은, 냉전 시대의 위협은 사라졌으나 새로운 위험이 여전히 존재하며, 따라서 미국의 국방전략은 위협의 발생 자체를 예방하고, 발생한 위협은 억지하며, 억지가 실패할 경우 격퇴하는 것을 내용으로 한다. 이 삼중전략에서 격퇴 능력의 핵심은 미래의 위협에 대응할 수 있는 군사기술 혁신revolution in military affairs: RMA을 최대한 활용하는 압도적인 군사력이다(Perry, 1996; Perry and Carter, 1998).

---

* '불량국가(rogue states)' 혹은 '무법국가(outlaw states)' 독트린에 대한 대표적인 비판으로는 Klare(1999: 155~158)를 참고.

국무장관 크리스토퍼, 안보담당보좌관 레이크, 국방장관 페리가 제시한 '건설적 과제'는 1993년의 「전면적 검토」에서 제시된 예방과 동반자 관계를 통한 개입정책의 연장선상에 있으며, 그 핵심은 미래의 '이중 봉쇄'로 요약된다. 즉, 이들이 건설하고자 하는 새로운 미국 세기의 토대는 기존 동맹국은 물론 시장민주주의 확산으로 등장하는 새로운 우방을 규율할 기제(나토의 확장, 미일 동맹의 갱신, 세계무역기구의 출범, IMF의 개혁 등)와 시장민주주의 확산 과정에서 등장하는 현재적·잠재적 적을 예방하고 봉쇄할 수 있는 미국의 능력과 장치다.

새로운 세기를 위한 국가안보전략

클린턴은 1997년 대통령 취임 연설에서 19세기를 미국이 대서양에서 태평양까지 확장한 시기로, 20세기는 미국이 자신의 가치와 조화시키며 산업혁명을 주도한 시기로 규정하고, 21세기 미국의 과제로는 정보화 혁명과 지구화 주도를 설정했다(Clinton, 1997a). 또한 그는 1997년 연두교서에서 미국 경제의 부활로 2002년에는 균형예산이 달성될 것이라고 전망하면서 앞으로 50년간 번영과 평화를 가져다줄 새로운 미국 세기의 건설을 제창하며 이를 위한 여섯 가지 과제를 제시했다. 그에 따르면, 미국은 ① 나토의 확장을 중심으로 한 통합되고 민주적인 유럽과 ② 미일 동맹 관계의 개선 및 중국 시장 개방을 중심으로 한 새로운 아시아태평양 공동체를 건설하고, ③ 미국 경제의 경쟁력 및 수출 증진을 위해 자유무역체제를 확립하는 한편, ④ 다양한 지역분쟁에 대한 개입태세를 갖추고, ⑤ 대량살상무기의 확산, 마약, 테러리즘 등 새로운 위협에 대응해야 한다. 또한 ⑥ 이러한 과제를 수행할 수 있는 다양하고 총체적인 수단을 구비해야 한다(Clinton, 1997b). 1997년 1월 신임 국무장관 올브라이트(Albright, 1997)는 클린턴이 제시한 과제를 열거하면서 미국은 "역사의 저자"가 되어야 한다고 역설했다. 1997년 3월 신임 백악관 안보담당보좌관 버거(Berger, 1997.3.27)는 소련 제국의 붕괴 이후 미국 외교의 담론을 구속해온 탈냉전이라는 수사의 폐기를 선언하면서, 미국은 이제 새로운 환경에서 미국의 항구적 이익과 가치에 부합하는 새로운 국제질서를 수립하는 시기로 접어들었다고 천명했다.

이러한 변화는 1997년 5월에 발표된 「새로운 세기를 위한 국가안보전략」에 그대로 반영되었다. 이 보고서는, 클린턴이 연두교서에서 제시한 과제들을 중심으로 미국 패권의 핵심적 과제를, 국제정치의 통합을 가져오는 요인을 관리하고, 미국의 국익과 가치를 실현하는 데 유리한 국제 환경의 조성을 위해 기존 국제정치·경제·군사적 구조를 재편성하고 새로운 구조를 건설하는 것으로 설정한다. 좀 더 구체적으로는 미국의 국익이 도전받지 않는 조건으로 ① 전략적으로 주요한 지역에 대한 반대 세력의 지배 봉쇄, ② 국제경제의 원활한 운영 및 민주주의와 인권 존중, 그리고 이러한 경제적·정치적 안정에 대한 초국가적 위협 방지, ③ 대량살상무기 확산에 의한 위협 방지, ④ 강대국들과의 긴밀한 협조 관계 구축과 그들의 정책에 대한 영향력 확보를 내세운다. 이러한 미국의 '이상향'을 건설하기 위해 1997년의 국가안보전략 보고서는 전 세계 국가 및 비국가 행위 주체에 영향을 미칠 수 있는 다양한 수단을 동원하는 통합적 개입을 강조한다. 이러한 변화의 기반은 미국 경제의 회생이다. 「개입과 확산의 국가안보전략」에서 제시되었던 "미국의 경제적 재건의 강화to bolster America's economic revitalization"라는 목표는 "미국의 경제적 번영의 강화to bolster American economic prosperity"로 바뀌었고, 그 주요한 수단으로 미국이 경쟁력을 갖는 분야의 시장을 확대하기 위해 국제무역을 규율하는 다양한 기제의 통제가 제시되었다(The White House, 1997).

　미국 패권의 지평을 미래로 확장해 새로운 과제와 위협을 강조하는 변화는 안보 분야에서 특히 분명하게 나타난다. 클린턴 행정부 1기의 「개입과 확산의 국가안보전략」은 1993년의 「전면적 검토」가 주창하는 예방과 동반자 관계를 통한 개입을 지향했지만, 실제적으로는 민족적·종교적·인종적 분쟁에 대한 미국의 군사적 개입태세 확립에 주력했다. 동맹 관계 재편을 위한 대내외적 정지 작업에 상당한 혼선이 있었고, 경제 침체에 따른 국방예산 감축 압력으로 무기체계 현대화 작업에 제약이 있었기 때문이다. 경제 회생을 바탕으로 1997년의 「새로운 세기를 위한 안보전략」은 페리의 '예방·억지·격퇴'의 삼중전략을 위협의 예방과 미국의 국익에 유리한 국제 환경의 "조성shape", 모든 잠재적 위기에 대한 "대응respond", 미래의 위협에 대한 "대비prepare"라는 이름으로 공식화하고 있다.

　'조성·대응·대비' 전략은 ① 대량살상무기 확산에 따른 위협, ② 테러리즘과 마약 등 초국가적 위협, ③ 무력적인 국경 도발이나 구 유고연방, 소말리아 같은 "실패국가failed state"에 의한 "지역·국가 중심적regional or state-centered 위협"이라는 세 가지 위협의 범주를 전제한다. 초국가적 위협이 미국의 국익에 필수적인 시장경제와 민주주의의 안정성을 해친다는 맥락에서 강조되는 것처럼, 실패국가도 시장경제와 민주주의의 확산과 통합에 대한 위협 요인으로 고안된 개념이라 할 수 있다. '조성' 전략은 지역적 안정, 위협의 예방, 동맹의 변용과 강화, 그리고 세계의 주요 지역에 대한 미국의 영향력을 확보하고 (시장경제와 민주주의의) 국제적 규범을 확고히 하는 것을 목적으로 하는데, 그 수단은 외교, 원조, 군비 통제, 미군의 해외배치 등 다양하다. '대응' 전략은 발생한 위협의 억지를 위한 미국의 군사적 개입을 다룬다. 종전의 대규모 지역 전쟁은 "주요 전역전쟁major theater warfare: MTW"으로, 평화활동이나 전쟁 이외의 군사활동은 "소규모 비상투입smaller-scale contingencies"이라는 명칭으로 정리한다. 새로운 명칭의 고안과 함께, '대응' 전략이 초국가적 위협을 '주요 전역전쟁'보다 먼저 다루는 것은 양자의 현실적 발생 가능성과 그에 따른 미국의 군사적 개입 정책의 우선순위 조정을 의미한다.

불확정적인 미래에 대한 '대비' 전략은, 1993년의 「전면적 검토」가 미국의 두 개의 대규모 지역 전쟁 수행 능력을 예상할 수 없는 상황에 대한 대처라는 논리로 정당화한 것과 일맥상통한다. 그러나 "발생 가능성은 적으나 심각한 미래의 위협unlikely but significant future threats"을 안보전략 전반의 지침으로 삼은 점에서, 1997년의 국가안보전략은 「전면적 검토」와 다르다. 이러한 '대비' 전략은 미래 자체(본질적으로 불확정적인)를 위협으로 상정하는 것으로, 미국 경제의 회생을 바탕으로 하여 직접적인 '위협 부재의 골짜기'를 건너는 극단적인 방법이며, 그 핵심적 수단인 압도적인 군사기술 확보는 레이건의 스타워즈 이후 중단된 무기체계의 대대적인 혁신 필요성과도 관련이 있다. '조성·대응·대비' 전략은 미국의 첩보 능력, 우주 공간의 기술적 지배, 탄도탄 방어체계 개발 등 첨단기술에 대한 투자를 요구한다는 점에서 군산학복합체를 이끌어가는 미국의 실제적인 산업정책의 새로운 이름이기도 하다.

예방적 방위: 4개년 검토

'조성·대응·대비' 전략에 의해 군사력을 재편하는 구상이 1997년 5월의 「4개년 검토Quadrennial Defense Review」다. 「4개년 검토」는 미국의 압도적 군사력을 인정한다. 2015년까지 세계적 차원에서 미국과 경쟁할 만한 세력global peer competitor은 없을 것이고, 미국과의 절대적인 군사력 격차를 대량살상무기나 정보전쟁 같은 '비대칭적asymmetrical' 수단으로 극복하려는 시도가 증가하리라 예상한다. 그러나 「4개년 검토」는 미국 본토와 동맹의 안전을 확보하는 것 이외의 개입에 반대하는 조류를 19세기적인 고립주의라고 묵살하는 한편, 전 지구적 인권 실현까지 미국의 임무로 설정하는 '세계경찰국가론'은 압도적 힘의 격차에도 불구하고 미국이 보유한 자원의 한계를 무시하는 비현실적 주장이라고 비판한다. 「4개년 검토」에 의하면, 현명한 미국의 패권전략은 유일한 패권국가로서 미국이 갖는 전 지구적 이해관계와 책임을 분명히 인식하고, 이에 대한 안보적 도전을 규정하며, 미국 국익의 우선순위에 따른 선택적 개입을 시행하는 것이다(U.S. Department of Defense, 1997).

　「4개년 검토」는 「새로운 세기를 위한 국가안보전략」에서 제시된 지역적 위협, 대량살상무기의 위협, 초국가적 위협의 세 가지 범주에 기초해 국가안보전략이 새롭게 강조하고 있는 미래의 위협을 상술하는 한편, '비대칭적 공격'에 의한 미국 본토의 위협이라는 범주를 미국 패권의 안보적 도전에 추가한다. 이러한 위협 인식의 핵심은 잠재적인 미래의 위협에 대한 강조다. 소련 핵무기에 미국 본토가 노출되었던 냉전 시기에 비해 미국이 훨씬 안전한 상황임을 인정하면서도, '비대칭적 공격'으로부터 미국이 절대적으로 안전하지는 않다는 논리는 직접적 위협의 부재를 미국 본토의 잠재적 취약성을 강조함으로써 극복하려는 시도다. '와일드카드'에서 가상의 위협을 창조하는 논리가 더욱 분명해진다. 「4개년 검토」는 예상하지 못한 기술적 위협의 조기 대두, 미국의 지역적 정보망의 교란 위협, 우호적 정권의 전복 등 '와일드카드' 범주에 포함된 위협의 개별적 시나리오가 발생할 가능성은 낮다고 인정한다. 그러나 「4개년 검토」는 전체적으로 이러한 시나리오가 현실화될 가능성이 그렇지 않을 가능성보다 높으며, 더욱이 개별적 시나리오가 현실화될 경우의 심각한 여파를 고려할 때, 미국은 '와일드카드'에 대비할 충분한 능력을 구비해야 한다고 주장한다.

「4개년 검토」 역시 개입의 기준으로 미국의 다국적평화군 참여의 원칙으로 1994년부터 나타나는 사활적이고 중요한 인도주의적 국익의 분류를 동원하면서, 미국의 사활적 국익으로 다음을 지적한다. 첫째는 미국 영토에 대한 '비대칭적 공격'의 위협 예방과 대응을 포함해 미국의 주권, 영토, 인구를 보호하는 것이고, 둘째는 미국에 반대하는 지역적 패권국이나 연합에 의한 주요 전략적 지역의 지배를 봉쇄하는 것이다. 셋째는 해양, 항로airways, 우주 공간과 사이버 공간을 포괄하는 국제관계의 물리적 환경에 대한 미국의 통제력을 확보하는 것이고, 넷째는 주요 시장, 에너지 자원, 전략적 물자의 접근에 대한, 즉 세계경제의 환경적 요소에 대한 미국의 통제력을 확보하는 것이다. 마지막으로 「4개년 검토」는 미국의 동맹국과 우방국에 대한 공격을 억지하고 유사시에는 격퇴하는 것을 미국의 사활적 국익으로 규정한다.

이상의 위협과 국익 규정에 기초해, 「4개년 검토」는 '조성·대응·대비'의 국방전략을 제시하는데, 그 대전제는 기존의 미 국방전략이 미국 본토에 대한 '비대칭적 공격'의 위협이나 '와일드카드'에 대처하기 위한 필수 조건인 무기체계의 현대화에 실패했다는 것이다. 재정적 제약에 따라 무기체계의 현대화를 위한 예산이 적게 책정되어왔고, 그나마 그 예산이 예상보다 증가한 '대응' 전략의 예산으로 전용되어왔다고 비판하면서 「4개년 검토」는 소련 제국의 붕괴가 낳았던 '평화배당'의 요

표 2-1 클린턴 1기와 2기의 군사력 재편 구상에 나타난 위험 인식 비교

1993년 전면적 검토(Bottom-Up Review)	1997년 4개년 검토(Quadrennial Defense Review)
핵위험 - 핵과 생화학무기의 확산 - 구소련의 잔존 핵무기	첨단무기와 기술의 확산 약소국 불량국가 핵과 생화학무기의 확산
	비대칭적 공격의 점증하는 위협 미국의 본토 방어 정보전쟁
지역적 위협 대규모 공격 소규모 갈등 내부적 분규 국가 지원 테러리즘 우호적 정부의 전복 반란 마약 거래	지역적 위협 대규모 국경 도발의 공격 실패한, 실패하고 있는 국가들
	초국가적 위협 테러리스트 마약 거래 조직범죄 통제되지 않은 이민
민주주의에 대한 위협 구 사회주의국가들의 민주화 경제적 위협 미국 경제력의 약화	와일드카드 예상치 못한 신기술 발전에 의한 위험 주요 지역에서 주요 시설과 주요 통신망 상실 적대적 세력에 의한 우호적 정권 탈취 예상할 수 없고 발생 가능성도 낮으나 심각한 파급 효과를 갖는 위협

구를 사장시킨다. 군사력 감축과 "무기체계 현대화의 휴지기procurement holiday"는 종식되어야 한다고 선언하며, 회계연도 1998년을 시작으로 2001년에는 600억 달러에 달하는 무기체계 조달 예산을 주축으로 하는 '야심적인ambitious' 현대화 계획을 제시하는 것이다.

1993년의 「전면적 검토」와 비교하면 1997년의 「4개년 검토」의 야심적인 성격이 분명히 드러난다. 「전면적 검토」는 미국 경제 침체를 가장 주요한 안보 위협으로 설정하고, 두 개의 대규모 전역전쟁을 동시에 승리할 전력을 중심으로 다양한 지역적 위험에 대한 미국의 군사적 개입태세 확립에 주력했다. 이에 비해「4개년 검토」는 지역적 위험이라는 범주를 세분화하고 미래의 위협을 설정하는 한편, 재정적 고려가 '조성·대응·대비'의 선택을 결정하지 않았고, 단지 그 전략의 수행 계획에 영향을 미쳤다고 밝혔다. 이는「4개년 검토」가 단기적인 위협이나 미래의 위협에 일방적으로 초점을 맞추지 않고, 양자의 위협에 모두 대처하는 제3의 수행 계획을 설정했음을 의미한다.「4개년 검토」의 야심은 부시 행정부의 국가안보전략에서부터 일관되게 천명된 패권 의지다. 이는, 이라크와 북한에 의한 주요 전역전쟁의 위협이 사라진다고 해도 미국이 전 세계적 패권을 유지하려면 그러한 군사력을 유지해야 한다는,「4개년 검토」에 대한 존 샐리캐슈빌리John Shalikashvili 합참의장의 논평에서 분명히 드러난다. 즉, 미국의 패권 의지는 재정적 제약의 감소에 따라 종래 위협과 자원 균형을 현재와 미래 위협의 균형으로 대체한 것이다.

4. 탈근대 지구화의 도전

국제 금융위기의 충격

소련의 붕괴가 기존 미국 패권의 군사안보적 정당성을 침식해 새로운 위협의 창출을 강요했다면, 러시아와 멕시코까지 파급된 아시아의 금융위기는 미국 패권의 본질적 토대인 세계자본주의체제의 안정적 확산이 과연 가능한가에 대해 심각한 의문을 제기하는 것이었다. 세계금융위기의 가장 직접적인 반영은 경제적 번영이라는 목표를 실현하기 위한 수단들의 우선순위 변화다. 1997년 국가안보전략 보고서에 이르기까지 미국 경제의 경쟁력 확보에 주어졌던 최우선순위가, 1998년 보고서에서는 개방과 투명성 확보, 금융개혁, 위기관리를 포함하는 거시경제적 조정에 주어지고, 1999년 보고서에서는 독자적 항목으로 부각된 금융조정financial coordination에 주어진다. 1999년 보고서에서 미국 경제의 경쟁력 확보를 위한 수단의 하나로 미국의 기술적 우위를 언급하는 것도 주목해야 한다.

좀 더 전반적이고 중요한 변화는 1996년에 선언된 탈냉전의 종언이라는 국제 환경 인식이 지구화라는 명확한 규정으로 이어진 것이다. 1998년 국가안보전략 보고서는 미국 패권 유지를 위한, "가속화하는 경제적·기술적·문화적·정치적 통합"으로 정의된 지구화의 조정harness을 미국 외교의 가장 중요한 과제로 지적한다. 지구화에 따른 안보전략의 최우선적 목표들로는 ① 기존 안보 동맹의 변용을 통한 새로운 관계와 구조의 창조, ② 지구화로 점증하는 미국 본토에 대한 국가·비국가 행위 주체들의 공격 가능성에 대한 대처, ③ 지구화의 도전에 대한 통합적(군사적, 외교적, 미국법의 강제집행을 위한) 수단의 강화, ④ 개방적이고 경쟁적인 국제경제체제의 확립을 든다. 미국의 안보 위협 인식도 지구화의 도전이라는 시각에 기초하는데, 이는 새로운 위험의 범주들(실패국가, 대량살상무기보다 훨씬 포괄적인 개념인 위험한 기술의 확산, 미국의 군사, 외교, 상업적·기술적 비밀에 대한 외국의 첩보활동, 환경과 건강의 위험)에서 분명히 드러난다(The White House, 1998).

1998년 국가안보전략 보고서에서 나타나는 새로운 전략적 목표들과 위협의 범주들은 1999년 보고서에서도 그 틀을 유지한다. 두 보고

표 2-2 **국제 금융위기와 미국 경제외교의 목표 변화**

1997년 5월 국가안보전략	1998년 10월 국가안보전략	1999년 12월 국가안보전략
미국 경제 경쟁력 강화 - 해외시장 개방 - 세계무역기구 - 지역적 개방정책 - 수출 증진 전략 - 수출 통제 강화	거시경제적 조정 경제적 개방과 투명성 금융개혁 위기관리 금융개혁 의제 확대	금융조정의 강화 국제경제기구와 제도개혁 투명성 제고 선진산업국가에서의 금융규제 강화 신흥시장의 거시경제체제·정치 체제·금융체제 강화 위기 예방·관리 능력 제고 빈곤층 보호를 위한 사회적 정책 증진
거시경제의 조정	미국 경제 경쟁력 강화 해외시장 개방 개방무역체제 수출 증진 전략 수출 통제 강화	개방무역체제 미국 경제 경쟁력 증진 기술적 우위의 보존 수출 증진 전략 수출 통제 강화
에너지 안보 확보	에너지 안보 확보	에너지 안보 확보
지속 가능한 경제성장 증진	지속 가능한 경제성장 증진	지속 가능한 경제성장 증진

서 모두 지구화 시대 미국 패권의 새로운 도전들에 대한 예방과 대응을 강조하는데, 이를 위한 통합적 수단들로는 사이버 공간과 우주 공간을 포함하는 국제관계의 물리적 환경에 대한 미국의 통제, 미사일 방위체제의 확립은 물론, NGO를 동원한 공공 외교public diplomacy 및 첩보 수집, 감시surveillance, 정찰reconnaissance 능력의 강화 등이 포함된다. 마약 거래나 국제범죄에 대한 강력한 대응태세도 부패나 범죄가 자유롭고 경쟁적인 시장 기제의 적이라는 경제적 지구화 논리에서 강조된다. 같은 맥락에서 미군의 지속적인 해외배치와 함께, 냉전기에는 미국의 군사적 개입 영역이 아니었던 지역에까지 미군의 투입 능력을 확보해야 한

표 2-3 **단극 시대 미국 안보 위협 인식의 변화: 1995년, 1997년, 1999년 국가안보전략**

1995년	1997년	1999년
우려되는 미래의 불확실성 소련·동구의 민주화 억압적 중국 정권	지역적·국가중심적 위협 증가된 공격 능력(핵생화학)을 동원한 국경 도발 불안정한 국가	지역적·국가중심적 위협 대량살상무기를 동원한 국경 도발
분명한 위협 폭력적 극단주의 군사적 민족주의 인종적 종교적 갈등		실패국가 정부의 기본 기능 상실 국가 국민의 기본권 보장에 실패하고, 인권 남용을 허용 및 조장하거나 인종청소 또는 대량학살을 자행 하는 국가
안보의 비군사적·비직접적 영향 요인들 테러리즘 마약 거래 환경 파괴 자원 고갈 인구 폭발 통제되지 않은 난민 이동	초국가적 위협 테러리즘 마약 거래 무기 밀매 국제범죄 통제되지 않은 난민 이동 환경 훼손	외국의 첩보 수집 미국의 군사, 외교, 기술, 경제, 상 업상의 비밀
		환경·건강의 위협 국제적 전염병 지역적 생태계 지구적 환경
	대량살상무기 무법국가 비국가 행위 주체	위험한 기술의 확산 대량살상무기 첨단무기와 기술

다는 주장은 경제적 지구화의 외연이 확장됨에 따른 미군 개입의 지리
적 확장 요구다. 이는 지구화의 전체 영역을 미국이 군사적으로 통제해
야 한다는 패권적 발상이다. 경제적 지구화에 대한 강조는 미국 경제번
영의 요소들, 특히 기술적 우위 확보에 대한 강조로 이어져, 1999년 보
고서에는 이들을 보호하는 것이 사활적 국익의 범주에 새로이 포함된
다(The White House, 1999).

클린턴 행정부 집권 1기의 군사력 재편 계획은 1993년의 「전면적
검토」에 따라 핵위험과 지역적 위험에 대한 군사적 대응에 초점을 맞추

었다. 이에 비해 클린턴 행정부의 1999년 국가안보전략 보고서는 비전통적이고 다양한 안보 위협에 대한 통합적 대응을 강조한다. 안보 위협에 대한 이러한 인식의 변화는 매우 대조적이다. 하지만 이러한 변화는 미국 패권의 유지라는 제2차 세계대전 이후 미국 외교의 절대적이고 영속적인 명제에 근거한다. 1997년 국가안보전략 보고서가 밝히고 있듯이, 미국이 다양하고 새로운 도전에 직면하는 것은 미국이 전 지구적 이해를 갖고 있기 때문이다. 1945년에 프랭클린 루스벨트Franklin Roosevelt는 미국의 안녕은 국제체제 자체의 안녕에 달려 있다고 주장했고, 클린턴은 이를 미국 외교의 영속적 좌표로 보고 1999년 국가안보전략 보고서의 서문에서 인용한 바 있다.

2010~2020년의 미국 패권: "국방의 전환"

미국 패권의 영속화를 위해 미래의 국제 환경을 전망하는 전략보고서들은 지구화의 도전에 더욱 중점을 두고 있다. 그 대표적인 예가 「4개년 검토」의 평가를 위해 의회가 구성한 국방패널National Defense Panel에서 1997년 12월에 발표한 보고서인 「국방의 전환Transforming Defense」이다. 2010~2020년의 국제 환경을 전망하고 그에 대한 대비책을 제시하는 것을 목적으로 하는 이 보고서는 냉전기와 근본적으로 다른 국제 환경의 도래를 확신하며, 「4개년 검토」가 여전히 냉전의 유제에 함몰되어 미래의 위협에 충분히 대비하지 못하고 있다고 비판한다. 특히 비판의 초점이 된 것은 두 개의 전역전쟁을 거의 동시에 승리할 수 있는 능력을 구비해야 한다는 「4개년 검토」의 입장이었다. 국방패널은 두 개의 전역전쟁 개념이 냉전 상황에 근거한 것이며, 냉전 이후 군사력 수준 감축 요구에 저항하는 유용한 도구로 이용되었으나, 발생 가능성이 낮은 시나리오에 자원을 투입해 미국의 장기적 안보 제약 요인으로 작용하고 있다고 보았다.

국방패널은 2020년 국제 환경을 형성하는 네 가지 동인으로 ① 인종적·민족적·종교적·이념적·경제적 분쟁과 갈등, 그리고 강력한 비국가 행위 주체의 등장으로 인한 민족국가체제의 지정학적 변화, ② 불균등한 인구 성장과 이민으로 인한 자본주의 중심부의 사회보장체제 문제와 자본주의 주변부의 인도주의적 재난 및 실패국가의 만연, ③ 경제적 지구화의 확장과 이의 안정적 관리의 문제, ④ 혁명적인 기술 발전 등을 들고 있다. 국방패널은 2020년 국제 환경에 대해 네 가지 전망을 제시한다. 첫째는 경제적 지구화가 부의 균등한 증진과 공평한 분배를 가져오고, 초국가적 위협에 대처하는 국제적 협력구조가 확립된 안정적 세계다. 둘째는 미국이 여전히 패권을 유지하고는 있으나, 경제적 지구화가 불균등한 성장을 초래하고, 대량살상무기의 확산과 인도 및 중국의 부상 등으로 미국 패권의 기반이 확실치 않은 세계다. 셋째는 민족국가체제의 부활로 초국가적 위협이 줄어들고, 강대국 간의 전통적인 세력균형이 재연되는 세계다. 넷째는 경제적 지구화의 붕괴, 실패국가의 양산과 미국 본토에 대한 초국가적 위협의 증가 등을 포함하는 최악의 시나리오다.

이와 같은 국방패널의 논의는 전반적으로 지구화, 특히 경제적 지구화로 인한 민족국가체제의 변화를 전망하고 있다. 「4개년 검토」가 2015년까지의 국제 환경 변화에 대비함을 목적으로 하지만, 실제적으로는 2005년까지의 국제 환경에서 유효한 대비에 그치고 있다는 것이 국방패널의 주장이다. 2010~2020년의 국제 환경에 대비하는 올바른 전략적 선택으로 국방패널은 예상되는 네 가지 세계에 모두 대비할 것을 제안한다. 이는 실로 '혁명적인' 전략이다. 앞서 지적한 것처럼, 1993년의 「전면적 검토」는 위협과 자원의 균형을, 1997년의 「4개년 검토」는 현재의 위협과 미래의 위협 사이의 균형을, 국방패널은 미래의 다양한 위협들 전반에 대한 대비를 내세우고 있는 것이다.

국방패널은 미국이 모든 가능성의 세계에 대비할 수 있는 시간과 능력을 갖고 있다고 주장한다. 이는 국방패널의 '혁명적인' 전략이 실제로는 미국이 현재 누리고 있는 압도적인 힘의 우위가 상당 기간 지속될 것이라는 전제에 근거한 것이라는 해석을 낳는다. 이러한 입장에서 보자면, 민족국가체제의 전통적 세력균형의 재연은 근거가 약해 보인다. 더욱이 국제 환경의 본질적 변화를 예상하고 이에 따른 미국 안보체제 전반의 전환을 요구하는 국방패널 입장을 고려할 때, 전통적 세력균형의 재연이라는 시나리오에는 분석적 무게가 실리지 않은 것이고, 현재 세계의 진화라고 국방패널이 지적하는 미국 패권의 지속이라는 두 번째 세계가 가장 실현 가능성이 큰 시나리오로 보인다. 물론 이 시나리오는 경제적 지구화 추세에 따라 첫 번째 긍정적 시나리오에 가까울 수 있고, 네 번째 최악의 시나리오 방향으로 움직일 수도 있다.

국방패널이 지적하는 미래의 군사적 과제는 ① 미국 본토 방위의 점증하는 중요성, ② 동맹의 유지와 노동분업 이상의 통합전력 확립, ③ '사막에서 거대 도심까지' 군 투입 능력의 개발, ④ 대량살상무기의 확산에 대한 종합적 대처, ⑤ 우주와 사이버 공간의 활용 및 통제다. 미래의 핵심적 자원이 될 것이라고 강조하는 군 투입 능력의 필요성, 특히 거대 도시에서의 군사작전에 대한 대비는 경제적 지구화와 인구 변동에 따른 자본주의 주변부의 실패국가를 예상한 것이다. 미래의 적이 '비대칭적 공격'을 감행할 것이라는 대전제는 첩보·정찰·감시 능력의 사활적인 중요성으로 이어지고, 이는 다시 군사기술 혁신을 최대한 활용하는 무기체계 현대화에 대한 강조, 더 넓게는 기존 국방체계와 안보기구 전체의 전환 주장으로 귀결된다.

2020~2030년의 미국 패권: "새로운 세계"

국방패널은 1947년의 국가안보법에 기반을 둔 미국 안보기구의 전면적 전환을 주장했고, 이러한 주장을 검토하기 위해 의회는 21세기국가안보전략위원회U.S. Commission on National Security Strategy/21st Century를 설립했다. 이 위원회의 임무는 세 가지다. 첫째, 미래의 국제 환경을 예상하고, 둘째, 미국의 새로운 안보전략을 구상하며, 셋째, 그에 따라 미국 안보기구의 재편 계획을 수립하는 것이다. 1999년 9월에 발표된 이 위원회의 첫 번째 보고서인 「새로운 세계New World Coming」는 현재 미국의 힘을 감안할 때 2025년까지 미국의 패권이 유지될 것이라고 전제하면서 2025년의 국제 환경을 전망한다. 「새로운 세계」는 국가의 힘과 행태에 영향을 미치는 모든 요소로 안보의 개념을 대폭 확대한다. 이러한 안보 개념은 국내정치와 국제정치의 구분은 물론, 실제적으로 정치와 경제, 사회 간의 구분을 뛰어넘은 것으로, 지구적 규모에서의 사회를 설정하는 것에 가깝다고 볼 수 있다(The United States Commission on National Security/21st Century, 1999).

　「새로운 세계」는 과학기술, 경제적 지구화, 사회적·정치적 변화, 군사안보의 영역에서 혁명적 변화의 가능성을 강조한다. 정보와 생명공학 분야를 중심으로 한 급속한 기술 발전은 새로운 사회적 분화와 갈등을 초래할 수 있고, 이에 따라 민족국가에 대한 개인의 충성과 정체성이 국가 상위 혹은 하위 집단에게 향해 '탈근대국가'가 탄생할 수도 있다고 지적한다. 경제적 지구화가 새로운 평화이익을 창출할 가능성도 인정하지만, 「새로운 세계」는 지구적 규모의 경제적 통합이 반대 세력이나 전쟁에 의해 저해될 수 있고, 세계경제체제 자체의 위기로 인해 파국을 맞을 수도 있다고 지적한다. 특히 민간 자본을 중심으로 한 국제금융시장이 안정적으로 유지될 가능성에 대해 비관적이다. 통화블록을 포함한 국제금융시장의 규제에 대한 합의는 쉽게 도출될 수 없으며, 지구적 규모에서의 경제적 통합의 안정성을 해칠 수 있는 미국 경제 불황은 향후 25년 내에 반드시 발생한다는 것이다. 또한 그 정도는 알 수 없지만 국제 금융위기 역시 반드시 발생할 것이라고 본다. 경제적 지구화는 국가의 경제적 능력을 감소시키는 한편 지구적 경제 통합의 문제들을 해결해야 하는 국가의 역할은 증가시킨다는 점도 강조된다.

「새로운 세계」는 이러한 경제적 지구화 과제의 성취도에 따라 새로운 힘의 균형이 나타날 것이라고 보고, 많은 국가의 실패 가능성을 지적한다. 경제적 지구화에 따른 정치적·사회적 문제는 국가주권 원칙의 폐기를 가져오지는 않을 것이나, 국가 간의 관계, 국가와 민족, 그리고 개인 간의 관계에 엄청난 변화를 가져올 것으로 전망된다. 아시아 금융위기 이후 인도네시아의 사례를 통해, 「새로운 세계」는 경제적 지구화가 한 정권의 몰락을 넘어 정치적·사회적 붕괴를 가져올 수 있음을 강조한다. 이러한 붕괴의 가능성은 중국이나 인도의 미래에도 존재한다고 지적된다. 군사안보의 변화에 대한 「새로운 세계」의 분석은 앞서 살펴본 국방패널의 보고서와 맥을 같이하지만, 좀 더 분명하게 미래 미국의 군사안보적 위협과 경제적 지구화를 연계시킨다. 예를 들면, 경제적 지구화의 반대 세력에 의한 '비대칭적 공격'의 점증하는 가능성을 들어 미국 본토 방위의 중요성을 강조하는 것이다.

2025년의 국제 환경에 대해 「새로운 세계」는 지구화를 중심으로 네 가지 경우를 전망한다. 두 가지는 현재 국제 환경의 긍정적·부정적 진화를 각기 상정한 것으로, 여기에는 완전한 경제성장에 기반을 두고 민주주의가 확산되고 강대국 간의 국제적 협력이 강화되는 '민주평화'의 가능성과 경제적 지구화가 정치적 반발, 국제 금융위기, 환경문제의 재앙 등으로 위기를 맞을 경우인 '보호주의와 민족주의'가 포함된다. 나머지 두 가지 경우는 가설적인 상황으로 지구화의 혁명적 변화가 긍정적으로 발전할 경우의 '지구화의 승리globalism triumphant'와 파국을 맞을 경우의 '분열과 난동division and mayhem'이다. 「새로운 세계」는 이 네 가지 경우가 지역적 편차를 두고 동시에 존재하는 2025년의 국제 환경을 전망한다. 즉, 기술 발전을 활용해 지구화의 기회를 활용하고 그 도전을 극복하는 국가들의 지역과 그렇지 못한 실패국가들의 지역이 지구적 규모의 경제권 내에 존재할 수 있다는 것이다.

21세기국가안보전략위원회는 「새로운 세계」에서 제시된 국제관계의 혁명적 변화 가능성과 포괄적 안보 개념에 근거해, 21세기 미국의 패권전략을 구상한다. 2000년 4월에 발표된 이 위원회의 두 번째 보고서인 「국가전략의 모색Seeking a National Security」은 미국의 패권적 지위가 영속적이지 않을 것이라고 지적하면서도, 제2차 세계대전 후에 그랬듯이 미국은 새로운 질서를 수립할 책무와 기회를 지니고 있다고 전제한다. 이 보고서는 21세기 미국 패권전략의 요체를 세계 통합으로 인한 이익을 확보하는 한편 그러한 이익을 위협하는 지구적 불안정의 요인을 제거하는 것으로 규정한다(The United States Commission on National Security/21st Century, 2000).

「국가전략의 모색」은 21세기 미국 패권전략의 구체적인 목표로 다음 여섯 가지를 들고 있다. 첫 번째 목표는 다양한 비전통적 위협에 대한 통합적 대응이다. 미국 본토는 물론 우주와 사이버 공간에서 미국 영향력에 대한 위협 등에 대응하기 위해, 미국의 군사력과 경찰력, 첩보기구, 경제적·재정적·외교적 수단을 통합적으로 활용하고, 국제적 공조도 확보해야 한다. 이러한 목표는 상무부, 재무부, 무역대표부, 법무부와 교통부까지 국가안보기구에 통합되어야 한다는 주장으로 이어지고 있다. 이러한 주장이 지니는 주목할 만한 함의의 하나는 치안(경찰)과 안보(군대)의 구분이 무의미해지는 동시에, 1999년 국가안보전략 보고서에서도 나타나는 것처럼, 미국 국내법의 국제적 적용 의지로 인해 주권국가체제의 근간이 부정될 수도 있다는 것이다. 두 번째 목표는 미국의 경제적 경쟁력, 사회적 통합, 기술적 우위와 압도적 군사력 확보로, 이를 위해서는 과학과 수학 교육 강화나 국가와 민간 연구기관의 효과적인 연계와 같은 지식 기반의 확충이 필수적이다. 세 번째 목표는 중국, 러시아, 인도 등 주요 국가들을 새롭게 형성되고 있는 국제질서에 통합시키는 것이고, 네 번째 목표는 역동적인 세계경제를 유지하고 국제기구와 국제법의 효율성을 제고하는 것이다. 즉, 시장경제의 영역을 주요 지역 국가들로 확대하고 지구적 영역의 세계경제를 국제기구와 법을 통해 관리해야 한다는 것이다. 다섯 번째 목표는 기존 동맹과 지역 연합 기제를 시장경제의 확장과 통합의 가속이라는 변화에 맞게 변형시키는 것이다. 나토의 지속적인 확장과 북대서양 무역지대의 확립을 통해 유럽과 미국 간 군사적·경제적 연계를 강화하는 한편, 북미 자유무역지대를 중남미 전역으로 확대해 미국의 전통적·독자적 경제권을 공고히 하고, 주일 미군과 주한 미군(한반도 통일 이후에도)을 통해 아시아 지역에 대한 미국의 영향력을 확보하는 것 등이 제안되고 있다.

마지막 여섯 번째 목표는 분열적 요소들(특히 실패국가의 양산)에 대한 대응으로, 전 지구적으로 투입될 수 있는 군사력에 기반을 둔 예방적 외교가 강조된다.

5. 소결

이 장에서는 소련 제국의 해체 이후 미국 전략가들이 미국 패권의 새로운 정당성과 과제를 수립하는 과정을 백악관의 국가안보전략 보고서와 국방장관의 군사력 재편 구상, 그리고 미국 패권의 미래를 전망하는 국방패널과 21세기국가안보전략위원회 보고서들의 내용 분석을 중심으로 살펴보았다. 이 과정은 예상할 수 없는 미래의 위협을 포함하는 다양하고 비전통적인 안보 위협의 유형화, 탈냉전의 선언과 지구화의 도전을 주요 내용으로 하는 국제 환경에 대한 인식, 이에 따른 통합적인 안보전략의 추구를 특징으로 한다.

미국 패권전략가들의 인식체계에서 1996년을 계기로 탈냉전의 시대는 종식되었고, 1997년부터 「새로운 세기를 위한 국가안보전략」은 정보혁명과 경제적 통합에 의해 가속화되는 지구화를 관장하는 것을 미국 패권의 최우선적 과제로 설정했으며, 1997~1998년의 국제 금융 위기를 계기로 다양한 비전통적 안보 위협들이 세계의 통합을 저해하는 분열과 불안정 요인이라는 측면에서 강조되고, 그에 대한 통합적 대응이 추구되었다. 이러한 전략적 인식은 미국 체제의 유지가 세계자본주의체제의 안정에 달려 있다는, 제2차 세계대전 이후 미국 패권 전통에 근거하고 있다. 농업혁명과 산업혁명에 버금가는 인류사의 혁명적 변화를 예상하는 21세기국가안보전략위원회의 「국가전략의 모색」 역시, 미국은 자신의 이익과 세계 평화 및 번영을 위해 "결코 포기하지 않을 책임을 지고 있다"면서 불변의 패권 의지를 천명한다(The United States Commission on National Security/21st Century, 2000: 15).

이 장에서 분석한 미국의 패권전략은 구체적인 정책의 영역에 속한다기보다 공식화된 전략적 원칙이나 전략적 전망의 영역에 속하는 것이다. 이들을 구체적인 정책으로 전환하고 일관되고 효과적으로 집행하는 것은 결코 간단하지 않다. 클린턴 행정부가 그 결정을 차기 행정부에 넘긴 국가미사일방위체제의 건설이 그 한 예가 될 것이다. 즉, 미국 패권전략가들의 의지나 전망 혹은 기대 자체가 국제관계를 직접적으로 규정하는 것은 아니다. 하지만 미래 국제관계의 조건을 형성할 수 있는 미국 외교정책의 큰 틀과 지향을 보여주는 미국 패권의 전략적 원칙이나 인식의 역사적 지형, 초점의 변화는 결코 간과할 수 없다.

특히 미국이 '당사자'로 기능하는 한반도에 살고 있는 우리로서는 더욱 그렇다. 예를 들면 김대중 정부의 햇볕정책은 적어도 페리 프로세스Perry Process의 배경 없이는 추진되기 어려운 것이며, 페리 프로세스의 구체적인 협상과 압박의 균형은 미국 내 정파 간 입장 차이에 따라 달라질 수 있다. 다른 한편으로 페리 프로세스가 제네바합의의 규정을 받지 않는 미사일 문제를 다루고 있는 점은 핵무기 통제에서 대량살상무기 확산 방지로 변해온 미국 패권전략의 변화와 상응한다. 대량살상무기뿐 아니라 이중기술이나 위험한 기술의 통제를 강조하는 미국 패권전략의 추세는 페리 프로세스의 안보적 기준 혹은 미국이 장래에 인정할 수 있는 북한의 통상 병력 수준의 위협이나 장기적으로는 통일된 한국의 군비 수준에 대한 기준이 매우 엄격할 수도 있다는 추론을 가능하게 한다. 이에 대한 대비는 미국 패권전략의 구도에서 동맹이 단순히 공동의 위협에 대한 대응 수단이 아니라 동맹국이 미국의 이익과 그 실현 방안에 동의하도록 영향을 미치는 수단임을 고려할 때, 햇볕정책과 페리 프로세스의 단기적 접점이나 한미 동맹의 과거와 현재에 대한 이념적·정치적 평가를 넘어서는 것이다.

더 넓게 보자면, 현재 한반도의 기대는 온전한 민족국가의 수립이라는 근대 세계에 속한 것인 데 반해, 미국의 패권전략은 민족국가체제의 혁명적 변화, 즉 탈근대 세계의 전망에 기반을 둔다. 미국법의 국제적 적용을 중심으로 한, 시장경제의 원활한 작동을 명분으로 하는 지구적 법적·제도적 장치에 대한 미국 패권전략가들의 강조는 통일 한국의 생존 조건이 통일 한국을 향한 근대적 열망으로 준비되지 않을 수도 있음을 의미한다. 이러한 우려는 한강의 기적을 이룬 발전모델이 외환위기를 계기로 전면적으로 부정된 경험을 비춰볼 때 결코 기우만은 아닐 것이다. 우리의 입장에서는 한미 간의 현안뿐 아니라 한반도의 미래를 규정할 수도 있는 미국 패권의 장기적인 전망에 대한 연구도 소홀히 할 수 없다.

3

부시의 전쟁

9·11테러와 부시 독트린

20세기에 진행되었던 자유와 전체주의 간의 위대한 투쟁은 자유 세력의 결정적 승리로 끝났다. 자유, 민주주의와 자유기업은 이제 모든 국가에 적용되는 단 하나의 지속 가능한 발전의 모델이다. …… 오늘날 미국은 유례없는 군사적 힘과 거대한 경제적·정치적 영향력의 지위를 누리고 있다. …… 미국이 직면한 가장 엄중한 위험은 급진주의와 기술이 만나는 교차지점에 있다. …… 자유에 유리한 세력균형을 수립하는 미국의 노력은 모든 국가가 중요한 책임을 지니고 있다는 신념에 근거한다. 자유를 누리고 있는 국가들은 테러에 적극적으로 맞서 싸워야 한다. 국제적 안정에 의존하는 국가들은 대량살상무기의 확산을 막는 데 협력해야만 한다. 국제원조를 얻고자 하는 국가들은 제대로 된 통치를 실행해서 원조가 잘 쓰이게 해야 한다.

★ 부시, 2002년 「국가안보전략 보고서」 서문 중.

1. 서론

20세기는 전쟁의 세기였고 미국의 세기였다. 서구의 변방으로 탄생한 미국은 후발 제국주의국가로서 20세기를 맞이했다. 20세기 전반 두 차례의 세계대전은 서구 제국들의 쇠퇴를 가져왔고, 20세기 후반의 냉전은 소련의 해체로 막을 내렸다. 미국은 이 세 차례 전쟁에서 모두 승리하면서 유일한 패권국가가 되었고, 21세기를 또 다른 미국의 세기로 만들 결의를 다지며 20세기를 마감했다. 미래의 예상하지 못할 위협에까지 대비하려 했던 미국의 전략가들도 지구적 규모에서 미국의 패권에 도전할 강대국을 적어도 21세기 초의 사반세기에는 발견하지 못했다. 또한 냉전의 종언은 서구 자유주의의 궁극적 승리로 해석되어, 자유주의의 지구적 확산이 가져올 평화가 전망되기도 했다(Hobsbawm, 1994; 이혜정, 2000, 2002).

2001년 9월 11일에 발생한 테러는 21세기 평화의 전망을 여지없이 깨뜨렸다. 미국 본토에 대한 유례없는 테러는 미국 부시 행정부의 '21세기 첫 번째 전쟁'의 선포로 이어졌고, 미국의 대테러전쟁은 아프가니스탄의 산악에서 이라크의 사막, 그리고 필리핀의 정글까지 지구 전체로 확대되었다. 미국의 대테러전쟁은 미국 패권의 모든 과제를 포괄하는 새로운 전략적 지침이 되었고, 군사기술 혁신에 기초한 압도적 군사력과 미국 이념의 절대적 정당성에 대한 신념으로 무장한 신보수주의 일방주의에 의해 수행되었다. '제국의 무덤'이라 불리던 아프가니스탄은 군사기술 혁신을 최대한 활용하는 미국의 '새로운 방식의 전쟁'에 의해 신속히 점령되었고, 이라크의 사담 후세인 정권도 미국 군사력의 '충격과 공포shock and awe' 속에 맥없이 무너졌다(Bearden, 2001; Boot,

2003).

그러나 아프가니스탄과 이라크에서 미국의 군사적 승리가 대테러전쟁의 승리나 새로운 세계 질서의 수립으로 이어진 것은 아니다. 특정 테러리스트 집단이나 테러후원국이 아니라 테러리즘 자체에 대한 전쟁은 기본적으로 끝이 있을 수 없는 전쟁이다. 문명 대 야만, 선 대 악의 대립으로 상징되는 이 무한전쟁은 국내외적으로 무한한 경계와 지원태세의 유지를 필요로 한다. 국제적으로, 테러에 대한 전쟁은 주권국가 간 전쟁을 규율하는 전통적 국제법체계의 전반적 조정을, 더 구체적으로는 테러지원국과 대량살상무기를 확산하는 불량국가에 대한 미국의 선제공격전략을 정당화해줄 새로운 국제적 규범체계를 필요로 한다. 9·11테러를 저지른 알카에다의 훈련기지였던 아프가니스탄에서 미국의 대테러전쟁은 유엔 안보리 결의로 국제적 정당성과 지원을 확보할 수 있었다. 하지만 대량살상무기를 명분으로 내세워 이라크에서 치른 미국의 대테러전쟁은 유엔 안보리에서 그 정당성을 확보하지 못했고, 미국의 일방주의는 영국을 제외한 전통적 동맹국들의 비판과 전 세계적 차원의 반미주의에 직면했다.

일방주의의 성패는 힘에 달려 있다. 대테러전쟁에서 부시 행정부의 군사적 일방주의가 성공하려면 대테러전쟁의 과제를 수행하는 데 필요한 자원을 미국 단독으로 동원할 수 있어야 한다. 군사기술 혁신에 의한 미국의 '새로운 전쟁'은 이라크의 신속한 점령에는 성공했지만, 이라크의 재건과 새로운 민주국가 건설이라는 과제를 수행하는 데는 한계를 드러냈다. 이라크에서 국가 건설은 기본적으로 정밀타격무기체계가 할 수 있는 과제가 아니며, 치안 유지와 경제 재건의 막대한 비용을 필요로 하고, 궁극적으로 이라크인의 몫이다. 부시 행정부는 후세인 정권의 국제 테러조직과의 연계나 대량살상무기의 보유를 증명하지 못한 상황에서 2003년 9월 의회에 870억 달러의 대테러전쟁 추가 예산을 요구하면서 의회와 여론의 비판에 직면했다. 또한 유엔 안보리에서의 이라크 재건에 대한 결의안 통과에도 불구하고, 국제사회의 군사적·경제적 지원은 미흡했다. 이에 따라, 미국의 '새로운 전쟁'을 주도해온 도널드 럼스펠드Donald Rumsfeld 국방장관조차 대테러전쟁의 문제점들을 시인하기에 이르렀으며, 미국의 힘에 의한 민주주의의 강제적 이식을 주창해온 폴 울포위츠Paul Wolfowitz 국방부 부장관이 묵고 있던 바그다드의 호텔은 포탄 공격의 대상이 되었다. 이라크 상황의 진전을 확인하러 갔던 울포위츠는 그의 민주제국론의 한계를 몸소 증명한 셈이 되고 만 것이다(Shanker, 2003.10.23, 2003.10.26).

20세기의 세계 평화는 미국에 대한 안보 위협뿐 아니라 그에 대한 미국의 대응 양식에 의해서도 위협받았다. 독일의 파시즘과 일본의 군국주의, 소련의 공산주의의 국제적 팽창을 막은 것도 미국이었지만, 인류 절멸의 핵무기 경쟁을 주도한 것도, 제3세계의 반제국주의 투쟁에 대한 개입전쟁을 주도한 것도 미국이었다. 9·11테러가 증명하는 비국가행위 주체의 폭력은 분명 국제사회의 대응을 요구하는 위협이지만, 기존 국제법체계를 뛰어넘어 진행되고 있는 미국의 대테러전쟁 역시 세계 질서의 불안정 요인이다. 한반도도 예외는 아니다. 미국은 대테러전쟁의 맥락에서 북한의 핵개발에 대응하고 한국에 이라크 파병을 요구했다.

따라서 미국의 대테러전쟁에 대한 정확한 인식은 21세기 전쟁과 평화의 동학에 대한 이해는 물론 한국의 대외정책 전반과 한반도 평화의 실천적 구상의 기반이 된다. 이러한 문제의식에서 이 장은 9·11테러 이후에 나타난 미국 부시 행정부의 대테러전쟁의 특징과 문제점들을 검토하고자 한다. 이 장은 9·11테러에 대한 미국의 군사적 대응, 미국 신보수주의의 일방주의, 부시 행정부의 대테러전쟁의 논리에 대한 평가와 그 현황에 대한 검토로 구성된다.

2. 9·11테러와 정의(定意)의 전쟁

미국의 대테러전쟁은 기본적으로 9·11테러에 대한 대응이다. 따라서 9·11테러의 의미를 정확히 파악하는 것이 미국의 대테러전쟁을 이해하는 요체다. 하지만 아직도 숫자로만 표상되고 있는 것 자체가 증명하듯 9·11테러의 의미는 객관적으로 규정된 것이 아니다. 9·11테러는 다양한 역사적·이념적·이론적 해석의 대상인 것이다. 부시 행정부의 대테러전쟁은 객관적 안보 위협에 대한 대응의 차원을 넘어, 미국 외교의 목적과 수단, 9·11테러의 역사적 의미에 대한 특정한 해석의 산물이다. 따라서 9·11테러에 대한 다양한 해석의 맥락에서 부시 행정부의 9·11 테러에 대한 진단과 처방을 검토할 필요가 있다.

9·11테러의 역사적 의미에 대한 가장 큰 질문은 9·11테러가 세계 질서의 급격한 변화를 가져온 역사적 분수령인가 하는 것이다. 부시 행정부의 공식 입장은 물론 냉전 시기와 구분되는 역사상 유례없는 전혀 새로운 안보 위협의 도래와 이에 대한 전쟁의 선포다. 하지만 다른 해석도 가능하다. 존 뮬러(Mueller, 2002)는 9·11테러가 모든 것을 바꾸어 놓았다는 식의 해석에 대한 대표적인 비판을 제공한다. 뮬러의 비판은 9·11테러 이전의 종말론적 위협론의 허구에 근거한다. 그는 제2차 세

계대전이나 핵무기 경쟁이 인류 절멸의 제3차 세계대전으로 이어질 것이라는 종말론이나 제2의 한국전, 베트남전, 제2의 쿠바혁명에 대한 공포 모두 실현되지 않았다고 지적한다. 또한 그는 9·11테러 수준의 테러가 재발할 가능성이 낮다고 주장하며, 9·11테러를 새로운 세계의 "징후harbinger"나 미국 본토의 취약성의 근거가 아닌 "통계학적 예외aberration, statistical outlier"로 정의한다. 또한 테러나 범죄는 제거할 수 있는 적이 아니라 단지 일정 수준으로 감소시킬 수 있는 대상임을 강조하며, 9·11테러에 대한 미국의 과도한 군사적 대응이 오히려 테러의 위협을 증가시킬 수 있다고 경고한다.

역사적 분수령인가 아닌가의 이분법적 접근을 떠나서 9·11테러의 역사적 맥락을 살펴볼 때 제기되는 대표적인 질문은 9·11테러와 지구화의 관련이다. 벤저민 바버(Barber, 2003)는 9·11테러를 신자유주의적 지구화의 근본적인 민주적 결함global democracy deficit에 대한 대응으로 규정하며, 그에 대한 올바른 대응으로 국가 수준의 전통적 민주주의가 아니라 지구적 수준에서의 새로운 민주주의 시민사회의 건설을 제시한다. 커트 캠벨(Campbell, 2002)은 9·11테러를 "지구화의 첫 번째 전쟁"으로 규정하지만, 바버와 달리 지구화가 미국이 주도하는 신자유주의의 산물이며 이것이 필연적으로 9·11테러와 같은 저항을 낳는다고는 보지 않는다. 하지만 캠벨도 미국의 대테러전쟁이 9·11테러에 대한 올바른 대응이 아니라는 점에 동의한다. 9·11테러에 대한 대응에서 군사적·외교적 측면뿐 아니라 경제적 측면이 중요함을 강조하며, 캠벨은 미국의 대테러전쟁이 지구화를 미국 주도의 것으로 상정하고 반대하는 세력의 정치적 성장을 가져와 결국 지구화의 추동 요인이자 미국 번영의 기반인 효율성과 생산성의 증가 자체를 저해할 수 있다고 경고한다.

물러나 바버, 캠벨이 공통적으로 제기하는 문제는 9·11테러를 외부의 적을 설정하는 전통적인 국가안보의 시각에서 군사적 대응의 대상으로 규정해야 하는가다. 마이클 맥과이어(MccGwire, 2001, 2002)에 의하면, 제2차 세계대전 이후 미국을 비롯한 서구의 전략적 사고를 지배한 전통적인 국가안보 패러다임은 객관적 안보 위협에 대한 합리적 대응이 아니라 특정한 상황에서 발생한 전략가들의 위협 인식과 태도의 산물로, 냉전 초기 미국의 전략가들은 미국의 적대적 타자로 소련을 설정하고 그들이 인식한 미국의 취약성을 소련의 위협으로 투사했다. 맥과이어는 국가안보 패러다임의 특징을 상대방을 공존할 수 없는 적으로 규정하고, 협상이 가능한 최소한의 합리성을 또한 부여하지 않음으로써 대결의 대상으로 상정하며, 이에 따라 처벌과 강압, 억지의 외교정책을 정당화하는 것으로 설명한다. 이러한 국가안보 패러다임으로는 환경·사회경제·정치안보의 영역에서 국가와 비국가행위자들이 긴밀하게 연관된 현재의 지구적 문제를 해결하기는커녕 악화시킬 뿐이라고 그는 주장한다.

맥과이어는 9·11테러가 전통적 국가안보 패러다임의 변화를 추동하는 계기가 될 수 있다는 희망적 전망을 내놓았지만, 9·11테러에 대한 미국 안에서의 '정의定義의 전쟁'에서 승리한 것은 전통적 국가안보 패러다임이었다.[*] 그 대표적인 경우가 9·11테러의 의미를 미국 외교의 조직 원칙을 제공하는 적으로서 이슬람 과격주의의 등장으로 규정하는 찰스 크라우트해머(Krauthammer, 2002/03)의 견해다. 20세기 미국의 적

---

[*] 미국의 대테러전쟁에 대한 국제적 논란을 냉전의 종언 이후 지구적 차원에서 새로운 집단안보체계 수립의 맥락으로 이해하는 견해에 대해서는 Frederkin(2003)을 참고.

의 계보가 독일의 파시즘에서 이를 대체한 소련, 그리고 소련을 대체한 이슬람 과격주의로 이어지고 있다는 그의 논리는 미국의 적대적 타자를 설정하는 전통적 국가안보 패러다임의 전형이다(Schlesinger et al., 2001: 67).

적의 존재 자체가 그에 대한 군사적 일방주의를 결정하지는 않는다. 따라서 9·11테러에 대한 군사적 대응은 적을 격퇴할 수 있는 미국의 군사력에 대한 자신감을 전제한다. 그러한 자신감에서 크라우트해머는 9·11테러의 역사적 의미를 "단극 시대의 첫 번째 위기"로 규정한다. 그에 따르면, 9·11테러는 1941년 진주만 공습의 충격에 비견될 정도로 미국 본토의 안보적 취약성을 드러냈지만, 단극 시대 미국의 비대칭적 힘은 더욱 강화되고, 적의 부재로 인해 어려움을 겪던 의회와 여론의 동원은 오히려 쉬워졌으며, 러시아와 중국의 미국에 대한 외교적 견제 또한 약화되었다. 분명한 적의 위협이 존재하고 이를 제압할 힘이 있다고 전제될 때, "단극 시대의 첫 번째 위기"는 미국 일방주의의 유례없는 기회나 다름없으며, 그 과제는 패권의 목적을 일방적으로 규정하는 것이다. 크라우트해머는 대테러전쟁에서 연합의 결성이 대테러전쟁이라는 임무에 따라 규정된다는 럼스펠드 독트린을 미국의 새로운 일방주의의 전형이라고 찬양한다(Krauthammer, 2002/03).

이상의 논의를 바탕으로 부시 행정부의 대테러전쟁의 발상을 정리해보자. 우선 9·11테러를 계기로 대테러전쟁을 선포한다는 것은 9·11테러가 미국 안보 환경의 급격한 전환을 가져왔다는 점을 전제로 한다. 그러나 그러한 전환은 여전히 미국의 군사력으로 제압할 수 있는 범위 안에 있다고 또한 전제된다. 미국 국가안보 환경의 전환과 단극 시대의 지속성이라는 이 두 가지 측면을 모두 포괄하는 개념이 비대칭적 위협이다. 단극 시대 미국의 비대칭적 힘은 미국에 대한 비대칭적 위협의 근원이자 그 해결책인 것이다(Betts, 2002). 대테러전쟁의 대상으로서 비대칭적 위협의 규모는 9·11테러와 비견될 수 없는 파국으로 설정되고, 그 주체인 테러조직과 대량살상무기를 보유한 불량국가는 전통적인 핵억지나 외교적 협상의 기반이 되는 합리성이 전혀 없는 것으로 설정된다.＊ 비대칭적 위협의 발생 가능성이 낮다면 대테러전쟁의 필연성과 정당성은 감소한다.＊＊ 이런 맥락에서 지구화는 비대칭적 위협의 발생을 보장하는 요인으로 간주된다. 예를 들어, 오드리 크로닌(Cronin, 2002~2003)은 근래의 국제 테러리즘이 지구화에 대한 저항인 동시에, 정보와 무기의 확보, 조직의 국제화 등의 측면에서 지구화의 경로에 의해 더욱 확산되고 있다고 지적한다.

즉, 비대칭적 위협의 필연성은 미국의 비대칭적 힘뿐 아니라 지구화에 의해서도 이중으로 보장된다. 이러한 논리적 맥락에서 보면, 미국의 대테러전쟁은 9·11테러에 대한 대응을 넘어 미래의 위협에 대한 적극적인 대비를 포함한다. 그래서 럼스펠드 독트린은 새로운 안보 환경의 도래에 따라 냉전 시기의 전통적 전략을 폐기하고 미래의 위협에 대비할 수 있는 미국의 군사력 개편을 주창한다. 그 근거는 다음과 같다. 우선 9·11테러가 증명한 것은 미국의 국방과제가 알 수도 예상할 수도 없고 보이지도 않는 적으로부터 미국의 본토와 이익을 지키는 것이라는 점이다. 지구적 네트워크를 지닌 테러집단으로부터의 비대칭적 위협은 확정된 적의 위협에 대비하는 전통적 전략을 폐기하고 비대칭적

＊　이러한 위협 인식에 대한 비판적 검토는 Newhouse(2002)를 참고.
＊＊　비대칭적 위협의 가능성에 대한 논의는 Freedman(2001)을 참고.

위협에 대비할 수 있는 능력에 초점을 맞추는 전략의 채택을 필요로 한다. 핵억지의 주요 목표인 국토가 아예 없는 적의 존재에 따라 전통적인 핵억지 전략은 폐기되어야 하고, 미사일방어체제와 선제적·예방적 핵공격 전략이 채택되어야 한다. 또한 테러리즘의 온상이 되는, 지구화·근대화의 불안정 벨트인 중동과 극동 사이의 지역a broad arc of instability 에 대한, 궁극적으로는 지구 전체에 대한 군사력 투사 능력이 갖추어져야 한다. 앞서 지적한 것처럼, 미국의 비대칭적 힘은 비대칭적 위협의 원인인 동시에 해법이다. 따라서 미국 국방전략의 목표는 미국과의 군비 경쟁 자체를 포기하도록 만드는 군비 증강이며, 그 핵심은 군사기술 혁신을 최대한 활용하는 것이다. 럼스펠드가 주장하는 군사력 개편은 군비의 측면을 넘어, 미국의 비대칭적 힘을 강화하는 새로운 전쟁의 양상에 대한 전망을 포함한다. 이는 궁극적으로 미국의 안보와 외교적 독자성을 위한 것이다. 이에 따라 럼스펠드는 미국의 대테러전쟁에서 연합을 하나의 수단으로 간주하고, 미국의 대통령이 본토의 안전과 해외의 이익을 모두 지켜야 하며, 이러한 목적을 경제적 자원의 제한에 종속시켜서는 안 된다고 주장한다. 즉, 미국의 일방주의에 복무하는 비대칭적 힘의 강화를 위해 모든 국제적·국내적 제한의 철폐를 천명하는 것이다(U.S. Department of Defense, 2001; Rumsfeld, 2002).

3. 부시 독트린: 미국 신보수주의의 정의(正義)의 전쟁

미국의 대테러전쟁을 주관하는 일방주의는 외교적 수단으로서의 일방주의를 넘어선다. 앞서 살펴보았듯이, 크라우트해머에 의하면, 미국의 새로운 일방주의는 외교의 목적 자체를 독자적으로 정의하는 것이다. 미국 외교의 목적은 철저히 미국의 국익을 추구하는 것으로 정의되지만, 그 국익의 내용은 인류 보편의 도덕적 원칙으로 채워지는 것이 새로운 일방주의의 특징이다. 즉, 새로운 일방주의는 미국의 정의가 곧 인류의 정의라는 전제에 기초한다. 이런 맥락에서 보면, 미국의 힘과 주권은 인류의 보편적 정의의 실현 수단이다. 따라서 미국의 힘과 주권을 국제법과 제도로 제한하는 다자주의는 미국 국익의 저해 요인일 뿐만 아니라 인류의 정의에 반하는 것이다. 미국의 제한적 국익만을 추구하는 고립주의 역시 미국과 세계 정의의 반대 세력이다. 크라우트해머는 일방주의의 부정적 효과를 우려하는 실용적 자유주의자들의 비판 역시 그 근거가 빈약하다고 반박한다. 그에 따르면, 반미주의는 단극구조의 문제이지 유엔의 결의안이나 연합의 도출 노력으로 해결될 수 있는 것이 아니고, 단극구조의 기반은 어디까지나 미국 내부의 지원이다 (Krauthammer, 2002/03).

미국의 새로운 일방주의는 우드로 윌슨Woodrow Wilson의 국제주의와 앤드루 잭슨Andrew Jackson의 일방주의가 결합된 신보수주의다(Nye, 2003). 신보수주의의 국방전략을 2001년 9월의 4개년 국방검토QDR에 나타난 럼스펠드 독트린이 대변한다면, 총체적인 전략적·도덕적 전망을 대변하는 것은 2002년 9월의 국가안보전략에 나타난 부시 독트린이다(The White House, 2002). 존 개디스(Gaddis, 2002)는 부시의 국가안보전략이 냉전 초기 봉쇄전략에 버금가는 총체적이고 일관적인 미국 외교의 전망을 제시하고 있다고 평가한다. 클린턴의 국가안보전략이 평화를 전제했던 데 반해, 부시의 국가안보전략은 독재자와 테러리스트로부터 평화를 지키고, 이를 강대국과의 협력을 통해 유지하며, 민주주의와 시장경제를 통해 평화를 확산시키고자 한다. 확정할 수 없는 그림자와 같은 테러리스트와 대량살상무기를 사용할 각오가 되어 있는 독재자들에게 억지의 논리는 통하지 않는다. 이들의 위협은 사전에 예방되어야 하며 이들에 대한 선제공격은 자위권에 의해 정당화된다. 선제공격은 압도적 군사력에 의해 보장되는 것이고, 미국은 그 어떤 군사적 경쟁도 허용하지 않을 것이다. 압도적 군사력을 지닌 미국과 강대국과의 협력은 보편적 도덕원칙에 기초한다. 개디스가 강조하듯, 힘과 도덕적 원칙의 합치가 부시 국가안보전략의 특징인 것이다. 민주주의와 시장경제를 통한 평화의 확산에서 부시 독트린의 도덕적 열망은 더욱 분명히 드러난다. 부시 독트린은 윌슨의 국제주의를 일방주의를 통해 실현하고자 한다. 개디스는 이러한 시도의 성패가 결국 부시 독트린에 대한 국제사회의 지원, 더 구체적으로는 이라크에서 미국이 환영받을 것인가에 달려 있다고 전망한다.

개디스가 부시의 국가안보전략의 특징을 미국 외교의 목적을 중심으로 해석한다면, 필립 젤리코(Zelikow, 2003)의 해석은 부시의 국가안보전략이 딛고 있는 세계관의 규명에 초점을 둔다. 젤리코에 따르면, 부시의 국가안보전략은 다섯 가지 특징을 지닌다. 첫째는 국가안보의 새로운 지평이다. 테러의 시대에 미국의 국가안보 지평은 지구적이며, 가난과 환경오염 등 새로운 안보 위협의 갈등 기축faults line은 국경이 아니라 각 사회의 내부에 그어진다. 둘째는 도덕적 원칙의 중요성이다. 부시의 국가안보전략은 냉전의 종언 이후 전 세계에 자유주의라는 오직 하나의 국가 발전 모델a single sustainable model for national success만이 존재하며, 미국의 국제주의는 가치와 이익의 종합적 반영이라고 천명한다. 셋째는 국제정치의 새로운 구조에 대한 정의다. 강대국들의 경쟁이 아니라 미국이 담지하고 있는 보편적·도덕적 원칙에 기초한 강대국들의 협력이 국제정치의 새로운 구조다. 미국은 협소한 개별적 국익이 아니라 보편적 가치의 실현을 위한, 기존의 동맹체제를 뛰어넘는 새로운 네트워크를 창출하고, 다른 강대국들은 이에 복무해야 한다. 넷째는 다자주의에 대한 새로운 정의다. 젤리코에 의하면, 부시의 국가안보전략은 다자주의 자체를 부정하는 것이 아니라, '다양한 다자주의'를 추구한다. 그에 의하면 부시 행정부의 다자주의는 구체적인 상황에서의 적합성, 실제적 효과와 책임을 지닌 국제제도, 국가주권, 국가단위의 민주적 책임, 그리고 상징보다 구체적 효과의 원칙에 기초한다. 다섯째는 국가안보의 시간적 지평의 확대다. 미국 국가안보의 갈등 기축이 국경이 아니라 각 사회 안에 존재하고, 그 축에 위치하는 정치적 세력들이 대량살상무기를 확보해 미국에 불의의 타격을 가할 수 있는 상황에서, 미국이 위협의 시간적 지평을 확대해 선제공격을 전략적 독트린으로 채택하는 것은 지극히 정당하고 올바른 선택이다.

이러한 다섯 가지 새로운 정의는 결국 미국만이 주권을 지닌 세계를 의미한다. 새로운 국가안보 환경의 특징은 초국가적 상호의존이지만, 그 상호의존에서 미국은 초월적으로 존재한다. 절대적 정의의 담지자로서 미국이 전제되고 있는 것이다. 미국만이 보편적 가치를 판단할 권리를 지니고 있으며, 그의 실현을 위한 미국의 힘은 제한될 수 없다. 미국 이외의 세계는 미국의 안보 위협 대상인 동시에 미국의 지도 대상이다. 미국의 안보 없이는 보편적 가치의 실현이 있을 수 없다. 따라서 미국의 가치에 저항하며 미국의 안보를 위협하는 세력들은 선제공격의 대상이 될 뿐이다. 미국이 보편적 가치의 실현이라는 신성한 도덕적 책임을 지고 있다면, 다른 강대국들을 포함해 미국 이외의 세계에는 미국의 지도에 따르고 협력할 책임만이 주어진다. 그래서 미국의 주권은 절대적이지만, 다른 국가들의 주권은 미국의 지도에 따를 때에만 존중되는 조건부다. 젤리코는 미국의 보편적 가치의 추구가 외교의 실제에서 위선과 도덕적 이중 잣대의 문제를 안고 있음을 인정한다. 하지만 그는 미국이 세상의 모든 악을 일시에 교정할 수 없다는 한계를 가지고 있기 때문에 그러한 시도 자체를 포기할 수 없다고 주장한다. 그에게 미국이 보편적 가치의 실현을 추구하는 과정에서 직면하는 타협은 그 목적에 의해 정당화되는 것으로, 미국은 그러한 타협을 정직하게 감수할 수밖에 없다.

미국의 대테러전쟁은 조건부 주권의 원칙에 기초한다. 국무부 정책기획실장 하스(Haass, 2003)는 주권의 책임sovereign responsibilities이라는 이름으로 조건부 주권의 원칙을 천명한다. 주권은 더 이상 모든 국가에 제공되는 백지수표가 아니다. 주권은 자유를 위한 대테러연합에의 참여, 대량살상무기의 확산 방지와 지역 안정을 위한 협력, 인도적 재난과 실패국가에 대한 개입과 체제 전환에의 협력에 기초한다. 대테러전쟁을 위한 연합은 기존의 동맹체제에 바탕을 둔 것이 아니고, 대테러전쟁의 목적을 따르는 의지의 연합이다. 미국은 지금의 대테러전쟁이 가진 대의에 대한 의지와 효용성에 따라 파키스탄과 같이 과거에 대량살상무기를 개발하고 확산한 국가도 대테러전쟁의 연합에 수용하는 타협을 감행한다. 미국은 대테러전쟁에의 참여 의지를 기준으로 전 세계 국가를 4등급으로 분류한다. 첫째 등급은 대테러전쟁의 의지와 능력을 모두 갖춘 국가이고, 둘째는 능력은 없지만 의지는 있는 국가, 셋째는 의지가 부족한reluctant 국가, 넷째는 대테러전쟁에 저항하는unwilling 국가다. 미국은 의지와 능력을 모두 갖춘 국가와는 적극적으로 협력하고,

의지만 있는 국가에는 원조를 제공하며, 의지가 부족한 국가는 설득하고, 저항하는 국가는 강압으로 굴복시켜야 한다(The White House, 2003: 12).

4. 부시 독트린 비판: 제국의 자유와 세계의 평화

부시 독트린의 문제점에 대해서는 다양한 비판이 제기된다.* 그 비판은 부시 독트린에 나타난 미국 국가안보 위협의 진단과 처방에 대한 것으로 대별할 수 있다. 미국의 최대 국가안보 위협이 테러리즘과 대량살상무기의 위협이라는 부시 독트린의 진단에 동의하는 입장에서의 비판은 부시의 일방주의가 미국 패권의 원활한 운영을 저해한다는 점에 초점을 맞춘다. 이러한 견해의 대표적인 사례가 조지프 나이다. 나이는 미국의 압도적인 군사적 우위를 인정하고, 부시 독트린이 현재의 안보 위협을 정확히 파악하고 있다고 평가한다. 하지만 나이가 보는 현재의 세계는 신보수주의자들이 전제하는 단극 시대가 아니다. 현재의 세계는 군사적 단극구조, 국제경제의 다극구조, 그리고 국가와 비국가행위 주체로 구성된 부정형적이고 혼란스러운 초국가적 이슈 영역 등 세 개의 단층으로 구성된다. 이러한 상황에서 미국의 보편적 가치를 군사력을 통해 전 세계에 강제적으로 이식하고자 하는 신보주주의의 제국주의적 열망은 한계를 지닐 수밖에 없다.

* 부시 행정부의 대테러전쟁에 대한 다양한 비판과 신보수주의자들의 반박을 소개하는 유용한 심포지엄은 Tucker et al.(2002: 5~34)를 참조.

우선 테러리즘은 군사력으로 '박멸'되지 않는다. 국제적 네트워크를 지닌 테러리즘에 대한 효과적 처방전은 그에 대응하는 국제적 협력의 네트워크를 건설하는 것이다. 신보수주의의 일방주의는 국제적 협력을 도출하고 초국가적 영역의 문제 해결에 기반이 되는 미국의 연성권력을 침식한다. 나이에게 다자주의와 일방주의는 외교적 수단의 문제다. 유엔과 같은 다자적 제도들이 미국 외교의 독자성을 제한하는 경우도 있지만, 이들이 미국 외교의 도덕적 원칙과 주권에 위배된다고 전면적으로 부정하는 것은 잘못이다. 현실적으로 다자적 제도의 힘을 빌리지 않고는 해결할 수 없는 문제들이 존재하며, 다자적 제도들이 미국외교의 정당성을 부여하고 정책적 효율성을 높일 수 있을 때는 이들을최대한 활용해야 한다(Nye, 2001/02). 또한 나이는 미국의 국내 정치구조가 신보수주의의 제국주의적 열망을 뒷받침하지 않는다고 지적한다. 비록 군사력에 대한 투자는 지지하지만 미국의 여론과 의회는 국가 건설과 새로운 지구적 거버넌스를 위한 투자에는 동의하지 않는다. 나이는 이러한 미국의 제국적 기반의 취약성imperial understretch이 이라크 재건에 대한 국내 지지의 약화를 불러올 것이고, 이는 윌슨의 국제주의와잭슨의 일방주의가 결합된 신보수주의연합의 해체를 가져올 수 있다고전망한다. 신보수주의의 국제주의 분파는 이라크의 재건과 민주주의건설을 추구하지만, 이에 대한 국내 지지의 약화에 직면할 때 국가 건설이 아니라 군사적 해결책을 중시하는 신보수주의의 일방주의 분파는이라크에서의 민주주의 건설을 포기할 수 있기 때문이다(Nye, 2003).

나이의 비판은 '실용적 자유주의' 시각이다. 그는 미국이 본연적으로 자유주의국가이고 미국 패권이 국제적 공공재를 제공한다고 믿는다(Nye, 2002). 즉, 그는 신보수주의자들과 마찬가지로 미국 체제와 미국 패권의 본연적 정당성을 부정하지 않는다. 그의 비판의 요체는 현재의 국제적 구조에 대한 오인과 도덕적 열망에 의해 신보수주의자들이 미국 패권의 기반과 작동 양식을 제대로 이해하지 못하고 있다는 것이다. 이러한 입장은 부시 독트린에 비판적인 자유주의 이론가들이 공유하는 것이다. 예를 들어, 부시 행정부의 대테러전쟁에 대한 아이켄베리(Ikenberry, 2002)의 비판은 신보수주의자들이 미국 패권의 자유주의적 성격을 이해하지 못한다는 점에 바탕을 둔다. 아이켄베리에 따르면, 제2차 세계대전 이후 미국 패권은 동맹국들과의 관계를 자유주의적으로 제도화한 것이 특징이다. 미국 진영으로 포섭하는 데는 일정하게 미국의 힘이 작동했지만, 동시에 동맹의 불만을 진영 내에서 표출하고 처리할 수 있는 자유주의적 장치가 동맹과 미국 모두를 규율했으며, 이러한 자유주의적 거래의 기반은 미국의 다원주의적 정치구조였다. 이런 맥락에서 보면, 신보수주의의 군사적 일방주의는 미국 패권의 제도적 기반을 붕괴시키는 것과 다름없다. 대테러전쟁이 파괴하고 있는 것은 테러리즘이 아니라 미국 패권을 지탱해온 국제주의 자체인 것이다(Chace, 2003).

부시 독트린에 대한 좀 더 본질적인 비판은 새로운 안보 위협의 진단이 딛고 있는 신보수주의 세계관 자체나 미국 패권의 본질을 문제 삼는다. 에드워드 로즈(Rhodes, 2003)는 부시 독트린의 토대 자체가 근본적으로 잘못되었다고 비판한다. 자유주의는 본질적으로 선택의 자유에 대한 믿음과 이를 보장하는 제도다. 그런데 부시 독트린은 군사력으로 자유주의를 강제하려는 '제국적 자유주의imperial liberalism'다. 부시 독트린에서 선택지는 자유주의 하나이며, 그것도 군사력에 의해 강제되는 선택이다. 독재자를 제거하면 자동적으로 자유주의가 선택될 것이라는 믿음은 자유주의의 적을 자유주의의 외부에서 찾은 오류에서 비롯된다. 자유주의의 적은 자유주의의 내부와 외부 모두에 존재한다. 자유주의가 공고하게 제도화된 경우에도 자유주의는 항상 도전에 직면해왔다. 자유주의는 결코 완성될 수 없는 영원한 과제일 뿐이다. 그리고 인종차별의 오랜 역사와 매카시즘의 광기로 얼룩진 미국 자유주의의 역사는 결코 자랑스럽지만은 않다(Schwarz, 1998).

이러한 맥락의 비판에 다수의 국제법학자들과 현실주의 국제정치이론가들은 동의한다. 현실주의자들에게 국제정치의 기본 동학은 힘에 대한 견제이며 제국을 건설하려는 미국의 노력은 이러한 추세를 강화할 뿐이다. 자유주의의 제도화와 안정화는 법의 지배에 바탕을 두는 것이다. 선택의 자유와 자결의 원칙을 설교하면서 자유주의체제의 선택을 강요하는 것은 위선이다. 군사력을 통한 자유주의체제의 건설은 국제법의 기반을 붕괴시키고, 국제체제의 안정과 세계 평화를 위협한다.* 주권국가 간의 전쟁을 규율하는 기존의 국제법체제는 테러리즘의 위협에 대응할 수 있는 방향으로 조정되어야 한다. 그러나 국가주권에 바탕을 둔 기존의 국제법체제를 전면적으로 무시하는 대테러전쟁의 수행은 국제적 지원을 얻기 어렵다. 기존 국제법체제가 아무리 불완전하다고 해도 이를 대체할 것이 없기 때문이다(Roberts, 2002; Valsek, 2003). 또한 부시 행정부의 '제국적 자유주의'는 미국의 자유주의 자체에 위협이 된다. 미국이 제국을 건설한다고 해도 그 대가는 미국 자유주의 자체의 몰락일 수 있다(Rhodes, 2003: 149). 9·11테러 이후 미국에서 애국

---

* 부시 행정부의 체제 전환 전략의 정당성에 대한 비판적 검토는 Boniface(2003)를 참조.

주의의 광풍은 이미 정부에 의한 광범위한 인권 침해와 무엇보다도 인권의 존엄성에 대한 인식의 후퇴를 가져왔다(Falk, 2003: 129~172).

한편 이매뉴얼 월러스틴(Wallerstein, 2002)은 1970년대 이래 미국 패권이 이미 쇠퇴했다는 전제에서 부시 행정부의 대테러전쟁을 비판한다. 그에 따르면, 미국 패권 쇠퇴의 주요한 계기는 베트남 전쟁, 서구의 1968혁명, 냉전의 종식, 그리고 9·11테러다. 베트남 전쟁은 상대 진영의 존중이라는, 얄타회담 이후의 미소의 '묵계'를 깨뜨리고 미국의 경제력을 쇠퇴시켰다. 1968혁명은 1945년 이후 제3세계의 근대화 이념과 서구의 이념적 기반이었던 사회민주주의(유럽)와 뉴딜 이념(미국)의 균열을 가져왔다. 1970년대 이래 미국 경제의 상대적 하락은 지속되었고, 1989년 냉전의 종언은 얄타체제를 붕괴시켰다. 이후 미국 외교는 봉쇄를 대체하는 새로운 전략적 좌표를 설정하지 못하고, 걸프전에서 사담 후세인을 제거하는 데 실패했으며, 코소보와 소말리아, 아이티 등에서의 국가 건설에도 실패했다. 9·11테러는 미국 외교에서 신보수주의의 득세를 가져왔고, 이는 1970년대 이래 미국 패권의 쇠퇴를 그나마 안정적으로 관리하던 외교적 신중함의 폐기로 이어졌다. 아프가니스탄에서의 전쟁과 이스라엘의 팔레스타인 공격 묵인, 그리고 이라크에서의 전쟁은 미국 패권의 쇠퇴를 더욱 가속화할 뿐이다. 미국의 이라크 공격 이전의 시점에 월러스틴은 이라크 전쟁이 세 가지 측면에서 문제에 봉착할 것이라고 전망했다. 첫째는 사담 후세인의 군대가 아프가니스탄의 탈레반 정권 군대와 달리 완강히 저항할 것이기 때문에 전쟁의 신속

• 인권 보호가 테의 위협에 대응하는 새로운 양식으로 행해질 수밖에 없다는 주장에 대해서는 De Rosa(2003)를 참조.

한 승리가 어려울 것이라는 점이다. 둘째는 미국 경제의 쇠퇴가 지속될 것이라는 점이고, 셋째는 이념적으로 미국의 국제적 고립에 대한 전망이다.

5. 부시 독트린과 이라크 문제

2003년 3월에 개전된 이라크 전쟁은 월러스틴의 전망과는 달리 사담 후세인 군대의 별다른 저항 없이 5월 1일 종전이 선포되었다. 그러나 그 이후의 상황은 월러스틴의 비관적 전망을 뒷받침한다. 아프가니스탄과 이라크 전쟁에서 럼스펠드 독트린의 군사력 개편과 '새로운 방식의 전쟁'이 성공적으로 수행되었다는 평가는, 이후 이라크에서 치안이 확보되지 않고 재건에 대한 국제적 지원이 확보되지 않은 상황에서 국가 재건에는 '새로운 방식의 전쟁'이 있을 수 없다는 비판으로 바뀌었다.• 예를 들어, 이라크 현지 조사를 바탕으로 한 「이라크 전쟁의 교훈 The Lessons of the Iraq War」이라는 보고서는 군사기술혁명에 의한 '새로운 방식의 전쟁'이 바그다드 함락까지는 성공적이었지만, 그 이후의 치안 확보conflict termination와 평화 건설, 국가 건설에는 적합하지 않았다고 평가한다. 미국의 이라크 전쟁 수행은 속도, 연합성jointness, 정보와 정밀성에 기반을 둔 소수의 병력으로 이루어졌고, 그 목적은 모든 갈등 상황의

• 　럼스펠드 독트린에 대한 긍정적 평가는 Boot(2003)를, 군사력 개편에 대해서는 비판적이지만 아프가니스탄 전쟁이 새로운 방식으로 수행되었다는 견해는 O'Hanlon(2002)를 참조.

정리가 아니라 적의 주요 거점을 최대한 신속하게 점령하는 데 두어졌다. 문제는 바로 이러한 '새로운 방식의 전쟁'에 의해 미군은 치안을 확보하기에는 부족한 병력만을 확보하고 있었고, 이들 병력은 국가 건설의 정치적 문제는 고사하고 치안 확보와 평화 건설에 적합한 훈련도 받지 않았다는 점이다. 현지에서 나타난 그러한 미군의 문제점을 제외하고도, 「이라크 전쟁의 교훈」은 미국이 국제사회의 협력과 지역 국가들의 지원을 얻는 데 실패했으며, 워싱턴에서의 정책 결정 과정과 리더십에도 다음과 같은 많은 문제가 있다고 지적한다. 이라크인들에게 구체적인 국가 건설의 일정과 목표를 제시하는 심리전에 실패했고, 그들이 지닌 반서구·반제국주의 심리와 종교적·인종적 문제에 대한 이해 부족으로 미국이 환영받으리라는 희망적 관측만을 내놓았다. 국가 건설의 문제는 기본적으로 정치외교적인 문제로 국무부에서 주도하는 것이 적합한데도, 국방부가 주도하는 상황인 데다 양 부처 간의 효율적인 업무 분담이 이루어지지 않으며, 국가안보회의 역시 관료기구 전반의 조정 역할을 수행하지 못했다(Cordesman, 2003a).

2003년 9월 미 상원 외교위원회에서의 증언을 통해 랜드연구소 RAND Corporation의 제임스 도빈스James Dobbins 소장 역시 이라크에서 국가 건설의 문제점을 지적했다(Dobbins, 2003). 그는 미국의 국가 건설 기획의 역사적 경험에 비추어 이라크 국가 건설의 도전을 설명했다. 냉전 시기 전체를 아울러볼 때 미국의 국가 건설의 대표적인 성공 사례는 독일과 일본인데, 이들은 정치적 안정과 경제발전의 기반을 갖춘 경우로서, 해당 사례를 이라크에 적용하기는 힘들다. 탈냉전기 미국의 국가 건설 기획은 미국과 국제사회의 두 가지 유형의 분업을 통해 이루어졌다. 하나는 기능적 분업으로 보스니아와 코소보에서 미국이 군사적 기능을, 국제사회가 평화 유지와 국가 건설을 책임진 것이고, 다른 하나는 시간적 분업으로 미국이 독자적으로 개입하고 뒤처리를 국제사회가 맡은 소말리아와 아이티의 경우다. 탈냉전기의 국가 건설 기획 중 미국이 국제사회의 지원을 통해 정권 붕괴 이후의 안정을 확보한 사례는 보스니아와 코소보뿐이다. 이라크에 대한 국제사회의 지원이 미약하고 이라크가 보스니아나 코소보보다 10배는 큰 국가라는 점을 고려하면, 미국의 이라크 재건은 이들 사례에서보다 그 비용이 최소한 10배는 될 것이라는 도전을 안고 있다.

미 상원 외교위원회의 이라크 청문회에서는 이라크 전후 처리의 난관을 극복하는 방안으로 크게 세 가지가 제시되었다. 첫째는 국제적 지원을 확보하는 국제화이고, 둘째는 조속한 시기에 이라크 주권국가를 건설하는 이라크화이며, 셋째는 대테러전쟁을 수행하는 워싱턴의 난맥상 교정과 국내적 지원의 확보다(Atwood, 2003; Hamre, 2003). 국제화의 필요성은 대테러전쟁 수행을 위해서는 결국 유엔 등 기존 국제제도를 활용해야 한다는 신보수주의에 대한 비판으로 이어졌다(Tharoot, 2003). 국제적 지원의 필요성은 국내적 자원 동원의 어려움 때문에 더욱 긴급해졌다. 부시 대통령은 2003년 9월 초 중동에서의 마셜플랜을 위한 870억 달러의 추가 예산을 요청했지만, 이는 부시의 지지도 하락의 계기가 되었으며, 의회와 여론의 반응은 이라크에서 마셜플랜의 가능성에 대해 회의적이었다(Firestone, 2003.9.27). 한편 부시 대통령은 이라크 문제의 국제화를 위해 2003년 9월 23일 유엔 연설에서 이라크 재건에 대한 국제사회의 책임과 지원을 촉구하기에 이른다. 하지만 이라크 전후 처리에서 미국의 일방주의는 미국의 대테러전쟁을 지속적으로 비판했던 자크 시라크Jacques Chirac 프랑스 대통령은 물론 코피 아난Kofi

Atta Annan 유엔사무총장의 비판을 받았다(Milbank, 2003.9.24).

부시와 시라크, 아난의 유엔 연설은 각기 미국의 대테러전쟁의 논리와 미국의 일방주의를 견제하며 외교적 위신을 추구하는 프랑스의 시각, 그리고 미국의 일방주의에 의해 제한되고 있는 유엔의 입장을 보여주며, 총체적으로는 9·11테러 이후 국제사회의 새로운 도전을 반영한다. 대테러전쟁의 기본 명제인 예의 선과 악, 문명과 야만, 질서와 혼란의 이분법으로 시작하는 부시의 연설은 크게 세 가지 주제를 다룬다. 첫째는 이라크 문제다. 부시는 전쟁의 명분이었던 테러와의 연계와 대량살상무기 문제를 부각시키지 않고, 이라크의 국가 건설을 중동 지역의 안정과 민주주의 문제로 설정하며, 이라크 재건에 대한 국제사회의 지원을 요구했다. 중동 지역의 안정과 관련해 주목할 부분은 이스라엘과 팔레스타인 관계에 대한 부시 대통령의 언급이다. 그는 이스라엘에 대해서 팔레스타인 자치국가 형성 조건을 만들어줄 것을 요구하는 한편, 팔레스타인에 대해서는 테러와 대항하는 새로운 리더십의 필요를 역설했다. 중동의 반미 감정과 테러리스트 충원의 주요 원인인 미국의 친이스라엘 정책 기조가 지속되고 있는데, 이는 중동의 안정과 미국의 반테러전쟁의 저해 요인으로 작용할 수 있다.* 부시 연설의 두 번째 주제는 대량살상무기 확산방지구상Proliferation Security Initiative: PSI이다. 부시는 대량살상무기의 확산을 범죄로 규정하고 그 수출을 엄격히 통제하며, 대량살상무기로 전환될 수 있는 모든 물질을 국내적으로 안전하게 관리할 것을 규정하는 새로운 반확산 결의안을 유엔에 요구했다. 또한 부시는 미국이 이러한 내용을 국가별로 입법화하고 시행하는 것을 지

---

* 미국의 친이스라엘 정책과 이슬람근본주의의 연관에 대해서는 Amanat(2001) 참조.

원할 것이라고 밝혔다. 이러한 요구는 국가별 혹은 국제제도를 통해 대테러전쟁의 새로운 규칙을 창출하려는 미국의 노력을 보여준다. 세 번째 주제는 양심의 문제라는 이름으로 에이즈와 기근을 포함한 인도주의적 문제로서, 부시가 특히 강조한 것은 아동섹스관광에 대한 처벌이다. 이 세 가지 주제는 모두 도덕적 책임의 문제라는 점에서 신보수주의의 도덕적 열망을 반영한다(Bush, 2003).

시라크의 연설은 미국의 일방주의에 대한 비판과 함께 대단히 광범위한 지구적 주제를 다룬다. 그는 유엔 안보리의 승인 없는 전쟁이 다자주의의 기반을 침식한다고 지적하며 미국의 이라크 전쟁을 비판하는 한편, 이라크의 국가 건설에 필요한 유엔의 핵심적 역할을 강조하면서 미국 주도의 이라크 전후 처리를 비판한다. 대량살상무기의 확산 방지에 대한 시라크의 입장 역시 기존의 국제조약과 국가주권의 원칙, 유엔의 틀을 중시하는 것이다. 이는 대테러전쟁을 위해 국가주권의 원칙을 약화시키고 새로운 국제제도와 규범체계의 수립을 도모하는 부시의 입장과 극명한 대조를 이룬다. 또한 인도적 이슈에서 부시가 도덕적 책임을 강조하는 데 반해, 시라크는 인권과 인도주의의 문제에서 주권의 제한이 가능하다는 입장을 보이는 것도 흥미로운 차이다. 부시가 책임을 강조하는 도덕적 자세를 보였다면, 시라크는 지구화에 따른 경제적·사회적·환경 문제의 해결에서 연대와 공존을 강조한다(Chirac, 2003).

아난 역시 미국의 일방주의가 집단안보와 유엔헌장에 기초해 억지와 봉쇄로 평화를 지켜온 유엔의 역사를 위협하고 있다고 비판하는 한편, 테러라는 새로운 강성hard 위협과 인권·경제·환경 등 지구적 거버넌스의 오래된 연성soft 위협에 동시에 대처할 것을 강조한다. 부시가 안보 문제에서 새로운 규범의 창출과 주권의 제한을, 시라크가 인도적 문제에서 주권의 제한과 지구화의 폐해를 관리할 연대와 공존을 제안한 반면, 아난은 안보와 지구화의 문제 모두를 9·11테러 이후의 새로운 세계 질서의 수립 필요성이라는 측면에서 종합적으로 다루었다. 강성 위협에 대한 대응의 과제로 아난이 설정한 것은 유엔 안보리가 테러에 대한 물리적 대응을 조기에 승인하는 기준의 수립이다. 연성 위협의 대응과 연관된 아난의 제안은 탈식민화 이후 역할이 없는 신탁통치위원회의 부활이다. 이 두 가지 제안은 미국의 대테러전쟁에서 선제공격을 포함한 군사적 대응과 국가 건설의 문제와 연관된다. 아난이 유엔의 개혁, 특히 안보리의 개혁을 동시에 강력하게 요구하는 점을 고려하면, 아난의 두 가지 제안은 미국의 대테러전쟁에 대한 국제사회의 견제와 규율을 제도화할 수 있는 조치다. 시라크의 주권과 다자주의에 대한 강조와 아난의 이러한 제안을 고려하면, 군사적 일방주의에 기반을 둔 부시 행정부의 대테러전쟁이 새로운 국제제도와 규범의 창출에 성공할 가능성은 높다고 볼 수 없다(Annan, 2003).

부시의 유엔 연설 이후 미국은 아난과 시라크의 비판의 초점이었던 이라크 재건에서 유엔의 역할을 강화하고 주권 이양 일정을 명시해 미국 주도 다국적군의 편성을 승인하는 유엔 안보리 결의안(1551호)을 이끌어냈다. 이러한 성과에도 불구하고, 병력과 자금의 측면에서 국제사회의 지원은 크게 진전되지 않았다. 터키의 대규모 파병은 이라크 과도통치위원회가 반대했고, 한국을 제외하면 미국이 대규모 파병을 기대할 수 있는 국가는 전무했다. 2003년 10월 24일 이라크 재건기금을 위한 마드리드 회의는 세계은행과 유엔이 향후 5년간 이라크 재건에 소용되는 비용으로 추정한 560억 달러에 훨씬 못 미치는 330억 달러 지원을 약속했다. 이 중 미국의 지원 금액 200억 달러를 제외한 130억 달러의 국제사회 지원금 중 원조 금액은 40억 달러에 불과했다. 결국 이라크 재건의 경제적·군사적 부담을 미국이 대부분 걸머지게 된 것이다(Richburg and Kessier, 2003.10.24).

국내외적으로 지지를 얻는 데 한계에 직면한 부시 행정부는 2003년 11월 민주주의를 명분으로 내걸고 이라크 국가 건설을 이라크인에게 맡긴다는 소위 이라크 문제의 이라크화를 촉진하는 전략을 채택했다. 2003년 11월 6일 부시 행정부는 의회로부터 이라크 재건을 위한 870억 달러의 추가 자금을 확보했다. 하지만 2004년의 대통령 선거를 앞두고 부시 행정부의 이라크 정책은 당파적 비판의 주요 쟁점으로 부상한 상태였다. 부시 대통령은 같은 날 레이건이 창립한 민주주의재단 National Endowment for Democracy의 20주년 기념식 연설에서 미국의 이라크 정책을 이라크를 거점으로 하는 중동 지역의 민주화를 통해 정당화했다. 미국적 가치의 보편성에 대한 레이건의 도덕적 절대주의를 전면적으로 수용하면서, 부시는 중동에서 민주주의의 부재를 용인한 서구의 역사를 총체적으로 부정했다. 그 주된 목적은 2004년의 대통령 선거를 앞두고 이라크에서의 치안 확보와 주권 이양의 구체적 성과가 미흡한 데 대한 국내의 비판을 잠재우려는 것이었다(Wright, 2003.11.7).

2003년 11월 15일 부시 행정부는 조속한 주권 이양에 부정적이던 종전의 자세를 바꾸어 이라크 문제의 이라크화를 가속화하는 일정을 내놓았다. 미국 주도의 군정과 이라크 통치위원회 Governing Council 간에 합의된 일정은 2004년 2월까지 통치위원회가 기본 법률을 제정하고, 6월 말에는 이라크 과도정부를 설립해 군정을 끝내며, 2005년 말에는 새로운 헌법에 의한 총선을 실시한다는 내용이다. 미국의 입장에서 이라크 문제의 이라크화는 친미 정권의 수립을 담보하지 못할 수도 있는

"도박gamble"이었다. 부시 행정부가 이런 도박을 감행한 것은 이라크 재건에 대한 국내외적 지원을 확보하기 위해서이기도 하고, 이라크 치안 상황의 악화가 증명하는 미군의 통제력 한계 때문이기도 했다(Sanger, 2003.11.16). 다른 한편으로 부시 행정부의 '도박'은 이라크의 주권이라는 기준에서 보면 '허위'에 불과했다. 군정 종식 이후에도 미군이 계속 주둔할 것이고, 미군 철수 시한도 정해져 있지 않았기 때문이다(Rubin, 2003). 부시 행정부의 '도박'이 성공하기 위한 필수 조건은 이라크의 치안 확보였다. 사담 후세인이 체포된 이후에도 지속된 저항 세력의 공격은 이 과제의 달성이 결코 쉽지 않을 것임을 보여주었다. 미국의 입장에서 '이라크 문제의 이라크화'의 궁극적인 성공은 친미적이고 안정적인 민주주의의 확립, 다시 말해 이라크인들의 협조에 달린 문제다. 기본 법률의 제정과 과도정부의 수립, 헌법의 제정과 선거 등 일련의 과정은 이라크 내부의 잠재적 분열구도를 현실화하는 판도라의 상자가 될 수도 있다(Loeb, 2003.12.28; Wong, 2003.12.26).

6. 소결

9·11테러에 대한 부시 행정부의 대응은 군사기술 혁신에 기초하는 군사적 일방주의를 수단으로 하는 대테러전쟁이었다. 부시 행정부의 대테러전쟁은 미국 패권의 새로운 전략적 지침으로 기능해, 미국 안보전략의 공간적 지평을 전 지구적으로 확장하는 것은 물론이고, 그 시간적 지평을 선제공격과 예방전쟁의 영역으로까지 확장하는 한편, 그 목적의 측면에서는 보존되어야 할 안보의 실체로 미국적 가치의 전 지구적

실현을 설정하는 혁명적 변화를 가져왔다. 미국 패권의 영속화를 목적으로 하는 부시 독트린의 논리는 대테러전쟁의 대상을 단순히 테러조직과 그 후원국가나 대량살상무기를 보유한 불량국가의 범위를 넘어 미국적 가치에 대항하는 비민주국가로 확장시켰고, 그 목적을 단순한 안보 위협의 제거가 아닌 미국적 가치의 강제적 이식으로까지 확장시켰다.

이라크 전쟁은 미국의 입장에서 절대적인 안보적 필요에 의한 것이 아니라 미국 패권의 보존을 위한 예방적 선택의 전쟁이었다. 이러한 전략적 과대 팽창은 대테러전쟁의 명분을 약화시키며, 미국을 실제로는 이라크, 아프가니스탄, 국제 테러조직과의 전쟁, 그리고 아랍-이스라엘의 갈등이라는 네 개의 전장에 얽어놓았다(Cordesman, 2003b; Korb, 2003.12.8). 그럼에도 부시 행정부는 미국적 가치가 인류 전체의 번영과 평화의 기반이라는 부시 독트린의 도덕적 수사를 포기하지 않았다. 하지만 대테러전쟁의 목적이 국가 건설로 확대되면서 대테러전쟁의 기본 수단인 미국의 압도적 군사력의 한계가 드러났고, 미국의 국가 건설 기획의 역사적 기록에 비추어보면 이라크의 민주화가 결코 단기적으로 순조롭게 진행되지는 않을 것이다. 또 이라크의 민주화가 실현된다고 해도 중동 지역 전체의 민주화와 안정이 자동적으로 보장되지는 않을 것이다(Dobbins et al., 2003).

4

부시의 실패

이라크 전쟁과 변환외교

우리는 지난 몇 세기의 국제적 선례들이 전복되고 있는 비상한 시기를 살고 있다. 강대국들 사이의 폭력적인 갈등의 전망은 점점 감소하고 있다. 국가들은 전쟁 준비가 아니라 평화적인 경쟁과 협력에 힘쓰고 있다. …… 동시에 새로운 도전들이 중요해졌다. 350여 년 전에 시작된 이후 근대국가체제는 줄곧 주권 개념에 근거해왔다. 모든 국가들이 영토 내의 위협을 통제할 수 있을 것이라는 것이 핵심적인 전제였다. 또한 제대로 통치되는 않는 약소국은 그 국민들에게 부담일 뿐이거나, 기껏해야 국제적 인도주의의 고려 사항이지, 진정한 안보 위협은 아니라고 전제되었다.

하지만 오늘날에는 이런 오랜 전제들이 더 이상 유효하지 않다. 여기와 저기 사이의 거리, 공간적 분리는 기술의 발전으로 무너져가고 있다. 최대의 위협은 이제 국가들 사이가 아니라 국가들 내부에서 부상하고 있다. 국제적 힘의 배분보다 정권의 본질적 성격이 더욱 중요하다. 이러한 세상에서 우리의 안보 이익과 개발 노력, 그리고 민주적 이상을 엄격하게 구분하는 것은 불가능해졌다. 미국 외교는 이러한 목적들을 통합하고 동시에 달성해야 한다.

★ 라이스, 2006년 변환외교 연설 중.

1. 서론

애치슨은 "미국 세기를 건설한 국무장관"(Chace, 1998)으로 미국 외교의 "현인들"(Isaacson and Thomas, 1986) 반열에 올라 있다. 애치슨은 자신의 역사적 성취를 신성모독에 가까운 오만함으로 표현했다. 세계대전과 대공황의 혼돈에서 두 개의 세계를 건설하는 냉전정책이 성경 창세기에 기록된 하나의 세계 건설보다 어려웠다고 주장하면서, 제2차 세계대전부터 한국전쟁까지 자신이 국무부에서 보낸 시절을 다룬 자서전 제목을 『창조의 현장에서Present at the Creation』로 붙인 것이다(Acheson, 1969).

『창조의 현장에서』는 역사적 전환기에 미국 패권을 기획하는 미국 외교정책가들, 특히 애치슨의 후에 국무장관들의 단골 구호가 되었다. 올브라이트(Albright, 1998) 국무장관은 냉전의 종언 이후 미국 외교의 역사적 좌표를 '애치슨의 순간'으로 규정했다. 2005년 제2기 부시 정부의 출범과 함께 기존의 국가안보보좌관에서 국무장관으로 임명된 콘돌리자 라이스(Rice, 2005.1.18)도 그러했다. 상원 인사청문회에서 라이스는 국제체제의 역사적 전환에 따라 세계를 변화시키는 새로운 외교가 필요하다고 역설하면서, 이를 변환외교transformational diplomacy로 불렀다. 국무부 직원들과의 첫 대화 모임에서 라이스(Rice, 2005.1.31)는 제2차 세계대전 이후 미국 외교의 "현인들"이 그랬던 것처럼 9·11테러와 이라크 전쟁 이후의 부시 정부가 미국의 가치와 이익이 합치되는 국제질서를 건설하는 과제에 직면해 있다고 강조했다.

라이스가 변환외교를 공개적으로 천명한 것은 2006년 1월 18일 조지타운 대학에서의 연설을 통해서였다. 변환외교를 제목으로 한 이 연설에서 라이스(Rice, 2006)는 변환외교를 근대 주권국가체제의 전면적 변화를 배경으로 민주주의 확산의 "대담한 과업"을 추구하는 "대담한 외교"의 호명이라고 소개했다. 변환외교는 "미국이 전 세계의 다양한 파트너들과 협력해 국제체제에서 책임 있게 행동하고 국민의 필요에 부응하는 민주적이고 제대로 통치되는well-governed 국가를 건설하고 유지하는 것"으로 정의되었다. 라이스는 변환외교가 결코 미국이 독단적으로 전 세계의 미래를 결정하는 '온정주의'가 아니라 좀 더 나은 미래를 위해 자신들의 국가를 변환하려는 세계의 시민들과 협력하는 파트너십이라는 점을 특히 강조했다. 파트너십으로서 변환외교는 민주주의 건설이 필요한 현지의 언어와 문화를 이해하고, 그 현장에서 근무하는 국가 건설 전문가를 필요로 했다. 이에 따라 라이스는 기존 미국 외교관의 교육·배치·승진·인사 제도의 전면적인 개혁을 선언했다.

"대담한 외교"로서 변환외교의 운명은 극적이었고, 그에 대한 평가는 다양했다. 변환외교에 대한 가장 신속한 그리고 탈근대적이라는 평가는 아마도 한국에서 이루어졌을 것이다. 하영선(2006.1.23)은 2006년 1월 23일 자 ≪중앙일보≫에 실린 "변환외교의 새 파도"라는 칼럼에서, 일주일도 채 되지 않은 라이스의 조지타운 대학 연설을 다루었다. 그는 변환외교를 "자유의 세계적 전파를 위한 그물망 지식외교"로 정의하고, 이를 군사 변환과 함께 부시 정부 국가안보전략의 '쌍두마차'로 소개했다. 변환외교를 '그물망 지식외교'로 보는 인식은 정보화에 의한, 더 넓게는 지구화에 의한 근대 국제질서의 역사적 변환(하영선·김상배, 2006; 하영선·남궁곤, 2007)과 미국 패권의 초영토적·탈근대적 속성(전재성, 2006)을 강조하는 학술적 시각과 연관된 것이었다.

그러나 라이스를 수행하며 취재하고 이후 그에 대한 전기를 출간한 미국 기자들의 평가는 달랐다(Bumiller, 2007; Kessler, 2007). 하영선의 '그물망 지식외교'가 한국 학계가 '경외'의 눈으로 바라보는 탈근대 패권 또는 제국으로서 미국의 '지혜'를 대변한다면, 당시 미국 언론이 추적하고 있던 부시 정부의 현실은 지혜롭지도 아름답지도 않았다. 밖으로는 이라크 전쟁과 안으로는 대법관 정실인사, 안락사 문제, 허리케인 카트리나 등에서 부시 정부는 총체적인 무능과 부패를 드러냈으며, 그에 대한 국내외의 비판은 높아만 갔다(이혜정, 2009).

라이스의 변환외교 연설이 있었던 2006년 1월 국무부 취재 기자들의 관심은 팔레스타인 선거였고, 25일 하마스의 승리는 2005년 중반 이후 라이스가 추진한 중동 민주화와 팔레스타인 평화 기획에 찬물을 끼얹는 것이었다. 2월에는 이라크에서 시아파의 사마라 사원이 공격을 받으면서 종파 간 내전이 본격화되었다. 민주주의의 확산이 반미 세력의 집권으로 이어지고, 미국의 예방전쟁이 (종파 간 갈등을 통제했던 후세인 정권을 붕괴시킴으로써) 이라크를 종파 간 내전의 실패국가로 만들어버린 것이다. ≪뉴욕 타임스≫의 엘리자베스 버밀러(Bumiller, 2007: 254)는 변환외교의 이상과 수사가 이러한 현실의 충격을 견디지 못하고 좌초했다고 평가했다. 한편 ≪워싱턴 포스트≫의 글렌 케슬러(Kessler, 2007: 37)는 중동 상황의 진전을 추적하는 데 집중하며 변환외교 연설을 거의 다루지 않았다. 관련된 언급은 국무장관 취임 직후 자신의 대외정책 브랜드를 찾던 라이스에게 대학을 갓 졸업한 인턴이 국가 대 국가의 전통적 외교를 벗어나는 새로운 외교의 아이디어를 냈다는 정도에 불과하다. 한편으로 라이스에 의해 국무부 정책기획실장으로 발탁되었던 스티븐 크래스너(Krasner, 2009)는 주권을 "조직적 위선organized hypocrisy"으로 해석하는 자신의 연구가 변환외교의 논리를 제공했다고 회고했다.

2006년 3월에 발표된 부시 정부의 국가안보전략 보고서는 하영선의 지적처럼 변환외교를 군사 변환military transformation과 함께 미국 국가안보전략의 "쌍두마차"로 명문화했다. 하지만 그 기조에는 라이스의 1월 변환외교 연설에서의 자신감이 담겨 있지 않았다. 보고서는 '대담한 과업'과 '대담한 외교'의 효과에 대한 확신이 아니라 하마스의 선거 승리와 이라크 사마라 사원 공격의 충격 속에서, '효과적인' 민주주의가 선거만으로는 담보되지 않음을, 이라크와 아프가니스탄의 상황이 미국의 책임은 아님을, 또 미국의 민주주의 확산이 장기적인 목표임을 강조했다(Bush, 2006). 부시 정부의 이러한 '변명'은 2006년 말 초당파적인 이라크 연구그룹의 비판(Baker and Hamilton, 2006)이나 중간선거에서의 공화당의 패배를 막지 못했다. 중간선거 직후 드디어 이라크 전쟁과 군사 변환을 주도해왔던 럼스펠드 국방장관이 경질되었지만, 부시 정부에 '부활'의 기회는 없었다. 2008년 대선의 선거운동이 시작되면서 부시 정부는 레임덕에 빠졌고, 이라크에서 부시 대통령의 목표도 민주주의의 확산이 아니라 실패의 방지로 후퇴했다(Woodward, 2008).

2007년 이후 라이스도 자유의 확산을 위한 '대담한 외교'로서 변환외교를 포기했다. 국무부 개혁의 모토로서는 살아남았지만, 변환외교는 더 이상 라이스의 외교정책 브랜드가 아니었다. 라이스(Rice, 2007)의 새로운 브랜드는 제국주의자 시어도어 루스벨트Theodore Roosevelt가 대변하는, 인간의 오류 및 이상과 이익의 긴장을 인정하는 '미국적 현실주의'였다. 라이스가 '미국적 현실주의'의 역사적 유제로 남기고자 했던 것은 국가 건설을 위한 파트너십이었다. 2008년 대선을 앞두고 라이스는 국방장관 로버트 게이츠Robert Gates와 공동으로 ≪워싱턴 포스트≫에 이라크와의 협정을 통한 미군의 지속적인 주둔을 호소하는 기고문(Rice and Gates, 2008.2.13)을 발표했고, 부시 정부 8년의 외교정책을 회고하는 ≪포린 어페어스Foreign Affairs≫의 기고문(Rice, 2008a)에서는 9·11테러에 의한 미국 외교정책의 가장 큰 변화를 국가 건설 과제의 부상이라고 지적하면서 이를 위한 장기적 파트너십의 필요성을 미국적 현실주의의 이름으로 강조했다. 국방장관 게이츠(Gates, 2008.9.29, 2009)는 기존 군사 변환의 첨단기술에 대한 믿음과 대테러전쟁의 민주주의 수사를 비판하면서 특수부대의 저항 세력 진압counterinsurgency과 민군 합동에 의한 국가 건설의 중요성을 강조했고, 2008년 대선으로 탄생한 민주당의 오바마 대통령은 게이츠를 유임시켰다. 정권이 바뀌자 국무부에서는 자신의 정치적 영달을 위해서 최소한의 안전에 대한 고려도 없이 외교관들을 '사지'로 내몬 라이스의 변환외교에 대한 격렬한 규탄이 터져 나왔다(Holmes, 2009).

　변환외교의 논리와 성과는 무엇인가? 변환외교는 하영선이 이해하는 것처럼 탈근대적인 '그물망 지식외교'인가, 크래스너가 주장하듯 위선으로서의 주권 이론의 연장인가? 아니면 케슬러가 지적하듯, 젊은 인턴이 내놓은 수사에 불과한가? 그도 아니라면, 국무부의 내부 비판자들이나 라이스의 정적들이 강조하듯, 흑인 여성 최초의 국무장관으로서 성적·인종적 소수자의 위치를 출세의 이점으로 절묘하게 관리해온 정치적 야심가 라이스의 개인적 기획일 뿐인가? 변환외교는 민주주의 기획의 실패와 위선에 의해 완전히 좌초된 것인가, 아니면 민군 합동 국가 건설의 파트너십이나 게이츠의 유임으로 그 핵심논리가 승계되는 것인가? 변환외교에서 미국적 현실주의로, 애치슨에서 루스벨트로 바뀐 라이스의 수사는 대체 어떤 의미를 지니고 있는가? 라이스가 강조하는 파트너십의 실체는 무엇이며, 그는 왜 애써 파트너십이 온정주의가 아니라고 부정하는가?

변환외교의 논리와 성과를 이러한 질문을 통해 검토하는 것이 이 장의 목적이다. 이상의 질문들을 다루는 기본 틀이나 변환외교의 성격에 대한 이 장의 기본 접근은 다음 두 가지다. 첫째, 변환외교를 이해하는 데 가장 중요한 역사적 맥락은 9·11테러에 대응하는 미국의 (공화당) 현실주의 대외 전략이다. 둘째, 변환외교의 결정 요인들은 부시나 라이스 개인의 도덕적·정치적 야망에서부터 관료정치, 아주 거시적으로는 미국의 제국적·패권적 전통에 이르기까지 다층적이고 다양하다. 이러한 시각은 크래스너의 주권이론 및 부시 정부 참여 경험에 대한 그의 학술적 회고(Krasner, 2009; Kreisler, 2003)에서 추출한 것이다.

라이스의 구호(4Ds: Diplomacy, Defense, Democracy, Development)를 통해서 보자면, 변환외교는 9·11테러 이후 안보의 새로운 필요에 따라 민주주의국가 건설을 위해 개발원조를 동원하는 새로운 외교다. 이 장의 주장은 안보, 민주주의, 개발과 외교의 네 가지 논리 사이의 긴장과 관료정치의 갈등, 그리고 현실적 적용의 한계와 모순 때문에 '대담한 외교'로서 변환외교가 미국적 현실주의로 후퇴할 수밖에 없었다는 것이다. 크래스너를 길잡이로 해서 이 장은 우선 라이스가 조지타운 연설에서 강조한 파트너십에 담긴 전략적 교훈과 책략을 살펴보고, 이후 안보, 개발, 민주주의를 포괄하는 변환외교의 다양한 논리가 미국적 현실주의로 '변환'되는 과정을 추적할 것이다.

2. 위선의 책략: 9·11테러와 제한주권론

크래스너의 '증언'

스티븐 크래스너(Krasner, 1999)는 현실주의 주권이론의 대가이고, 두 차례에 걸쳐 부시 정부에 참여했다. 2001년 8월에서 2002년 12월까지 국무부의 정책기획실과 백악관의 국가안보위원회에서 근무한 것이 처음이다. 두 번째는 2005년 2월에서 2007년 4월까지 국무부 정책기획실장으로 근무했다. 그가 강조하듯(Krasner, 2009), 이 공직 경험에는 스탠포드 대학의 동료 교수였으며 부시 정부 1기에는 국가안보보좌관이었고 2기에는 국무장관이었던 라이스와의 인연이 결정적이었다.

2003년 3월 크래스너는 버클리 대학 국제문제연구소의 대담 프로그램인 〈역사와의 대화〉에 출연했다(Kreisler, 2003). 대담 내용 중에서 변환외교와 관련해 주목을 끄는 것은 두 가지다. 첫째는 9·11테러 이후 부시 정부가 대테러전쟁에 대한 전 세계의 협력을 요구한 '주권책임론' 혹은 '제한주권론'에 관한 그의 언급이다. 그는 국무부 정책기획실에서 자신이 쓴 주권 메모의 구체적인 영향력을 주장하지 않은 채, 주권이 조건부라는 점은 9·11테러 이후 부시 정부에서 일관되게 강조했던 것이라고만 언급했다. 학계와 달리 정책이나 정치의 세계에 저작권과 '표절'이란 없으므로(Krasner, 2009: 115), 그의 이러한 지적은 정확하다. 하지만 그의 기여는 자신이 인정하는 것보다 훨씬 직접적이고 커 보인다. (다음 부분에서 자세히 살펴보겠지만) 2003년 1월 당시의 국무부 정책기획실장 리처드 하스(Haass, 2003)의 "주권: 기존의 권리들, 진화하는 책임들Sovereignty: Existing Rights, Evolving Responsibilities" 연설은 크래스너의 주권 분류와 역사적 이해를 그 틀로 사용했다.

둘째는 실패국가에 대한 효과적인 개입 기제와 이를 정당화할 '이름'에 관해 고민하고 있다는 그의 언급이다. 이는 국무부 정책기획실장으로서 그가 맡게 된 임무와 라이스가 제시할 변환외교의 정의와 관련해 시사하는 바가 매우 크다. 정책기획실은 국무부 내부의 싱크탱크로서, 구체적인 현안이 아니라 정책 기조에 관한 장기적이고 거시적인 검토가 주된 임무다. 그런데 흥미롭게도 크래스너의 정책기획실장 임명을 발표하는 국무부 대변인의 2005년 2월 14일 자 언론보도문에서는 약소국과 실패국가가 제기하는 문제에 대처하는 방안과 더불어 자유, 민주주의, 좋은 통치governance의 제고 방안의 모색을 크래스너의 과제로 적시했다(Boucher, 2005). 크래스너는 정책기획실장으로서 실패국가의 국가 건설을 조율하는 제도적 정비에 힘썼고(Krasner and Pacual, 2005), 이 문제는 라이스가 정의하는 변환외교의 핵심 내용이기도 했다.

다시 살펴보면, 라이스가 정의하는 변환외교는 "미국이 전 세계의 다양한 파트너들과 협력해 국제체제에서 책임 있게 행동하고 국민의 필요에 부응하는 민주적이고 제대로 통치되는 국가를 건설하고 유지하는 것"이다(Rice, 2006). 이 정의는 주권의 대내외적 조건, 그리고 파트너십을 통해 이 조건을 만족시키는 민주주의국가 건설이라는 두 부분으로 나눌 수 있다. 2003년 3월의 시점에서 주권의 조건에 관해서는 이미 국무부의 공식적인 입장이 정리되어 있었으며, 당시 크래스너가 고민했던 개입 기제의 '이름'이 2006년 1월에는 국무장관의 연설에서 파트너십으로 명문화된 것을 알 수 있다.

2009년 발표된 회고에서 크래스너는 2005년 2월 국무부 기획실장으로 임명된 직후에 라이스가 자신에게 변환외교에 관한 메모를 요구했고, 변환외교라는 개념이 주권에 관한 그의 기존 작업과 잘 맞아떨어지는 것이었다고 밝혔다(Krasner, 2009: 113). 이러한 그의 회고에 따르면, 파트너십이라는 개입의 '이름'이 주권에 관한 그의 학술적 작업에서 개발되었으며, 그 시점은 2003년 3월 이후 2005년 2월 이전이라 할 수 있다. 이는 쉽게 '사실'로 확인된다. 2004년에 발표된 「주권의 공유 Sharing Sovereignty」라는 제목의 학술 논문에서 그는 다음과 같이 제안했다. "정책적 목적을 위해서는 주권의 공유를 '파트너십'으로 부르는 것이 제일 좋을 것이다. 이렇게 되면 정책결정자들은 조직적 위선을 행하기가, 즉 말로는 이것을 하면서 행동으로는 다른 것을 하기가 쉬워진다"(Krasner, 2004: 108).

'조직적 위선'은 주권의 규범과 현실이 지속적으로 유리되어왔다는, 달리 표현하면 주권이 실제는 지속적으로 훼손되고 타협되어왔다는 '사실'을 포착해내는 개념으로, 크래스너의 주권이론에서 핵심이다(Krasner, 1999). 파트너십은 바로 이러한 주권이론, 조직적 위선의 직접적 응용이고, 이는 다시 변환외교의 핵심 요소다. 즉, 변환외교는 조직적 위선의 책략인 것이다. 다음으로 크래스너의 주권이론이 주권의 책임이나 조건, 그리고 파트너십으로 발전·전환되는 경로를 살펴본다.

파트너십의 고안

크래스너의 주권이론은 냉전 종언 이후 1990년대에 개발되었다. 크래스너 같은 현실주의자(Krasner, 1992)에게 탈냉전의 충격이나 과제는 두 가지로 볼 수 있다. 하나는 학계 내부에서 냉전의 종언을 예측하지 못한 현실주의에 대한 비판이 비등해진 것이고(Lebow and Risse-Kappen, 1995), 다른 하나는 현실에서 내전과 인도적 재난의 증가를 배경으로 유엔과 국제 인도주의 세력의 인도주의 개입론이 부상한 것이다(Lyons and Mastanduno, 1995).

크래스너의 주권론은 분석과 역사적 실증으로 나뉜다. 분석 작업은 주권을 영역별로 해체하고 그 훼손의 방식을 유형화한다. 통치의 절대적 권위로서의 주권은 네 가지(통치 권위의 국내적 주권, 국경을 통제하는 상호의존 주권, 국제적 법적 인정의 국제법적 주권, 내정불간섭의 웨스트팔리아 주권)로 해체·상대화된다. 주권이 훼손되는 방식도 강제성과 조건(상대방의 행동에 따른 것이냐)의 여부에 따라 네 가지(자발적·조건부의 계약contract, 자발적이고 무조건적인 협약convention, 강제적이고 조건에 따른 강압coercion, 강제적이고 무조건적인 강요imposition)로 유형화된다. 역사적 실증은 웨스트팔리아 조약 이래 지배자의 이익에 따라 주권 규범이 지속적으로 훼손되어온 조직적 위선을 주장한다. 조직적 위선은 권력과 이익을 강조하는 현실주의의 역사적 적실성을 주장하고, 규범의 영향력을 강조하는 자유주의나 구성주의를 비판하는 '무기'로 사용된다(Krasner, 1999; Philpott, 2001; 이혜정, 2004).

크래스너의 주권론은 주권 규범의 상대화, 무력화라는 측면에서는 인도주의 개입론과 궤를 같이하지만, 규범이 아니라 권력과 이익에 따른 개입이 국제관계의 정상 상태임을 주장하는 점에서 그 현실적 함의는 사뭇 다르다. 그는 인도적 개입론에 대한 국제적 합의가 가능하다는 '자유주의의 낙관론'을 부정하고(Krasner, 1995a: 249), 강대국의 개입이 국제체제의 평화와 안정의 기반임을 강조하며 개입 기제를 창조적으로 건설할 것을 촉구했다(Krasner, 1995b: 151). 또한 약소국의 반주권 상태가 결코 문제가 아니라고 강조했다(Krasner, 1997).

9·11테러를 계기로 인도주의 개입에 반대하던 크래스너의 현실주의 주권론은 미국 안보를 위한 개입론과 조직적 위선의 책략으로 전환

된다. 9·11테러는 미국 본토를 타격했고, 그 발진 기지는 실패국가 아프가니스탄이었다. 2002년 부시 정부의 국가안보전략 보고서는 9·11 테러의 전략적 교훈을 다음과 같이 명문화했다. "미국이 직면한 최악의 위협은 급진주의와 기술의 교차점에 있다"(The White House, 2002: ii). 위험한 기술의 확산을 방지하고, 미국에 위험한 사상을 '교화'하며, 위험한 기술과 사상이 만나는 통치부재ungoverned의 지역, 실패국가를 제거하는 것이 또 다른 과제가 되었다. 그렇지 못할 경우에 미국 안보 최악의 시나리오는 대량살상무기에 의한 재앙적 테러다. 재앙적 테러의 위협은 발생 가능성도 낮고 예측하기도 어렵지만, 즉 위협을 미리 증명하기 어렵지만, 그 피해는 말 그대로 '재앙적'일 수 있다. 안보의 '합리적' 논리로만 본다면, 재앙적 테러에 대한 미국의 대응은 기존의 주권과 국제법 규범을 완전히 무시해야 한다. 전 세계 주요 도시에 "메가 테러리즘"이 발생한 "다음 날The Day After" 예방전쟁과 실패국가에 대한 신탁통치나 직접적 제국주의 지배가 정상 상태가 되는 '가상 국제정치' 분석을 통해서 크래스너가 강조한 것은 바로 그러한 안보의 논리다(Krasner, 2005).

문제는 그러한 '가상 국제정치'의 '다음 날'이 도래하지 않았고, 내정불간섭의 주권 규범을 전면적으로 부정하기 힘들다는 데 있었다. 해법은 미국의 안보와 패권이익에 맞게 조직적 위선을 "창조적으로 활용"(Krasner, 2001: 28)하는 것에서 찾을 수밖에 없었다. 2003년 1월 국무부 정책기획실장 하스(Haass, 2003)의 '주권' 연설은 크래스너의 주권론에다 인권 보호를 주권의 조건으로 주장하는, 즉 개별 국가가 인권 보호의 주권 책임을 다하지 못하면 국제사회가 개입해야 한다는 인도주의 개입론(Evans and Sahnoun, 2001)을 결합시켰다. 하스는 (크래스너의 조직적 위선과 주권 분류에 따라) 주권이 절대적이지도 무조건적이지도 않다는 현실 진단에서 출발해, 주권을 국내적 권위, 국경의 통제, 정책의 독자성, 내정불간섭의 영역으로 해체하고는, 이러한 영역에서의 주권이 각기 약소국과 실패국가의 안보 위협, 지구화에 의한 상호의존 증가, 유럽연합이 대변하는 주권의 통합pooling과 위임에 의한 글로벌 거버넌스, 그리고 불량국가의 안보 위협에 의해 침식되고 있음을 지적했다.

하스는 미국이 국제형사재판소와 교토협정 같은 미국의 주권과 이익에 배치되는 글로벌 거버넌스를 수용할 수 없음을, 그리고 9·11테러가 증명한 실패국가의 위협이나 지구화에 의한 위험한 기술의 확산과 테러를 후원하고 대량살상무기를 확산하는 불량국가들을 주권의 이름으로 방관할 수 없음을 분명히 했다. 주권이 더 이상 '백지수표'가 아니라는 지구적 합의의 부상을 근거로 그는 주권의 세 가지 책임, 혹은 내정불간섭의 특권이 박탈되는 세 가지 상황을 설정했다. 첫째는 인종청소와 반인도적 범죄의 경우이고, 둘째는 부시 정부의 대테러전쟁에 대한 협력이다. 마지막으로 그는 테러를 후원하고 대량살상무기를 추구하는 국가는 미국의 '선제적 자위권', 즉 예방전쟁의 대상임을 밝혔다. 하스가 설정한 주권의 세 가지 책임은 인도적 개입에 대한 국제적 합의를 표면에 내세우지만, 실질적으로는 미국의 주권을 포기하지 않고 미국의 안보와 패권의 이익에 따라 전 세계의 주권을 제한하겠다는 미국 패권의 일방주의, 대테러전쟁의 '제한주권론' 선언이었다. 부시 정부는 두 달 후 2003년 3월 이라크 침공을 통해 '제한주권론'을 실행했다. 미국의 신보수주의자들은 환호했지만(Perle, 2003.3.21) 전 세계적인 비판이 뒤따랐다. '제한주권론'의 위선이 조직적이지도 창조적이지도 않았기 때문이다(Acharya, 2007).

재앙적 테러리즘의 '다음 날'이 도래하지 않는 이상, 좀 더 세련되고 창조적인 조직적 위선이 필요했다. 실패국가에 대한 크래스너의 고민은 다음과 같은 것이었다. 실패국가는 대내적 주권의 전제, 즉 통치에 실패한 국가로 테러리즘의 온상이 될 수 있고, 그 결과는 재앙적 테러일 수 있다. 실패국가에 계속 주권을 부여할 수도 없고, 신탁통치나 보호령의 직접 지배에는 민족주의적 저항과 국제적 비판이 뒤따른다. 또한 실패국가에 대한 기존의 대응 방식인 원조나 잠정적인 국제적 통치로는 주권을 지닌 혹은 이양받을 정치적 세력으로부터 미국이 원하는 통치를 보장받을 수 없다. 과거의 제국주의와 현재의 다자주의 사이의 새로운 기제를 찾아야 한다. 관건은 잠정적이 아니라 영구적으로 통치 내용을 통제하면서 국제법적 주권의 '허울' 또는 명분을 살리는 장치가 필요하다는 점이다. 또한 그런 장치와 그 '이름'을 찾는 것이다. 이를 위해서는 '상상력'이 필요하다(Kreisler, 2003).

개입 국가의 입장에서 조직적 위선의 방식 중 가장 이상적인 것은 개입을 당하는 국가가 자발적으로 외부의 개입 세력이 원하는 조건으로 자신의 주권을 제한해주는 계약이다. 크래스너는 계약의 대표적인 사례로 미국과의 군사동맹의 '반주권 상태'를 자발적으로 감수한 (서)독일을 들었다(Gould and Krasner, 2003). 독일은 미국의 성공적인 국가 건설의 사례이기도 했다. 이라크 전쟁의 수렁이 깊어질수록, 독일의 계약 모델은 이상적으로 보였다. 2004년에 발표된 논문인 「주권의 공유」에서 크래스너는 두 가지 개입 모델을 제시했다. 하나는 실제적 신탁통치의 부활이고, 다른 하나는 주권 공유의 계약이다. 그가 지적하듯, 신탁통치에 대한 국제적 합의는 존재하지 않는다. 즉, 신탁통치로는 조직적 위선을 조직할 가능성이 거의 없다. 그의 정책 제안의 초점은 파트너십의 이름으로 정당화되는 계약이었다. 크래스너의 현실주의 시각에서 보자면 아프가니스탄이나 이라크에서 민주적인 헌법을 디자인하는 것은 최우선적 과제가 아니었다. 그보다는 '반주권 상태'를 확약하는 군사동맹, 구체적으로는 독일이나 일본, 한국의 경우와 같은 주둔군지위보장협정Status of Forces Agreement: SOFA의 계약을 확보하는 것이 더 중요했다.

파트너십의 목적은 실패국가의 국내정치에 대한 외부의 개입이다. 그 성공 여부는 개입 세력이 어떻게 피개입 세력의 정치적 선택을 제한하고 그 틀에서 피개입 세력의 정치적 이익이 보장되는가에 달려 있다. 더 간단히 말하면, 파트너십의 성공은 개입과 피개입 세력의 정치적 거래에 달려 있다. 예를 들면, 미국에 대한 반주권 상태는 전범국 독일이 유럽과 국제사회에 복귀하는 대가로 (강요되기도 했지만) 수용할 만한 것이었다. 9·11테러 이후의 현실에서 실패국가와의 파트너십을 위한 정치적 거래를 어떻게 조직할 것인가? 구체적으로 어떤 정치적 인센티브가 제공될 수 있는가? 파트너십이라는 '이름'의 고안을 넘어 크래스너는 이러한 구체적인 과제에 직면했다. 이와 관련해 그가 주목한 것은 차드와 카메룬 간 원유 파이프라인 건설에서 세계은행의 개입이었다. 해외 석유회사들의 컨소시엄은 차드에서 석유를 채굴하고 이를 카메룬으로 운송하는 파이프라인을 건설하는 프로젝트를 추진하면서 두 나라의 내정 불안 및 인권, 환경단체들의 반발 문제를 해소하는 방안으로 세계은행의 개입을 요구했고, 세계은행은 차드의 석유 수입 이용을 제한하는 '제한적인 주권 공유' 계약을 맺었다. 크래스너는 이 사례를 일반화해 주권 공유의 정치적 인센티브로서 자원 개발의 욕구를 들었다. 즉, 외부의 지원과 자원 개발 이익 사이의 정치적 거래가 가능하다는 것이다. 현실주의자 크래스너는 군사적 점령의 압력, 해외 지원의 절박

함, 선거에서 주권 공유 거래에 대한 국내의 지지를 파트너십의 또 다른 정치적 인센티브로 열거했다(Krasner, 2004).

3. 이라크 전쟁과 '대담한 외교'의 운명: 민주평화론에서 미국적 현실주의로

"쓰레기통 모델"과 변환외교

크래스너는 '준비된' 정책기획실장이었다. 2005년 2월 국무부 정책기획실장으로 임명될 때, 그는 이미 「다음 날」(Krasner, 2005)에서 재앙적 테러의 예방이 요구하는 안보의 논리를 대중적으로 설명했고, 「주권의 공유」(Krasner, 2004)의 학술적 논의를 통해서는 '파트너십'이라는 조직적 위선의 새롭고 창의적인 '이름'을 고안해놓은 상태였다. 9·11테러 이후 미국 안보의 실천적 과제를 고민해온 현실주의 주권론의 대가에게 변환외교에 대한 '개념적 메모'를 작성하는 일은 전혀 어렵지 않았을 것이다.

문제는 정책기획실장의 학문적 성취나 정책적 상상력이 국무장관이 추진하는 정책 이니셔티브의 유일한 원천이 아니며, 그 성공을 보장하는 것은 더더욱 아니라는 점이었다. 크래스너는 자신의 기여를 문제의 인식, 정책적 해법의 모색, 정치적 결정의 세 가지 조류streams가 상호 독자적인 "쓰레기통 모델"로 설명한다(Cohen, March and Olsen, 1972; Kingdon, 1995; Olsen, 2001; Krasner, 2009: 113~114). 이 모델은 문제가 존재하면 그에 대한 해법이 모색되고 그중 최선의 것이 결정되는 합리적 정책 결정을 부정한다. 심각한 문제가 존재하더라도 그에 대한 정책적 대안이 모색되지 않을 수도 있고, 참신한 정책적 아이디어가 정치적 관심을 받지 못할 수도 있다는 것이다. 크래스너에 따르면, 실패국가는 9·11테러 이후에야 미국의 안보 위협으로 인식되었고, 그의 학술적 연구를 포함해 다양한 정책 대안이 제시되었으며, 어떤 정책 대안을 선택할지는 정치적 결정의 문제였다.

변환외교는 기본적으로 국무장관 라이스의 기획이었다. '쓰레기통 모델'을 통해서 보면, 라이스의 정치적 결정이 변환외교의 논리를 구성하는 가장 결정적 요소였다. 그리고 라이스의 정치적 선택에서 가장 결정적인 요인은 그의 임명권자이자 전쟁 중인 미국의 최고 군 통수권자인 대통령(의 정치적 결정)이었다. 2005년 제2기 취임사에서 부시 대통령은 자유의 전 세계적 확산을 미국 외교의 궁극적 목적으로 설정했고, 이는 라이스의 정치적 과제였다. 상원 인사청문회에서 라이스는 자유를 전파하기 위한 외교의 부활이 필요한 시점이라고 주장하며, 세계를 변화시키는 자신의 '대담한' 외교를 변환외교로 소개했다. 그리고 이를 위한 외교관의 임무로서 민주주의 확산, 빈곤 퇴치와 개발원조, 대테러전쟁, 본토 방위에의 기여를 요구했다. 외교diplomacy를 민주주의democracy와 국방defense 그리고 개발development과 통합할 것(4Ds)을 요구한 것이다 (Rice, 2005.1.18).

라이스의 입장에서 본다면, 대테러전쟁을 장기적인 이념전쟁으로 본 부시 대통령의 민주주의 확산 정책을 뒷받침하는 것이 자신의 소명이고, 이를 위해서는 민주주의와 개발, 안보에 기여하는 통합적인 새로운 외교를 추진하는 것이 '합리적'이었다. 하지만 이러한 정치적 기획은 체니-럼스펠드 라인의 국방부와의 치열한 투쟁은 물론, 국무부 내부의 반발과 개혁의 난항을 예고하는 것이었다. 자원을 독점하고 실제 대테러전쟁을 주도하고 있는 국방부가 선선히 외교의 부활을 허용할 리도 없고, 국무부의 조직과 문화, 예산, 교육은 개발, 민주주의, 안보의 요구와 맞지 않았기 때문이다. 예를 들어, 개발원조를 담당하는 원조청AID은 역사적으로 국무부와 독립적인 조직과 문화를 유지해오고 있었다. 또한 자유를 강조하는 부시 대통령의 민주주의 확산과 통치의 안정을 목적으로 하는 크래스너의 파트너십도 상호 긴장 관계에 있었다. 무엇보다 관타나모 수용소의 합법성, 아부 그라이브Abu Ghraib 감옥에서의 고문 논란, 이라크 전후 처리의 난관, 사우디와 파키스탄 등 권위주의국가와의 협력으로 증명된 부시 대통령의 민주주의 확산 정책의 실패와 위선이 라이스의 '대담한 외교'의 고난을 예고하고 있었다.

국무부 내부에서 경고와 불만이 터져 나오는 데는 오랜 시간이 걸리지 않았다. 크래스너가 라이스의 공식적인 싱크탱크를 이끌고 있었다면, 41대 부시 정부의 국가안보위원회에서 라이스와 같이 냉전의 종언을 관리했고(Zelikow and Rice, 1997) 2005년 2월 국무부 고문관으로 임명된 필립 젤리코는 라이스의 개인적인 싱크탱크였다(Kessler, 2006. 11.28). 젤리코는 즉각 국무부의 이라크 정책 검토에 투입되었다. 외교의 부활을 위한 준비 작업이었다. 젤리코는 내부 메모를 통해 기존의 이라크 정책이 실패하고 있음을 신랄히 비판했다(Woodward, 2006: 387~389). 라이스의 정치적 운명은 부시의 실패로부터 자유로울 수 없었다. 이에 대한 공개적인 경고 겸 변명이 2005년 5월에 있었던 젤리코의 연설 "실천적 이상주의Practical Idealism"(Zelikow, 2005)였다. 이 연설의 기본 틀은 이후 라이스의 미국적 현실주의로 '재활용'된다(Kessler, 2007.6.8).

2005년 5월 젤리코는 자신의 전공인 미국 외교사를 살려, 부시의 정책을 군사적 일방주의의 윌슨주의로 비판하는 시각을 반박하고 나섰다. 그에 따르면, 부시의 선구는 "평화적 이상주의자"인 우드로 윌슨이 아니라 "실천적 이상주의자"인 시어도어 루스벨트였다. 19세기 말 해군성 차관으로 근무하며 루스벨트는 쿠바 문제로 미국이 스페인과 전쟁을 벌이기 이전에 장관의 승인도 없이 태평양 함대에 필리핀 공격 준비를 명령했으며, 이후 대통령으로 재임할 당시에는 중남미에서 "만성적악행"과 "무능"에 대한 미국의 군사적 개입의 권리를 천명하고 이를 시행했다. 또한 그는 19세기 후반 미국 제국주의의 숙원 사업의 하나였던 파나마 운하를 건설한 대표적인 제국주의자이기도 하다. 젤리코는 루스벨트가 "열렬한 제국주의자"로 출발했지만 대통령의 경험, 필리핀의 저항, 영국의 보어전쟁 등을 통해 제국주의적 열정을 누그러뜨리고, 현실의 힘과 도덕적 이념의 결합을 추구했다고 해석했다. 이러한 해석은 루스벨트처럼 부시도 "고귀한 이상을 실천적 수단으로 추구"하고 있다는, 구체적으로는 부시 정부가 결코 민주주의를 강요하거나 제국을 추구하고 있지 않다는 주장으로 이어졌다. 현실적인 안보 문제를 다루는 실용적 접근의 사례로는 대테러전쟁의 맥락에서 민주주의가 아닌 데다가 핵까지 개발한 파키스탄에 대한 지원이 제시되었다. 젤리코는 현실의 도전은 크고 미국의 능력에는 한계가 있음을 분명히 하면서도, 변환외교와 같이 미국은 '고귀한 이상'을 위한 노력을 계속하고 있음을 또한 강조했다(Zelikow, 2005).

2005년 6월 초 취임 100일을 즈음해 마련된 직원들과의 대화 모임에서 라이스는 미국의 힘의 한계를 인정하는 '실천적 이상주의'가 아니라, 애치슨의 '창조의 현장에서'를 모토로 내세우며 변환외교를 강력하게 요구했다. 젤리코가 변환외교의 모델로 제시한 사례는 바그다드에서 인권과 관련된 활동을 하다가 암살된 원조청 소속의 여성 직원과 교육자문 활동을 하다가 암살당한 남성 외교관이었다. 비록 이 사례처럼 극단적이지는 않았지만, 라이스의 요구도 동일했다. 선임외교관들의 인사 문제에 직접 관여하겠다는 의지를 표명하면서 라이스가 강조한 것은 미국의 외교관들이 아프가니스탄이나 이라크의 '창조의 현장에서' 현지인들의 변환 노력을 도와야 한다는 것이었다. 이미 전문 외교관을 포함해 국무부 직원의 3분의 2가 해외에, 그것도 보수의 손실을 감수하며 근무하고 있다는 지적이 직원들의 첫 반응이었다. 험지 근무를 장려하기 위해 기존의 경력과 위계를 무시한 인사에 대한 좀 더 '민감한' 지적도 뒤따랐다. 라이스가 기존의 관행을 무시하고, 안전에 대한 고려도 없이 이라크 상황 악화의 책임을 면하기 위해 외교관들을 이라크로 내몰았다는, 정권 교체 이후에 공식화된 비판의 예고편이었다(Holmes, 2009: 149).

현장에서의 변환외교를 위한 국방부와의 협력이 제대로 이루어지겠냐는 질문에 라이스는 그것이 처음 해보는 과제이며 특히 국무부의 준비가 덜 되어 있다고 솔직하게 대답하기도 했다. 안보와 외교의 연계뿐 아니라 개발과 민주주의의 연계도 문제였다. 국제 노동 관계 업무나 제3세계에 대한 부채 면제 등이 어떻게 민주주의 기획과 연관되느냐는 질문은 정권의 이념, 체제, 통치의 수준이나 성격과 상관없이 개발원조와 구호가 이루어져야 한다는 '정신'의 반영이었다. 라이스는 이들 질문에 대해 인신매매 등 노동 착취에 대한 미국의 고발이나 통치의 수준에 따른 원조정책을 언급했는데, 이러한 '차별'은 사실 구호와 원조가 절실히 필요한 국가들을 배제하는 효과를 지닌 것이었다. 또한 라이스가 역점을 두고 추진하던 팔레스타인 선거와 관련해 마무드 아바스Mahmoud Abbas 정권에 대한 재정 지원이 과거와 달리 부패만 부추기지 말라는 보장이 있느냐는 비판이 제기되기도 했다. 취임 천 일 당신의 성취는 과연 어떤 것이 되겠는가 하는 질문에 라이스는 민주주의의 확산 등 '창조의 현장에서'의 희망을 열거했다(Rice, 2005.6.3).

취임 천 일에, 아니 그 훨씬 이전에 변환외교의 구호 자체를 거두어들일 수밖에 없는 자신의 운명을 알지 못한 채, 라이스는 2005년 6월 20일 카이로 대학에서 중동 민주화 추진을 선언했다. 안정을 위해 민주주의를 희생해온 미국의 지난 60년간의 중동 정책은 안정도 민주주의도 가져다주지 못했다고 비판하면서, 라이스는 중동에서 자유로운 선거가 있어야 하고 그 결과가 존중되어야 한다고 천명했다. 만약 자유선거로 급진주의 세력이 정권을 잡으면 어쩔 것이냐는 사우디 기자의 질문에, 급진주의 세력이 시민들을 강제할 기제를 박탈당한다면 선거에서 승리하지 못할 것이라고 라이스는 대답했다. 이라크 전후 처리의 난관은 이라크 사회 자체의 문제 때문이기도 하지만, 사담 후세인을 제거하면 이라크의 민주화가 이루어질 것이라는 부시의 성급한 기대와 그에 따른 국가 건설 기획의 부족이기도 했다. 라이스의 중동 민주화 정책 역시 자유는 보편적인 갈망이고 전제tyranny는 강제되는 것이기에 정치적 강압이 사라지면 자동적으로 민주화가 이루어진다는 부시 정부의 '공식적' 명제에 바탕을 두고 있었다(Rice, 2005.6.20a, 2005.6.20b).

라이스의 현실주의자로서의 이력을 고려하면, 민주주의에 관한 이렇게 순진무구한 명제를 그가 정말 믿었는지 의심스럽다. 대통령의 민주주의 기획을 실행해야 하는 국무장관의 정치적 숙명 때문에 라이스가 현실주의의 '영혼'을 포기했는지는 알 수 없지만, 두 가지는 분명하다. 첫째, 라이스는 중동 민주화의 '혁명적인 목표'를 2005년 12월 ≪워싱턴 포스트≫에 "민주평화의 약속The Promise of Democratic Peace"으로 공표했다(Rice, 2005.12.11). 둘째, 라이스의 중동 민주평화론은 9·11테러 이전의 현실주의자 크래스너의 입장은 물론 2005년 국무부 정책기획실장으로 크래스너가 추진하던 실패국가의 예방과 재건 방안과도 충돌하는 것이었다.

2005년 12월 라이스의 기고문 "민주평화의 약속"은 애치슨에서 시작해 애치슨으로 끝난다(Rice, 2005.12.11). 부임하자마자 자신의 집무실에 애치슨의 초상부터 걸어놓은 것은 애치슨처럼 자유·민주·평화의 세계를 건설하고 싶기 때문이라는 것이다. 본론은 주권국가체제의 역사적 변화에 대한 분석과 중동 민주평화론의 정당화다. 이 또한 애치슨의 시대와 같은 '비상한' 변화의 시대에는 '혁명적' 정책이 필요하다는 포장을 하고 있다. 라이스에 따르면, 웨스트팔리아 조약 이래의 국제정치가 "지난 15년간", 즉 냉전의 종언 이후 완전히 달라졌는데, 그 특징은 두 가지다. 첫째는 강대국 간 전쟁 위협이 사라져 전통적인 세력균형이 아니라 "자유에 유리한 세력균형"이 생겨났다는 것이다. 둘째는 약소국과 실패국가의 안보 위협이다. 근대 주권국가체제의 기반인 국가의 통치능력, 즉 대내적 주권의 전제가 더 이상 유효하지 않으며 약소국과 실패국가는 국제적인 질병·범죄·테러·대량살상무기 확산의 온상이자 길목이라는 것이다. 정권의 성격이 강대국 간의 세력균형보다 중요해졌다는 진단은 "변환된 세계의 현실적 정책"으로서 "시민의 필요에 부응하고 국제적 책임을 다할 수 있는 민주적이고 잘 통치되는 국가들의 건설을 돕는" 정책의 처방으로 이어졌다. 전자는 강대국의 세력균형을 중심으로 국제정치를 이해하는 현실주의의 전면적 부정이며, 후자는 이미 국무부에 천명된 변환외교의 기본 내용이지만 여기서 라이스는 아직 그 이름을 공개적으로 사용하고 있지 않다. 앞서 하스의 '제한주권론'을 통해 설명한 것처럼, 변환외교의 기본 내용은 미국이 요구하는 주권의 국내외적 조건이다. 국제적 책임의 내용은 물론이고, 국내적으로 시민의 (요구가 아니라) 필요의 실제 내용도 미국이 직접 문명이나 민주주의 혹은 대테러전쟁의 안보상 요구 등 다양한 명분으로 결정하는 것이다.

변환외교의 실제 목적은 시민의 요구에 부응하는 정치제도가 아닌 것이다. "민주적이고 잘 통치되는"이라는 정의에는 긴장이 존재한다. '민주적'이 통치의 내용에 대한 단순한 수사가 되면 그 이념적 호소력이 떨어지고, 그 반대로 통상적 의미의 민주주의로 이해되면, 즉 선거에서 표출되는 시민의 요구로 이해되면 이는 (이후 하마스의 승리가 보여주듯) 미국이 규정하는 바람직한 통치의 내용과 충돌할 수 있다. 인간의 보편적 갈망으로서 자유를 강조하는 부시의 시각과 그 연장에서 주창되는 라이스의 중동 민주화 정책은 통상적 의미의 민주주의를 강조하는 것이었다. "민주평화의 약속"에서 라이스는 정치적 강제에서 풀려나면 당연히 민주주의가 실현된다는 주장을 반복하며, 중동에서 민주주의가 불가능하다는 회의론을 단호히 비판했다. 또한 라이스는 중동 민주화에 반대하는 현실주의는 역동적인 현실을 포착하지 못하는 것으로 제대로 된 현실주의라고 할 수 없다고 비판하면서, 미국이 이라크 전쟁을 통해 중동의 안정을 해쳤다는 비판에 대해서 민주주의 없이 제대로 된 안정이 있을 수 없음을 인식하지 못하는 "환상의 극치"라고 반박했다 (Rice, 2005.12.11).

라이스의 현실주의 비판과 민주평화론은 크래스너의 '순수한' 현실주의와 실패국가에 대한 파트너십과 상반된다. 1992년 현실주의자 크래스너는 민주적 통제와 국익의 합리적 추구 사이에 긴장이 있음을 지적하고, 미국처럼 강력하고 "상대적으로 현명한" 국가에도 국제적 정권 교체 능력이 과연 있는지 회의했으며, 민주주의가 독재보다 반드시 평화적이지도 않다고 보았다(Krasner, 1992). 2005년 국무부 기획실장으로서 크래스너는 국무부의 안정화재건조정관Coordinator for Reconstruction and Stabilization: S/CRS인 카를로스 파스쿠알Carlos Pascual과 공동으로 ≪포린 어페어스≫에 기고한 글(Krasner and Pascual, 2005)에서 재건과 안정화에는 궁극적으로 법치와 시장경제, 시민사회 등의 거버넌스의 수요와 공급이 필요함을 강조했다. 즉, 전제나 강압의 제거가 자동적으로 민주주의로 이어지지 않음을 강조하면서, 국무부 안정화재건조정관을 통한 국가 건설 기획의 제도화에 대한 지원을 호소했다. 2005년 12월 대통령 명령으로 국무장관에게 안정화와 재건 임무를 위해 행정부 전반의 부처별 협력을 조정할 권한, 달리 말해 국가 건설의 조정을 주도할 권한이 주어졌다. 하지만 파트너십의 실행을 총감독할 안정화재건조정관이 요구한 예산과 인력은 지원되지 않았고, 이라크와 아프가니스탄 재건에 대한 관할권도 주어지지 않았다(Pascual, 2005).

라이스(Rice, 2006)는 2006년 1월 조지타운 대학에서 행한 변환외교 연설에서, 한 달 전의 "민주평화의 약속"에서 제기된 현실 진단으로부터 출발해 민주주의 확산을 위한 '대담한 외교'로서 변환외교의 정의를 완성하고, 그에 따른 국무부 개혁을 공표했다. 근대 국제체제의 기반이었던 주권의 전제가 실패국가의 위협으로 깨졌다고 지적하면서, 라이스는 "미국의 안보 이익, 개발 노력, 민주적 이상"의 구분은 불가능하며, "미국 외교는 이들 목적을 통합하고 동시에 달성해야 한다"라고 천명했다. 변환외교의 정의와 관련해서는 기존의 국내외적 주권의 조건(국내의 필요와 국제적 책임)을 충족시키는 "민주적이고 잘 통치되는 국가"는 그대로 두고, 이런 국가의 "건설을 돕는"이라는 표현을 "다양한 파트너와의 협력을 통한 건설과 유지"로 완화했으며, 이것이 온정주의가 아니라는 강력한 부인을 추가했다. 파트너십에 대한 의도적으로 애매모호한 표현은 조직적 위선의 수사로서 훌륭하다. 이에 비해 온정주의의 강력한 부인은 '왜 따져 묻지도 않았는데 이럴까' 하는 의혹을 초래하는, 통치의 실제 내용에 대한 통제를 원한다는 속내를 비치는 것이어서 '분식'의 장치로는 실패다. 아마도 부시 정부의 일방주의에 대한 비판 때문에 이와 같은 대단히 '노골적인' 변명이 필요했을 것이다.

다양한 파트너들과의 협력으로 포장된 파트너십은 미국이 원하는 통치를 확보하기 위해 정부뿐 아니라 다양한 정치·사회 세력을 직접 상대하겠다는 의미다. 2008년 라이스의 회고에 따르면, 변환외교는 "새로운 방법으로 새로운 장소에서 새로운 파트너들과 새로운 목적의" 미국 외교를 하겠다는 것이었다(Rice, 2008b). 2006년의 변환외교 연설에서 라이스는 새로운 파트너와 목적을 조직적 위선의 수사로 감추려고 한 반면, 새로운 방법과 장소는 공개적으로 천명했다. "외교, 민주주의 확산, 경제 재건과 군사안보"의 통합이 미국 외교의 새로운 방식이 되었으며, 미국 외교관 배치의 무게중심도 유럽의 안락한 외교부 청사에서 부상하는 중국과 인도로, 다시 전환기의 중남미, 아프리카, 중동으로, 사회적 변혁의 현장인 제3세계의 (수도가 아닌 현지 공관이 없는) 대도시들로, 그리고 안정화와 재건의 현장인 이라크와 아프가니스탄으로 옮겨졌다. 라이스가 요구하는 외교관의 덕목은 이제 상대국의 외교정책이나 외교관과의 회의 보고서 작성이 아니라, 사이버 공관에서의 공공외교는 물론 특수부대원과 함께 안정화, 재건의 현장에 투입되어 현지시민들의 행정, 법치, 경제, 보건, 교육 전반의 국가 건설을 돕는 것이었다(Rice, 2006).

미국적 현실주의

라이스의 국무부 개혁은 내부의 평가로는 처참한 실패였다. 바그다드의 그린존에 엄청난 규모의 대사관을 신축하고 이를 채우기 위해 기존의 인사 관행을 모두 파괴했지만, 외교관들은 마음대로 그린존 밖으로 나갈 수도 없었고 그린존에 갇혀서 변환의 업무를 볼 일도 별로 없었다. 중국에 증파된 외교관들도 구체적인 법치와 국가 건설의 교육과 프로그램이 없는 상태에서 다시 라이스가 비판하는 통상적인 보고서 작성으로 돌아갔다(Holmes, 2009). 형식상 원조청AID이 국무부 산하로 편입되었지만, 실질적 통합은 원조 자체를 우선시하는 원조청의 전통과 이를 안보전략에 종속시키려고 하는 국무부의 차이 때문에 제대로 이루어지지 않았다. 원조 전문가들은 계속해서 원조를 전담하는 부서의 독립을 요구했지만, 국방부가 이라크나 아프가니스탄 '현장'의 재건과 원조를 주도했다(The HELP Commission, 2007; Lancaster, 2008; 이정문, 2008). 라이스 자신이 조직한 위원회(The Advisory Committee on Transformational Diplomacy, 2008)가 제안한 인력과 예산의 두 배 증가도 실현하지 못하면서, 전체 국가안보 예산의 1%로(Holmes, 2009: 15), 변환외교의 이상적인 외교관을 만드는 것은 '창세기'에서도 불가능한 일일지 모른다.

민주주의 확산을 위한 '대담한 외교'로서 변환외교의 '생애'도 대단히 짧았다. 라이스의 조지타운 연설(2006년 1월 18일) 직후 치러진 팔레스타인 의회선거(2006년 1월 25일)에서는 미국이 테러조직으로 규정한 하마스가 승리했다. 자유로운 선거에서 극단주의가 승리할 수 없을 것이라는 라이스의 기대나 아바스 정부에 대한 재정 지원의 투자는 모두 물거품이 되었다. "민주주의와 선거가 모든 것을 해결할 것이라는 대통령의 믿음"이 오류라는 것이 증명되었고(Weisman, 2006.1.30), 변환외교의 정의에 나란히 들어앉은 민주주의(의 수사)와 미국이 원하는 통치 혹은 거버넌스의 실제 내용 사이의 긴장은 현실이 되었다. 2월 "또 다른 재앙"이 닥쳤다(Bumiller, 2007: 282). 이번에는 부시 정부의 민주주의 기획의 '원산지'인 이라크였다. 부시 정부의 이라크 침공은 예방전쟁의 논리에 따른 '선택'이었고, 그 사후적 정당화가 바로 민주주의였다. 2월 22일 이라크 사마라의 시아파 사원이 폭탄 테러 공격을 당하면서, 이라크의 종파 간 내전이 격화되었다. 부시 정부는 2004년에는 아부 그라이브 감옥에서의 학대와 2005년 11월 CIA의 해외 비밀감옥 운영이 폭로되면서 이미 국내외의 비판에 직면해 있던 상황이었다. 사마라 사원 테러 이후 라이스는 이라크에서 미국의 '전술적 실수'를 인정했지만, 이라크 정책을 주도하는 럼스펠드는 라이스가 무슨 소리를 하는지 모르겠다고 비판했다(Bumiller, 2007: 288).

라이스의 '내부 투쟁'은 부시 정부의 이라크 정책을 교정하는 데 실패했고, 이라크 내전의 수렁은 더욱 깊어졌다. 그 수렁은 부시 정부의 대테러전쟁과 민주주의 기획, 그에 따른 라이스의 중동 '민주평화의 약속' 및 '대범한 외교'로서 변환외교 모두를 삼켜버렸다. 2006년 3월 부시 정부의 국가안보전략 보고서는 1월 라이스가 제시한 변환외교의 정의를 싣고 있지만 그 강조점은 "주권의 책임"이고(The White House, 2006: 33) 그 맥락은 더 이상 부시의 제2기 취임사나 라이스의 '민주평화의 약속'이 아니었다. 하마스 당선과 사마라 테러의 충격을 배경으로 보고서는 단순히 자유의 확산이 아니라 "효과적인 민주주의"의 증진을 목표로 설정했다. "효과적인 민주주의"는 인권의 보장, 양심과 종교의 자유에서부터 자유로운 선거를 통한 정권 교체, 국경의 통제와 치안,

법치의 유지 등 "효과적인 주권", 심지어는 가족의 가치와 종교적 공동체, 사유재산과 기업의 독립성, 시장경제를 보장하는 시민사회의 제도를 통한 정부의 역할 제한에 이르기까지, 부시 정부가 원하는 통치의 내용을 망라한 개념이었다(The White House, 2006: 4). 이 개념은 하마스를 비판하고 변환외교의 정의에서 (시민의 요구를 반영하는 통상적인 의미의) 민주주의의 요소를 통치의 내용에 복속시키는 장치였다. 하마스의 당선은 "효과적인 민주주의"를 강제하는 미국의 힘의 한계를 보여주었다. 그에 대한 인정이나 변명으로 보고서는 "효과적인 민주주의"가 장기적인 목표라는 것과 이 목표를 다양한 수단을 통해, 그리고 미국의 다양한 이익을 조화시켜가며 추진해나갈 것임을 강조했다.

2006년 중간선거로 이라크 전쟁을 포함한 부시 정부의 실패에 대한 정치적 판결이 분명해진 후, 라이스는 미국적 현실주의의 이름으로 자신의 외교정책을 변명하고 그 역사적 유산을 보존하려고 했다. 2007년 6월 라이스의 모델은 애치슨이 아니라 (젤리코가 2005년 5월 "실천적 이상주의"를 통해 이미 제시한) 시어도어 루스벨트였다. 루스벨트는 국제정치의 현실과 미국 체제의 독특한 가치와 이념을 결합한 미국적 현실주의를 대표했다. 라이스가 애치슨과 트루먼 등 냉전 초기 미국 외교의 "현인들"을 잊은 것은 아니었다. 하지만 이들의 업적은 애치슨의 "창조의 현장에서"가 상징하는 오만한 자신감이 아니라, 인간의 본연적인 한계와 오류, 그리고 미국의 이상과 단기적인 이익 사이의 긴장을 인정하는 미국적 현실주의의 맥락에서 조명되었다.

변환외교 역시 마찬가지였다. 우선 강대국 간 세력균형이 "자유에 유리한 세력균형"으로 바뀌었다는, 미국의 힘의 우위에 대한 자신감을 보여주던 국제체제의 역사적 전환 선언은 사라졌다. 세력균형보다 정권의 성격이 문제라는 선언도 사라졌다. 이를 대신해 지구화와 상호의존의 심화로 대내적 통치의 문제가 안보의 위협이 되었다는 조용한 분석이 들어섰고, 그에 따른 미국의 목적으로 변환이 제시되었다. 변환의 내용으로 제시된 것은 "법치에 따라 자유를 보장하고 국민들의 필요를 충족시키며 국제적으로 책임 있게 행동하는 잘 통치되는 국가들의 확산"이었다. 온정주의가 아니라 파트너십이라는 강조는 여전했지만, 또 자유의 보장이 내용에 들어 있기는 했지만, "민주적이고 잘 통치되는 국가"라는 정의에서 '민주적'이라는 표현 자체가 빠져버렸다. 라이스가 강조하는 변환의 구체적인 과제는 두 가지였다. 하나는 무역, 원조, 군사력 등 미국이 지닌 모든 힘을 통합적으로 사용하는 것이고, 다른 하나는 자신감의 회복이었다. 라이스에 따르면, 2007년의 미국은 100년 전 1907년의 미국처럼 자신의 국제적 위상의 변화에 따른 혼란, 정체성의 위기를 겪고 있었다. 차이라면 이번에는 그 변화가 부정적이라는 점이었다. 라이스는 중국이나 인도 등의 부상 등으로 이제 미국 세기가 끝나고 있는 것 아닌가 하는 우려가 존재함을 지적했다. 동시에 라이스는 인종차별을 극복한 자신의 성공 사례, 자신이 목격한 냉전 승리의 기초를 닦은 "현인들"의 비전, 그리고 20세기 초 루스벨트가 상징하는 역동적인 미국의 정신을 강조하며 자신감의 회복을 촉구했다(Rice, 2007).

2008년 대통령 선거를 앞두고 많은 미국인은 라이스에게 동의하지 않았다. 그들은 변환의 발목을 잡고 있는 것이 자신감을 결여한, 미국의 가치를 망각한, 미국의 빛나는 역사를 잊고 있는 자신들이라고 생각하지 않았다. 그들에게 미국의 가치를 망치고 미국의 몰락을 재촉하는 것은 바로 부시 정부였다. 부시의 실패를 단죄할 수 없고 이란이나 북한 등 그 무엇 하나라도 현실적 업적을 성취해야 하는 라이스로서는 인간의 오류 및 이상과 이익의 긴장을 강조하는 미국적 현실주의에 기댈 수밖에 없었다. 대선 운동의 조류는 반전과 이라크 조기 철군이었다. 라이스와 게이츠(Rice and Gates, 2008)는 이라크로부터 SOFA 합의를 이끌어내고 미군을 지속적으로 주둔시켜야 한다고 호소했다. 변환외교의 화려한 이념적 구호나 크래스너의 조직적 위선의 수사가 다 사라지고, 현실적 과제가 '맨몸'으로 등장한 것이다.

2년 만에 조지타운 대학을 다시 찾은 라이스는 변환외교의 성과가 아니라 미래의 과제를 논하겠다고 밝혔다. 변환외교에 대한 국무부 내부의 검토도 비판적인 터였다. 여기서 변환외교는 "민주적이고 잘 통치되는 국가"라는 정의를 되찾았다. 하지만 미국적 현실주의의 이상과 이익의 긴장 속에서였다. 그리고 대테러전쟁은 이념전쟁의 구호를 벗고 저항 세력 진압작전으로 설정되었다. 이 틀에서 민군 합동의 지역재건 팀이나 전후 국가 건설을 위한 민간 전문가의 투입이 강조되었다(Rice, 2008b). 라이스가 자신이 내세운 변환의 구호를 실용화하는 곡예를 연출해야 했다면, 게이츠에게는 그런 부담이 없었다. 그의 임무는 출발부터 럼스펠드의 군사 변환이 지니는 환상과 그에 따른 부작용을 치유하는 것이었다. 게이츠는 첨단무기에 의한 '충격과 공포'의 새로운 전쟁의 환상을 비판하고, 전쟁의 본연적인 비극과 전장의 불확실성을 강조하며, 이라크와 아프가니스탄에서 벌어진 비정규전의 현실에 대처하는 국방정책을 모색했다(Gates, 2008.9.29, 2009; Shanker, 2008.9.30).

2000년에 자신이 주창했던 공화당의 현실주의 외교정책(Rice, 2000)을 배경으로 부시 정부 8년의 외교정책을 회고하면서 라이스(Rice, 2008a)는 세력균형의 지속적인 중요성과 아프가니스탄이 증명하는 실패국가의 안보 위협이라는 새로운 도전을 지적했다. 라이스는 편리하게도 자신이 그동안 역설해왔던 9·11테러 이후 강대국 간 세력균형이 "자유에 유리한 세력균형"으로 대체되었다는 부시 정부의 주장을 "기억"하지 못했다. 하지만 라이스는 새로운 위협의 부상에 대해서는 대단히 솔직해졌다. 그는 새로운 안보 환경에서 민주적 국가 건설은 선택의 문제가 아니라 미국 안보의 필수적 과제이며 문제는 그 수단이라고 단언했다. 민주주의가 외부에서 강제될 수 없다는 (부시 정부의 이라크 정책에 대한) 비판을 인정하면서도 라이스는 이 '사실'이 중요한 것이 아니라, 민주적으로 선출된 정부가 지속적으로 지지받을 수 있도록 돕는 것이 중요하다고 지적했다. 즉, 민주주의의 확립 자체가 미국의 목표가 아니라 미국의 이익에 부합하는 통치를 하는 민주주의를 어떻게 만들 것이냐가 미국의 도전이라는 것이다. 그 해법으로 라이스는 "상호 책임에 기초한 장기적인 파트너십", 즉 크래스너의 계약을 제시하고, 이를 위해 미국이 정치, 경제, 외교, 군사 등의 모든 힘을 통합적으로 사용해야 한다고 강조했다.

4. 소결

애치슨은 라이스의 변환외교를 어떻게 평가할까? 아마도 그 과제가 창세기에 못지않다는 것에는 동의할 것이다. 민주주의와 안보, 개발과 외교의 통합은 대단히 정교한 프로그램과 실천적 지혜, 그리고 엄청난 행운에 의해서만 가능한 과제다. 게다가 변환외교의 정치적 환경은 열악했다. 대통령은 미국 민주주의의 본연적 덕성을 되뇌고, 부통령은 테러의 위협에 사로잡혀 물고문을 지시하고, 첨단무기의 환상을 믿는 국방장관은 국가 건설의 현장을 공습할 때, 국무장관이 '민주평화의 약속'을 실행할 여지는 별로 없었다. 라이스 자신에게도 변명의 여지는 없었다. 부시와 체니, 럼스펠드의 정책들은 국가안보보좌관으로서 라이스가 '조율'했던 것들이기 때문이다.

라이스의 변환외교는 곡예였다. 그 핵심은 부시가 외친 자유의 구호로 크래스너의 파트너십을 포장하는 것, 달리 말하면 반미로 치달을 수도 있는 민주주의와 미국이 원하는 통치를 확보하기 위한 개입 간의 긴장을 감추는 것이었다. 민주주의의 확산을 위한 '대담한 외교'로 출범한 변환외교는 하마스의 당선과 이라크 종파 갈등의 격화라는 재난을 겪으면서, 이후 인간의 오류 및 이상과 이익의 긴장을 변명하는 미국적 현실주의로 후퇴하며, 이라크와 아프가니스탄에서 SOFA를 중심으로 한 '상호 책임에 기초한 장기적인 파트너십'의 실체를 드러내고 말았다.

변환외교의 이러한 실패의 가장 큰 실천적 교훈은 교조적 이념의 부작용일 것이다. 변환외교는 결국 이라크 전쟁의 산물이다. 이라크 침공의 사후적 정당화가 민주주의였고, 중동 민주화와 이라크 전후 처리의 난관이 '대담한 외교'로서의 변환외교를 좌초시켰기 때문이다. 미국의 힘과 가치에 대한 부시의 교조적 이념이 이라크 침공의 결정적 원인이었다. 장관들이 대통령의 비현실적 이념 장단에 코드를 맞추면, 라이스에 대한 국무부 내부의 규탄이나 럼스펠드에 대한 장군들의 반란이 보여주는 것처럼, 가장 직접적인 피해는 관료 조직에게 돌아간다. 물론 전비에 따른 경제적 대가도 피할 수 없다. 즉, 국가의 역량 자체가 침식되는 것이다. 부시의 이라크 침공이 2008년 미국 경제의 실패에 얼마나 직접적인 영향을 주었는지는 논란의 여지가 있지만, 교조적 이념을 앞세워 미국의 국력을 소진한 책임 자체를 피하기는 어려울 것이다.

2008년 대선에서 공화당이 패배하면서 변환외교를 포함한 부시 외교 전반이 실패였다는 정치적 평결이 내려졌다. 하지만 변환외교의 과제의 승계는 별개 문제다. 부시의 극복을 위해 미국 외교의 시점을 설령 그의 선택이었던 이라크 침공 이전으로 돌려놓을 수 있다고 해도, 9·11테러 이전으로 돌릴 수는 없기 때문이다. 오바마 정부에서 비정규전을 강조한 게이츠의 유임이나 힐러리 국무장관이 제창한 안보를 위한 개발과 외교, 스마트 파워의 구호는 실패국가의 국가 건설이 미국 외교의 선택이 아니라 필수라는 라이스의 미국적 현실주의의 연장선상에 있다(Brooks, 2008.12.2; Sevastopulo, 2008.12.5; Sanger, 2009).

더 거시적인 시각에서 보자면, 변환외교의 핵심인 개입은 20세기 초반 제국으로 부상한 이래 미국 외교 본연의 과제다. 이 점에서 미국적 현실주의의 대변자로 루스벨트가 제시되는 것은 대단히 시사적이다. 루스벨트가 미국의 군사적 개입의 대상으로 정당화한 '만성적 악행'과 '무능'은 불량국가와 실패국가의 선구이며, 당시 미국의 필리핀 점령에서 현재 대테러전쟁의 선구라 할 반군 진압의 비정규전이 시작되었다. 루스벨트가 노골적인 제국적 지배를 정당화할 수 있었다면, 부시에게는 그러한 '사치'가 허용되지 않았다. 민주주의를 부르짖었지만, 제대로 (친미 지도자에게) 투표하는 법을 가르치기 위해서 중남미 국가들에 대한 군사적 개입을 감행한 월슨의 '사치'도 부시에게는 허락되지 않았다. 현실적인 힘의 한계도 있지만, 제2차 세계대전 이후 주권 규범이 지구화된 상태에서는 주권 규범을 완전히 무시할 수 없었기 때문이다. 조직적 위선은 미국 외교의 숙명이고, 변환외교는 그 최근의 시도일 뿐이다.

5

오바마의 전쟁
대침체와 대테러전쟁의 해체

오늘날 미국은 유례없는 군사적 힘과 거대한 경제적·정치적 영향력의 지위를 누리고 있다.

★ 부시, 2002년 「국가안보전략 보고서」 서문 중.

우리는 미국의 쇄신renewal과 지구적 리더십의 전략, 즉 미국의 힘과 영향력의 토대를 재건하는 전략을 추구해야 한다.

★ 오바마, 2010년 「국가안보전략 보고서」 서문 중.

1. 서론: 대침체와 미국 패권의 재건축

미국 패권의 시각에서 보면 21세기의 첫 10년은 '잃어버린 10년'이다. 1999년의 미국 국가안보전략 보고서는 새로운 세기 미국 패권의 경쟁자를 찾지 못했고(The White House, 1999; 이혜정, 2000), 2000년 11월 미국 대선의 최대 쟁점은 예산 흑자의 사용처였다. 공화당의 부시 후보는 대규모 감세를 통한 시장 자율의 경제성장을, 민주당의 앨 고어Al Gore 후보는 복지의 확충과 친환경에너지 개발을 위한 재정 투자를 주장했다. 선거 결과는 플로리다 주의 재검표를 둘러싼 법정 논란 끝에 12월이 되어서야 가려졌다. 일반 유권자 득표에서는 뒤졌지만 선거인단 득표에서 앞선 부시의 승리였다(Wilentz, 2008). 2001년 1월 대외적으로 현실주의, 대내적으로 온정적 보수주의의 기치를 내걸고 부시 정부가 출범했다. 같은 달 의회예산국CBO은 회계연도 2000년의 흑자 2360억 달러가 2010년에는 8000억 달러로 증가할 것이라 전망했다(그림 5-1 참조)(Congressional Budget Office, 2010; Leonhardt, 2009.6.10).

이러한 전망은 실현되지 않았다. 2010년 미국의 예산 적자는 1조 3000억 달러 이상으로 추산되고 실업률은 10%에 육박했다(그림 5-2 참조). 10년 전 예산 흑자분의 사용처를 놓고 다투던 정치권은 2010년 중간선거에서 경제위기의 책임과 해법에 대한 공방을 벌였다. 그사이 9·11테러 이후 기존의 국제법체계를 무시하고 군사적 일방주의에 의존해 추진되던 부시 정부의 대테러전쟁은 한계에 부딪혔다. 무엇보다도 '충격과 공포'의 첨단무기체계는 아프가니스탄의 탈레반 정권과 이라크의 후세인 정권을 신속하게 붕괴시켰지만, 반란 세력을 진압하고 실패국가를 재건하는 데는 무력했다. 이라크 전후 처리 과정에서 대테

그림 5-1 **미국 정부 예산(흑자, 적자) 변화(2000~2010년)** (10억 달러)

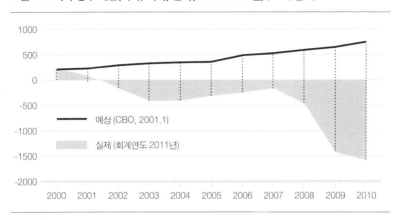

자료: Congressional Budget Office(2010); Office of Management and Budget(2010).

그림 5-2 **미국의 실업률(2008년 1월~2010년 9월)** (%)

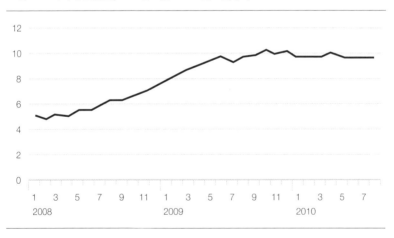

자료: U.S. Department of Labor(2010).

러전쟁의 실제 임무는 대반란counterinsurgency작전과 국가 건설로 변질되었다(Boyle, 2010; Cronin, 2010). 미국의 경제적·군사적 동원 부담은 커졌고, 자원병 체제 유지와 전쟁에 대한 국내의 정치적 지지 확보가 어려워졌다. 미국이 이라크 전쟁에 집중하는 사이 알카에다는 근거지를 파키스탄 접경으로 옮겼고, 아프가니스탄의 탈레반은 부활했다. 2008년 월가의 금융위기는 미국을 "구제금융 국가"(Ritholtz, Fleckenstein and Task, 2010)로 만들며, 전 세계적인 경제위기를 촉발했다. 미국발 세계 경제위기 속에서 러시아의 부활과 중국의 부상은 가속화되고 미국식 자본주의와 지구화, 달러화의 기축통화 지위 및 미국 패권의 지속에 대한 믿음은 도전받고 있다(Altman, 2009; Burrow and Harris, 2009; Helleiner and Kirshner, 2009; Bremmer, 2010).

경제위기는 '담대한 희망'(Obama, 2008)을 기치로 집권한 오바마 정부에, 경제 재건에 집중하고 미국 패권의 과업을 축소하면서도 미국의 영향력을 유지하는 미국 패권의 '재건축' 과제를 안겨주었다. 2010년 5월에 발표된 오바마 정부의 국가안보전략 보고서가 "미국의 쇄신과 지구적 리더십"을 미국 패권의 최우선 과제로 설정한 것은 바로 그 때문이다(The White House, 2010). 여기에 담긴 패권전략은 크게 두 가지로 나누어볼 수 있다. 하나는 기존 부시 정부의 지구적·이념적 대테러전쟁을 알카에다와 그 동맹을 "분열·해체·격퇴disrupt-dismantle-defeat"하는 전쟁으로 축소·해체한 것이다. 다른 하나는 동맹 및 신흥 세력, 그리고 다자적 협력 아키텍처의 삼중구조를 지닌 새로운 외교 노선으로, 이는 힐러리 클린턴 국무장관의 설명을 빌리자면, 기존의 직접적인 힘의 행사에서 벗어난 "간접적인 힘과 영향력의 좀 더 세련되면서도 어려운 조합"이다(Clinton, 2010).

미국의 대테러전쟁에 대한 기술적·정책적 분석(조성권, 2009; 이헌경, 2006; 신유섭, 2003)이나 오바마 정부의 대외정책에 대한 전망(김재관, 2009; 이상현, 2009; 마상윤, 2010; 채규철, 2010)은 다수 존재하지만, 9·11 테러 이후 부시 독트린의 역사적 맥락에서 오바마 정부의 국가안보전략 보고서를 본격적으로 분석(간략한 소개는 이상현, 2010)한 사례는 전무하다. 이러한 연구의 공백은 국가안보전략의 전반적 조망에서 미국의 한반도 정책이 결정된다는 실천적 차원은 물론, 미국 패권의 이해가 제2차 세계대전 이후 국제관계 연구의 주요한 주제였고, 특히 탈냉전기 미국 패권 이해의 초점이 부시 정부의 대테러전쟁이었다는 학술적 차원에서도 시급히 극복되어야 할 과제다.

이 장은 미국 패권의 '잃어버린 10년'이 되어버린 21세기 첫 10년의 역사적 맥락에서 오바마 정부의 패권전략을 분석하려는 시도의 일환으로, 오바마 정부의 새로운 전쟁에 초점을 맞춘다. 이 장은 기존의 부시 정부의 지구적·이념적 대테러전쟁이 알카에다에 대한 전쟁으로 축소·해체되는 경로와 논리 및 그 문제점을, 오바마 대통령과 게이츠 국방장관 등 최고 정책결정자 수준의 국가안보와 군사전략 문건, 그리고 담론의 분석을 중심으로 검토한다. 우선 2절에서는 국가안보전략 보고서를 중심으로 부시 독트린이 2010년 오바마 정부의 새로운 전쟁과 외교 노선으로 진화하는 과정을 개관한다. 이 과정을 좀 더 구체적으로 문건과 담론을 통해 추적하고 증명하는 것이 이 장의 기본 구성이다. 3절은 부시 정부에서 유임된 게이츠 국방장관의 역할에 주목해, 미국의 군사전략의 강조점이 군사 변환에서 대반란작전으로 옮겨가는 과정을 추적한다. 4절은 오바마 정부의 새로운 전쟁 담론이 출범 초기에는 안보와 가치의 조화를, 2009년 12월의 아프가니스탄 증파 결정에서는 안보와 경제의 균형을 추구하다가 2010년 들어서는 안보와 경제 중 후자를 강조하는, 즉 아프가니스탄 전쟁보다 미국 자체의 경제 재건과 국가 건설을 우선하는 방향으로 변화하는 과정을 분석한다.

2. 역사적 개관: 9·11테러 이후 미국의 국가안보전략

9·11테러 이후 미국의 전반적인 국가안보전략 및 대테러전쟁의 진화 는 2003년의 이라크 전쟁과 2008년의 경제위기 및 대선에서 오바마의 승리를 분기점으로, 크게 세 단계로 나누어볼 수 있다.

2001년 9·11테러에서 2003년 5월 초 이라크 군사작전 완료 선언 까지 첫 번째 단계에서 부시 정부는 미국 예외주의와 군사적 일방주의 의 부시 독트린(LaFeber, 2002; Zelikow, 2003)을 확립하고 군사 변환 (Rumsfeld, 2001.9.27, 2002)을 통한 첨단무기체계로 아프가니스탄의 탈 레반 정권과 이라크의 후세인 정권을 붕괴시켰다.

두 번째 단계는 이라크 전후 처리 과정에서 부시 정부의 대외정책 목표가 민주주의 전파로 확대되고 대테러전쟁의 군사적인 성격보다 장 기적인 이념전쟁의 성격이 강조되며(Gaddis, 2005; Gordon, 2006), 실제 임무가 대반란작전과 국가 건설 기획으로 확대되는 시기다(Krasner and Pascule, 2005; Fukuyama, 2006; Karl, 2007; Rice, 2008a; Cornish, 2009). 2004년 대선에서 부시의 재선이 대외정책 목표를 확대하고 전쟁 성격 을 재규정하는 계기가 되었다면, 2006년 중간선거에서 공화당의 패배 와 초당파적인 이라크 연구그룹의 보고서(Baker and Hamilton, 2006), 그 리고 럼스펠드에서 게이츠로의 국방장관 교체는 실제 대테러작전의 변

표 5-1 **21세기 미국 국가안보전략의 변화**

	부시 정부 1기(2002년)	부시 정부 2기(2006년)	오바마 정부(2010년)
역사적 배경	9·11테러	이라크 전쟁	미국발 세계경제위기
전략의 기조	자유의 방어·유지·확산	민주주의의 확산 및 방어	미국 쇄신과 지구적 리더십
위협 인식	재앙적 테러	실패국가	과대 팽창, 미국 경제위기
전쟁의 규정	대테러전쟁, 예방전쟁	장기적인 이념전쟁	알카에다 및 그 연계 세력과의 전쟁
외교의 과제	자유에 유리한 세력균형	국가 건설을 위한 변환외교	협력의 아키텍처

자료: The White House(2002, 2006, 2010).

화를 가져온 주요한 계기가 되었다(Woodward, 2008).

　세 번째 단계는 오바마 정부의 출범 이후부터 2010년까지다. 이 시기의 가장 중요한 안보정책의 변화는 전임 부시 정부의 지구적이고 이념적인 대테러전쟁을 알카에다에 대한 전쟁으로 축소시킨 것, 구체적으로는 이라크에서의 종전과 아프가니스탄 증파다. 2009년 12월 1일, 오바마는 군부가 요구한 4만 명 대신 3만 명을 아프가니스탄에 증파하고 2010년 7월에 철수할 것을 확정한 제한적인 확전 정책을 발표했다. 이는 고육지책이었다. 오바마 정부 입장에서 아프가니스탄의 현실은 곤혹스럽기만 했다. 알카에다의 주력은 파키스탄에 있고, 아프가니스탄과 파키스탄 양국의 정권은 모두 부패하고 무능했다. 또한 이들 정권은 (전자는 이란과의 연계, 후자는 인도와의 경쟁으로) 미국의 이해와는 독자적인 지역적인 이해관계를 지니고 있다. 파키스탄의 알카에다에 대한 미국의 대테러작전은 무인기 공격을 주된 수단으로 했는데, 이에 따른 민간인 피해와 주권 침해 문제는 미국과 파키스탄 간 갈등의 주된 요인이 되었다. 아프가니스탄의 탈레반에 대한 미국의 대반란작전은 사담 후세인 정권의 붕괴 이후 소수파로 전락한 수니파 민병대를 동원해 알카에다를 축출했던 이라크에서의 경험에 근거한다. 그러나 아프가니스탄의 강력한 반외세 분위기 속에서 미국 및 카르자이 정권에 협력할 소수파를 동원하는 것은 쉽지 않았다. 또한 대반란작전의 성공은 궁극적으로 민심의 지원을 얻는 데 달렸고, 이는 다시 국가 건설의 문제로 귀결된다. 하지만 미국 자체의 경제위기로 해외에서 대규모의 국가 건설을 추진하는 데는 엄연한 한계가 존재했다. 오바마의 제한적인 아프가니스탄 증파 결정은 자원의 제한, 즉 미국 자체의 국가 건설의 우선순위를 내세워 군부의 집요한 대규모 증파 요구를 무릅쓴 것이지만(Woodward, 2010), 알카에다와 탈레반, 대테러전쟁과 대반란작전, 그리고 미국 자체의 국가 건설과 아프가니스탄 및 파키스탄에서의 국가 건설 지원의 요구를 어떻게 조화시킬 것인가 하는 전략적 난제들은 해결되지 않았다(Boyle, 2010).

경제위기는 오바마 정부가 부시의 지구적인 대테러전쟁을 알카에다와 그 연계 세력과의 전쟁으로 축소·해체하려는 근본적인 이유다. 2010년 오바마 정부의 국가안보전략은 안보, 번영, 가치, 국제질서 등 네 가지를 국익의 구체적인 내용으로 설정했다. 이는 미국의 경제적·도덕적 힘이 미국의 전쟁(안보)과 외교(국제질서)의 영향력을 뒷받침한다는, 국제정치학의 용어를 빌리자면 내적인 균형internal balancing에 초점을 둔 전략적 구상이다. 전임 부시 정부의 경제적 실패는 번영이라는 국익의 강조에, 기존의 국제법 및 미국법 체계를 무시한 부시 정부의 도덕적 실패는 미국적이고 보편적인 가치의 실현과 주장에 대한 강조에 반영되었다. 오바마 정부가 주창하는 도덕적 전범의 힘power of example 은 부시 정부의 군사 변환에 대한 강조, 즉 '충격과 공포'의 군사력 시위 example of power와 현격한 대조를 이룬다.

부시 정부는 제2의 9·11테러가 대량살상무기를 동원하는 것, 즉 재앙적 테러의 위협을 미국의 최대 안보 위협으로 설정했다. 이러한 진단에는 오바마 정부도 동의한다. 하지만 그에 대한 부시와 오바마 정부의 처방은 전혀 다르다. 부시 정부는 집권 1기에는 절대안보의 논리를 내세워 예방전쟁의 권리를 주창하고 그를 위한 군사력의 확충, 즉 군사변환을 추구했으며, 집권 2기에는 재앙적 테러의 발진기지가 될 위험이 있는 실패국가에서의 국가 건설을 그 처방으로 규정했다(Krasner and Pascule, 2005; Rice, 2008a; 이혜정, 2009). 이에 반해 오바마 정부는 핵무기의 역할 감소와 궁극적으로 핵 없는 세계의 실현, 다자적 협력을 통한 핵물질의 안전 확보nuclear security summit, 비확산체제 강화, 북한과 이란의 핵문제 해결 등을 재앙적 테러의 해법으로 제시했다.

이러한 차이가 발생하는 근본적인 이유는 경제위기에 직면한 오바마 정부가 안보의 위협과 군사력의 효용에 대해 부시 정부와는 확연히 다른 인식을 가졌기 때문이다. 오바마 정부의 국가안보전략의 대전제는 21세기의 지구화가 배태한 복합적 위협의 환경에서 "그 어느 국가도, 아무리 강력한 국가라 할지라도 혼자서 지구적 도전을 감당할 수 없다"라는 미국의 힘의 한계에 대한 인식이다(The White House, 2010: 1). 이러한 인식은 '미국의 힘의 원천wellspring'인 경제의 재건이 미국의 지구적 리더십을 지키는 기반이며, 미국이 군사력의 지구적 투사 능력을 지닌 유일한 국가이기는 하지만 군사력의 과도한 사용은 경제적 부담을 가중시키고 리더십을 군사적 영역으로 제한하며, 무엇보다 미국의 적들이 원하는 과도 팽창을 초래한다는 경고로 이어졌다. 한편 테러의 위협은 여러 초국가적 위협의 하나로 규정되며, 모든 위협을 예방하는 절대안보는 불가능하다는, 다음과 같은 충격적인 고백이 뒤따른다.

"우리는 모든 위협을 억지하거나 예방할 수는 없을 것이라는 점을 인정한다"(The White House, 2010: 18).

예방이 불가능하면 본토 방위와 국가안보의 통합, 국가와 시민사회의 협력 등을 통한 위협에 대한 대응과 복구가 중요해진다. 즉, 경제 재건의 논리가 안보의 위협 인식과 그 처방 역시 규정해, 미국의 과도 팽창이 최대의 안보 위협으로 설정되었고, 복원력resilience의 향상이 안보정책의 핵심 과제가 된 것이다.

3. 게이츠의 균형전략

국방장관 게이츠는 부시 정부에서 유일하게 유임된 인물로, 부시 정부의 대테러전쟁이 오바마 정부의 알카에다에 대한 전쟁으로 축소되는 과정에서 주요한 역할을 했다. 부시 정부 1기의 대테러전쟁의 특징은 다음의 세 가지로 파악할 수 있다. 첫째는 이념적으로 미국을 문명의 보편적 기준이자 절대적 선으로, 테러조직과 그 모든 후원 세력을 야만이자 악으로 규정하는 미국 예외주의(Krebs and Lobasz, 2007)이고, 둘째는 군사적으로 군사 변환에 의존하는 절대안보와 예방전쟁이며, 셋째는 외교적으로 기존의 동맹이나 국제제도를 대테러전쟁의 논리에 복속시키는 일방주의다. 부시 정부 2기에서는 이념적으로는 민주주의 확산의 구호와 이라크에서의 군사적 수단에 의한 정권 교체의 사례 때문에 미국 예외주의 및 그에 대한 반발이 더욱 강화(Russett, 2005)된 반면에, 군사적으로는 대테러전쟁의 실제 임무에서 군사 변환을 포기하는 변화가 발생했고, 외교의 제한적인 부활도 시도되었다고 평가할 수 있다

(Gordon, 2006).

이러한 변화는 부시 정부 2기의 국무장관 라이스와 더불어 게이츠가 주도한 것이다(Gates, 2008.9.29; Rice and Gates, 2008.2.13). 게이츠의 개혁은 2008년의 국방전략과 2010년의 4개년 국방검토QDR에 균형전략으로 명문화되며(U.S. Department of Defense, 2008, 2010a), 오바마 정부에도 승계되었다. 그의 균형전략은 다음의 세 가지 현실 인식에 기초한다. 첫째로, 미국 본토에 대한 실제적인 테러 위협은 반란 세력과 실패국가에서 유래한다.

둘째로, 군사 변환의 '미국식 전쟁'이나 군사력만으로는 대테러전쟁의 실상이자 미국이 냉전 시기 내내 개입해온 현실적인 전쟁인 "폭력적 극단주의와 온건주의 세력의 장기적이며 전 세계적인 비정규전"에서 승리할 수 없다. 기술에 의한 손쉬운 전쟁은 없다는, 군사 변환에 대한 게이츠의 비판은 신랄하다.

> 군사력이 이룰 수 있는 바에 대해서, 기술이 이룰 수 있는 바에 대해서 겸손한 태도를 가져라. …… 전쟁의 심리적·문화적·정치적·인간적 측면들은 필연적으로 비극적이고 비효율적이며 불확실하다는 점을 결코 간과하지 말라. 그렇지 않다고 하는 시스템 분석, 컴퓨터 모델, 게임 이론이나 독트린을 회의하라. 전쟁에 따르는 필연적인 피해를 불식시켜 우리의 군대와 무구한 민간인의 희생 없이 적을 죽일 수 있다고 하는 이상화되고 승리주의에 도취된, 혹은 미국 중심적인 미래의 전쟁 전망을 의심하라(Gates, 2008.9.29).

2008년 국방전략(U.S. Department of Defense, 2008: 8)에 따르면, 비

정규전의 승리는 궁극적으로 테러분자를 제거하는 미국의 군사력이 아니라 지역주민의 지지를 얻을 수 있는 현지 정치 세력의 치안과 통치 능력에 달려 있다. 이런 인식을 배경으로 육군의 대반란작전 교범이 새롭게 작성되었고(Karl, 2007), 이라크에서는 현지 주민을 보호하고 그들의 마음hearts and mind을 얻기 위한, 거점의 '확보·방어·건설clear-hold-build' 전략이 추진되었다.

셋째로, 게이츠 균형전략은 자원병 체제의 한계 및 미래의 위협과 첨단무기체계에 투자하는 국방부의 관료적 타성 때문에, 미국이 자국의 현실적인 전쟁인 비정규전과 대반란작전을 효과적으로 수행할 능력을 갖추고 있지 못하다는 현실 인식에 기반을 둔다. 게이츠는 2010년 4개년 국방검토QDR가 실제 전쟁을 국방부의 예산과 전략의 초점으로 삼는 최초의 '전쟁 QDR'라고 주장했다. 이는 두 가지 점에서 매우 충격적인 주장이다. 하나는 미국이 2001년 10월 아프가니스탄 공격 이후 지속적으로 전쟁을 수행하고 있다는 점이고, 다른 하나는 이 주장이 다른 이도 아닌 미국의 국방장관, 그것도 2007년 이후 계속해서 국방장관을 맡은 게이츠에게서 나왔다는 점이다.

게이츠의 QDR는 '재균형rebalancing'을 기치로 내걸었다. 그 내용은 현재의 급박한 과제와 미래의 가능성이 높은 위협에 대한 대비에 중점을 두고, 이 두 가지 과제의 균형을 도모하는 것이다. 이에 따라 잠재적 경쟁자들의 군비 경쟁 의지를 아예 꺾어버리거나 이들의 전략 형성에 직접 영향을 미치겠다는, 첨단무기 투자를 주요 수단으로 미래의 위협을 예방하는 기존의 야심찬 목표 대신에, 오늘의 비정규 전쟁에서 승리하고 미군의 현실적인 인력 수급 문제를 해결하는 것이 최우선적 과제로 설정되었다. 또한 재앙적 테러와 같이 가능성은 낮지만 피해 규모는

표 5-2 **21세기 미국 군사전략 변화**

	2001년	2006년	2010년
주요 전장	아프가니스탄	이라크	아프가니스탄, 파키스탄
전략 기조	능력 위주 전략 (절대안보와 군사 변환)	복합위협에 대응하는 변환	균형과 개혁
전략 목표	안보공약의 보장	테러조직 격퇴	오늘의 전쟁 승리
	군비 경쟁 단념시키기	본토 방위 강화	갈등의 예방과 억지
	공격과 강압의 억지	주요국 전략 형성	다양한 급변 사태 대비
	억지 실패 시 격퇴	WMD 확산 예방	자원병 체제 유지·강화

자료: U.S. Department of Defense(2001, 2006, 2010a).

파국적인 미래의 위험에서 (국지전의 동시적 발발이나 중국의 군사력 등에 의해) 지구와 우주, 사이버 공간에서 미국의 군사력 투사가 제한당하는 것과 같은 가능성 높은 미래의 위협에 대한 대비로 미국 군사전략의 초점이 옮겨졌다.

　이러한 재균형의 주장, 특히 미군의 자원병 체제 유지 자체를 군사전략의 목표로 설정한 점은, 미국의 이라크 침공 이후 학계에서 제기되었던 부시의 대테러전쟁의 지속 가능성이나 미국의 제국적 팽창의 능력 여부에 대한 논쟁에서 미국의 국내적 한계에 주목한 비관론(Nye, 2003; Jervis, 2005; Roberts, 2005; Buzan, 2006)을 확인해준다. 실천적 차원에서 보면, 게이츠의 재균형전략은 군사 변환의 환상에서는 벗어나 있지만 여전히 야심적이다. 2010년 QDR에 따르면, 오늘의 비정규 전쟁에서 승리하기 위해서는 미군의 대테러작전 능력 향상뿐 아니라 대반란작전과 안정화작전 능력 향상 및 파트너 국가의 안보 능력 강화가 필요한데, 이는 실제 미국의 장기적이고 막대한 지원이 요구되는 전면적인 국가 건설 기획과 구분이 어렵다. 예컨대, 아프가니스탄에서 탈레

그림 5-3 **2001~2015년 미국 국방비** (왼쪽은 10억 달러, 오른쪽은 %)

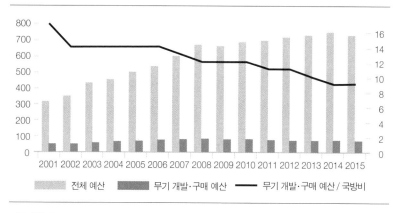

자료: U.S. Department of Defense(2010b: 3); Congressional Budget Office(2010).

반에 대한 미국의 대반란작전의 성공은 단순히 아프가니스탄의 카르자이 정부가 경찰과 군대를 지니고 있다고 가능한 것이 아니라, 궁극적으로 현지 주민이 카르자이 정부를 지지해야 가능한 것이었다. 또한 미래에 가능성이 높은 위협에 대한 대비로 초점이 옮겨지기는 했지만, 게이츠의 2010년 QDR는 여전히 미래의 다양한 위협에 대한 대비를 추진하고 있었다. 즉, 증가세가 완화되었을 뿐 국방비는 계속 증가했다(그림 5-3 참조). 당시 미국의 경제위기를 배경으로 보면, 게이츠가 추진한 재균형전략은 해외에서의 국가 건설과 미국 자체의 국가 건설의 현실적인 균형점을 마련하지는 못한 것이었다.

4. 오바마의 전쟁

대테러전쟁의 해체

"할 수 있다Yes, We Can!"라는 선거구호로 집권한 대통령을 기다리고 있던 현실은 결코 가볍지 않았다. 오바마 정부는 전임 부시 정부로부터 이라 크와 아프가니스탄 전쟁, 미국의 도덕적 권위의 훼손, 그리고 경제위기 를 넘겨받았다(Sanger, 2009). 이라크 전쟁에 대한 비판을 통해 초선의 상원의원이었던 오바마는 전국적 정치인으로 부상했다. 대선 운동에서 오바마의 핵심적인 대외정책 강령은 이라크 전쟁의 종결과 아프가니스 탄 전쟁에의 집중 그리고 미국의 도덕적 리더십의 회복이었다(Obama, 2007). 이라크에서 부시의 실패가 오바마의 정치적 부상을 가져왔다면, 부시의 경제적 실패는 오바마의 백악관 입성을 확정 지은 요인이며 이 후 오바마 정부의 정치적 생명을 위협한 요인이기도 하다.

출범 직후 오바마 정부의 노력은, 경제위기의 악화를 방지하는 것 과 더불어 이라크의 실패를 교정하는 데 집중되었다. 2009년 1월 취임 식 직후 아랍방송과의 대담으로 이슬람 세계와의 화해를 시작한 오바 마는 테러 용의자에 대한 고문 금지와 관타나모 수용소의 폐쇄를 명령 했고, 2월에는 이라크에서 종전 일정(2010년 8월 전투 사단 철수, 2011년 말에는 완전 철군)을 발표했으며, 3월에는 아프가니스탄과 파키스탄에서 알카에다를 분열·해체·격퇴하는 새로운 전쟁을 선포했다(Obama, 2009. 3.27). 이어 4월 프라하에서 핵 없는 세상의 목표를 천명하고, 5월에는 미국의 가치와 안보의 공존 및 전략적 자산으로서 미국의 도덕적 전범 을 강조하는 대국민 연설을 펼쳤고, 6월에는 이집트 카이로에서 이슬람 문명과의 공존과 대화를, 7월에는 모스크바에서 미국과 러시아 관계의 새로운 출발reset을 선언했다. 이렇듯 미국의 도덕적 리더십의 부활을 위한 "나는 부시가 아니다"라는 오바마의 선언은 숨 가쁘게 이어졌다.

오바마 정부의 안보정책은 전임 부시 정부의 지구적 대테러전쟁과 어떻게 다른가? 2009년 8월 6일 백악관의 국토방위 및 대테러 담당 보좌관 존 브레넌(Brennan, 2009)은 전략국제문제연구소Center for Strategic and International Studies에서의 강연에서 그 차이를 단기적·장기적 차원으로 나누어 설명했다. 단기적 차원의 대응은 9·11테러의 주역인 알카에다의 위협에 대응하는 것이다. 9·11테러와 전혀 관계없는 이라크에서의 전쟁에 집중했던 부시 정부와 달리, 오바마 정부는 아프가니스탄과 파키스탄 접경에 근거지를 둔 알카에다의 분열·해체·격퇴에 주력했다. 또한 오바마 정부는 첩보 능력과 핵물질 보안 및 본토 방위 능력을 강화했다.

브레넌에 따르면, 장기적 차원에서 폭력적 극단주의에 대한 대처가 부시와 오바마의 근본적 차이인데, 이는 다섯 가지로 살펴볼 수 있다. 첫째는 대테러전쟁의 기존 위상의 부정이다. 미국과 세계의 관계는 더 이상 미국이 반대하는 바나 테러의 공포에 의해서 정의되어서는 안 되고, 미국이 세계와 공유하는 기회와 자유 등의 가치에 의해 정의되어야 한다. 부시 정부는 테러와의 전쟁에서 중립을 허용하지 않고 대외원조나 민주주의 확산을 테러분자와의 투쟁의 수단으로만 사용했다. 이에 반해 전 세계적으로 다양하고 폭넓은 개입을 추구하는 오바마 정부에게 민주주의 확산이나 개발원조는 공통의 이익과 가치의 증진을 목적으로 하는 것이다. 둘째는 지구적 대테러전쟁의 폐기다. 테러는 공포의 상태이고 테러리즘은 특정한 목적을 달성하기 위한 수단으로, 이들은 전쟁의 대상이 될 수 없다. 미국은 9·11테러를 저지른 알카에다 및 알카에다의 폭력적 의제에 동조하는 극단주의 동맹들과의 전쟁을 수행하고 있다. 알카에다가 지구적 네트워크를 지니고는 있지만, 미국은 지구적 전쟁을 하고 있지 않다. 그런 담론은 알카에다의 위상을 높이고 미국이 전 세계와 전쟁 중이라는 그릇된 인상을 심어줄 뿐이다. 같은 논리로, 미국은 절대 이슬람의 고유한 정화 의식이자 도덕적 투쟁인 지하드의 수행자들이나 이슬람과의 전쟁을 하지 않는다. 셋째는 대반란작전의 필요성에 대한 인식이다. 테러분자들은 폭력적 극단주의를 통해 지속적으로 충원될 수 있다. 폭력적 극단주의의 배경이 되는 정치적·경제적·사회적 '원류upstreams'를 다루는 포괄적 접근이 필요하며, 이라크와 아프가니스탄에서의 대반란작전은 극단주의에 대처하는 데도 유용하다. 넷째, 극단주의의 '원류'를 해결하는 궁극적 방안은 군사적인 것이 아니라 치안의 확보, 교육과 직업의 제공 등을 통해 일반 주민의 기본적 필요와 정당한 불만을 해소하는 정치적·경제적·사회적 접근이다. 다섯째, 극단주의의 '원류'를 해결하기 위해서는 미국의 다양한 힘을 통합적으로 사용해야 한다.

정리하면 브레넌의 주장은 두 가지다. 하나는 오바마 정부가 부시 정부의 이념적이고 지구적인 대테러전쟁을 알카에다(그리고 그 동맹)에 대한 전쟁으로 축소·해체했다는 것이고, 다른 하나는 알카에다에 대한 전쟁이 극단주의에 대한 대반란작전과 긴밀히 연관되어 있다는 것이다. 전자는 테러에 대한 전쟁은 불가능하다는 부시 독트린에 대한 본질적인 비판(Tilly, 2004)을 확인해준다. 후자는 본질적으로 부시 정부 2기에 이라크에서 시행되었던 대반란작전과 국가 건설 기획의 연장선에 있으며, 그 핵심은 통합적인 접근을 통해 극단주의의 '원류'를, 즉 폭력을 배태하는 절망이나 치욕, 분노를 순화할 수 있는 미래의 희망을 제공하는 것이었다. 그 수단으로 군사 및 경제원조와 함께 제시된 것이, 미국이 민주주의와 법치의 모범을 보이는 동시에 "다양한 힘을 동원해 해결될 것 같지 않은 문제들이나 정당한 불만들이 외교와 대화, 민주적 과정을 통해 해소될 수 있음을 증명하는 것"이었다. 구체적으로 오바마 정부가 극단주의의 '원류'를 해소할 희망의 사례로 기대하고 지원했던 것은 아프가니스탄의 민주적 선거와 파키스탄 민주주의의 안정화, 국가적 단합을 도모하는 이라크의 선거, 팔레스타인과 이스라엘 두 국가 체제의 평화 정착이었다.

아프가니스탄 전쟁의 딜레마

브레넌의 연설 2주 후 2009년 8월 20일 아프가니스탄에서 대선이 실시되었다. 카르자이 정권은 조직적이고 광범위한 부정선거를 자행했다. 국내외적인 논란 속에서 11월 20일, 카르자이는 대통령으로 재취임했다. 극단주의의 '원류'를 "외교와 대화, 민주적 과정"을 통해 해결하려 했던 오바마 정부의 희망은 사라지고, 아프가니스탄에서 군사 임무의 목적과 수단, 전망에 대한 지루하고 고통스러운 검토가 시작되었다.

　정책 대립의 대치선은 부통령 조 바이든Joe Biden을 필두로 하는 백악관의 국가안보팀과 2007년 이라크 증파에서 대반란작전을 설계하고 지휘한 중부사령관 데이비드 퍼트레이어스David Petraeus, 그리고 아프가니스탄 사령관 스탠리 매크리스털Stanley McChrystal이 주도하는 군부 사이에 형성되었다. 백악관 안보팀은 무인기 공격과 비밀공작을 통해 파키스탄의 알카에다 소탕에 집중하는 '분열·해체·격퇴'의 대테러작전을, 군부의 현장 사령관들은 아프가니스탄의 탈레반 세력으로부터 주민을 보호하고 국가기능을 재건하기 위한 거점을 '확보·방어·건설clear-hold-build'하는 대반란작전을 주장했다. 대테러작전에 필요한 병력의 추가 소요는 2만 명 수준이었지만, 대반란작전을 아프가니스탄 전역에서 실시하려면 10만 명에 가까운 병력의 증파, 주요 인구 거점 지역에서 실시하더라도 4만 명의 증파와 (주민 40~50명당 최소 한 명의 군이나 경찰이 필요하다는 대반란작전의 교범에 따라) 40만 명 규모의 아프가니스탄 보안군 양성이 필요하다고 군부는 주장했다. 바이든은 탈레반이 아프가니스탄에서 득세하더라도 파키스탄으로 본거지를 옮긴 알카에다가 군이 아프가니스탄으로 돌아올 이유가 없다고 주장하면서 군부의 대반란작전과 병력 소요 추산을 비판했고, 오바마는 미국의 경제위기로 아프가니스탄에서 대규모 대반란작전과 국가 건설 기획을 위한 '부시식 올인 'all in' Bush model'은 불가능하다고 천명했다(Woodward, 2010: 321). 그럼에도 군부는 최소한 4만 명의 증파가 필요하다는 주장을 굽히지 않았다.

본질적인 문제는 대반란작전이든 대테러작전이든 성공의 전망이 어둡다는 것이었다. 9월의 아프가니스탄 정책 검토 회의에서 오바마는 다음과 같은 핵심적인 질문을 던졌다고 한다. 자원의 제한을 고려할 때 아프가니스탄 증파의 기회비용은 무엇인가? 미국 본토의 안전을 지키기 위해 알카에다를 격퇴하는 것이 궁극적인 목표인데, 이를 위해 아프가니스탄 내전에서 반드시 승리해야 하는가? 또 아프가니스탄 내전의 승리가 꼭 필요해서 그것을 위해 병력을 증파하더라도, 부패한 카르자이 정권과 손잡고 어떻게 승리할 수 있는가? 탈레반과의 대반란작전을 위해 아프가니스탄에 병력을 증파하더라도 (카르자이 정권의 인도와의 유착과 인도와의 경쟁 때문에 정보당국을 통해서 탈레반을 지원해왔다는 의혹을 받고 있는) 파키스탄이 탈레반에 대한 공격에 나설 것인가? 만약 대테러작전을 위해 소수의 지상군만을 동원한다면, 알카에다 지도부 공격에 필수적인 첩보와 정보는 어떻게 얻을 수 있는가? 3월에 알카에다에 대한 '분열·해체·격퇴' 전략을 밝힐 때, 기존 군부의 요청이었던 1만 7000명의 증파를 승인했고, 그에 따라 1년 후인 2010년 3월에 아프가니스탄 상황을 점검하기로 했는데, 왜 벌써 병력을 더 달라고 하는가? 이러한 질문에 아무도 대답하지 못했다고 한다(Woodward, 2010: 167~168).

오바마 자신도 마찬가지였다. 3만 명의 병력을 증파하고 18개월 이후 (2010년 7월) 철수를 시작한다는 오바마의 아프가니스탄 증파 결정은 대테러작전과 대반란작전, 아프가니스탄에서의 전쟁과 미국의 국가건설 요구 사이의 절충에 불과했다. 2009년 12월 1일, 미국 육군사관학교(웨스트포인트West Point)에서의 연설에서 오바마는 알카에다의 분열·해체·격퇴라는 목표 아래 아프가니스탄 증파의 목적을 다음의 세 가지로 밝혔다. 첫째는 알카에다가 아프가니스탄에 근거지safe heaven를 갖지 못하게 하는 것이고, 둘째는 아프가니스탄에서 탈레반의 기세를 꺾어 정부의 전복을 위협하지 못하게 하는 것이며, 셋째는 아프가니스탄 보안군과 정부의 능력을 향상시켜 아프가니스탄의 미래를 책임지게 하는 것이다. 이를 위한 수단 역시 군사전략, 민간전략, 지역전략 등 세 가지로 제시되었다. 군사전략으로는 탈레반의 세력 확장을 저지하고 아프가니스탄 보안군을 양성하며, 민간전략으로는 아프가니스탄 정부의 부패를 척결하고 온건 탈레반과의 화해를 도모하며 정부 기능을 향상시켜 아프가니스탄 주민들이 미국을 정복자가 아닌 미래 개척의 협력자로 인식하게 하는 것이다. 그리고 지역전략을 통해 상호 이익과 존중 및 신뢰에 근거해 파키스탄과의 장기적인 파트너십을 형성한다는 구상이다. 이어서 오바마는 자신의 제한적 증파 정책에 대한 세 가지 비판을 소개하고 각각을 반박하며 자신의 결정을 정당화했다. 첫째, 아프가니스탄은 베트남이 아니다. 미국에 대한 국제적 지원과 아프가니스탄 내부의 저항의 정도도 다르고, 무엇보다 아프가니스탄 전쟁은 9·11테러에 대한 미국의 정당한 대응이라는 점이 다르다. 알카에다의 위협이 분명한데 아프가니스탄을 또 다른 베트남으로 보고 아프가니스탄에서 즉각 철수하자는 주장은 무책임하다. 둘째, 현재의 개입 정도를 유지하자는 주장은 아프가니스탄에서 탈레반의 세력 확장을 방조해 결국 미국의 자원을 더욱 소모하게 할 뿐이다. 셋째, 아프가니스탄에서 무제한적인 국가 건설을 주장하며 철군 개시 일정의 확정에 반대하는 것은 아프가니스탄 정부에 책임을 다하도록 압박하는 효과를 인식하지 못하고, 특히 "지난 몇 년간 미국의 안보와 경제의 연관을 파악하지 못한" 관성에 빠져서 미국 자체의 국가 건설 필요를 제대로 인식하지 못한 소치다. 이라크 전쟁을 끝내고 아프가니스탄에서 점진적인 철군을 진행하면서 미국의 경제를 재건해야 한다. 경제적 번영이 군사력과 외교, 미국의 경쟁력과 국제질서 수립의 기반이다. "이것이 아프가니스탄 증파가 무제한적일 수 없는 이유다. 내가 가장 관심을 갖는 국가 건설은 바로 미국의 국가 건설이다"(Obama, 2009.12.1).

이러한 목적과 수단, 정당화의 논리는 대단히 체계적이지만, 희망사항을 열거한 것이나 다름없었다. 게이츠(Gates, 2009.12.3, 2010)가 의회에서 설명했듯이 아프가니스탄 증파 작전의 실체는 '확보·방어·재건·전환clear-hold-build-transfer'이다. 대테러작전보다는 대반란작전에, 그리고 궁극적으로 미국의 철수에 전략의 무게중심이 놓여 있었다. 군사작전의 성공 전망도 불투명하지만, 파키스탄에 본거지를 둔 알카에다의 격퇴라는 궁극적인 목적을 달성하기 위해, 아프가니스탄에서 탈레반을 어느 정도까지 공격해야 하는지, 다시 말해 탈레반을 분열·해체·격퇴

할지 아니면 감퇴degrade시킬지, 과연 아프가니스탄에서 미국의 성공의 잣대는 무엇인지(Biddle, Christia and Thier, 2010) 등의 문제는 여전했다. 또한 더욱 본질적으로 카르자이 정권의 부패와 무능을 고려할 때 '전환'의 대상이 과연 있는지도 회의적이었다. 나토 동맹국 중 미국의 노선을 가장 충실히 지원한 영국의 경우(Cornish and Dorman, 2009)를 보더라도, 경제위기 속에서 군사전략과 민간전략이 요구하는 국제사회의 지원은 충분히 확보되기 어렵다. 철군 일정의 확정은 탈레반에게는 시간이 자신의 편이라는 확신을 심어주고, 카르자이 정부와 파키스탄에는 미국과 장기적인 파트너십을 맺을 동기를 저하시키는 효과가 있다. 아프가니스탄의 시각에서 보면 현재 미국과의 전쟁은 제국들과의 오랜 전쟁의 최신판일 뿐이다. 파키스탄의 입장에서 보면 미국이 파키스탄의 (인도 견제를 위한) 핵개발을 반대하다가 9·11테러 이후에는 독재자 페르베즈 무샤라프Pervaiz Musharraf를 지원하더니, 이제는 다시 파키스탄 민주주의의 불안정성을 비난하고 (중국 견제를 위해) 인도와의 관계를 강화하면서 동시에 파키스탄의 협력을 요구하는 것은 모순이었다. 오바마가 희망한 상호 이익과 존중, 신뢰에 의한 파트너십은 미국의 편리한 망각United States of Amnesia 없이는 불가능한 주장이었다(Philpott and Mutimer, 2009).

경제위기와 미국 패권

2009년에서 2010년으로 넘어가는 겨울은 오바마의 '담대한 희망'이 현실의 한계에 직면하게 된 시련의 시간이었다(Brzezinski, 2010; Serfaty, 2010). 부시의 퇴장과 미국 최초의 흑인 대통령의 탄생에 유럽은 환호했고, 이는 오바마의 2009년 노벨 평화상 수상으로 이어졌다. 하지만

'부시가 아닌' 오바마는 12월의 노벨 평화상 시상식에서 아프가니스탄 전쟁의 정당성을 밝혔고, 그의 연설 도중 청중의 박수는 거의 없었다. 한편 11월 텍사스 주의 미군 기지에서는 이슬람계 정신과 군의관이 동료 미군들에게 무차별 사격을 가하는 사건이 발생해 중동에서 전쟁으로 인한 미군의 정신적 상흔의 깊이를 비극적으로 증명했다. 또한 12월 크리스마스 전날에는 예멘에서 훈련을 받은 나이지리아인에 의한 비행기 폭탄 테러 시도가 있었다. 이 사건을 비롯해 미국 국적의 자생적 테러리스트들에 의한 일련의 테러 미수 사건들은 기존의 전형을 벗어난 새로운 테러의 위협을 경고했다(Benjamin, 2010).

예멘과 북아프리카의 알카에다, 그리고 미국 본토의 자생적 테러리스트들에 이르기까지 테러의 위협이 분산되어 나타나며 대테러정책에서 아프가니스탄의 중요성을 상대적으로 희석시키는 가운데, 아프가니스탄의 카르자이 정권은 2010년 1월의 아프가니스탄 지원 국제회의에서 아프가니스탄의 재건이 장기적 과제라고 강조해 오바마의 조기 철군 희망에 찬물을 끼얹었다. 카르자이 정권이 미국과 국제사회의 부패 척결 요구를 적극적으로 수용하지 않고, 오바마 정부의 대외정책에서 제1의 공적이라고 할 수 있는 이란과의 관계를 더욱 강화하면서, 아프가니스탄에서 과연 '전환'의 대상이 있는가 하는 회의는 깊어만 갔다. 미국의 전통적인 동맹인 이스라엘의 '배반'도 심각했다. 이스라엘은 가자지구에 대한 봉쇄와 서안의 정착촌 건설을 강행하며, 오바마 정부가 중동에서 반미 극단주의자 충원의 제1의 요인으로 지목하며 아프가니스탄에서 미국의 돈과 생명의 희생을 막기 위한 전제조건이라고까지 강조한 팔레스타인과의 중동 평화안의 진전을 가로막았다. 아프가니스탄과 이스라엘이 과연 미국의 동맹이냐는 불만이 터져 나오는 가운데, 유럽과

그림 5-4 **유럽 주요 국가 반미 성향 경향(2002~2010년)** (%)

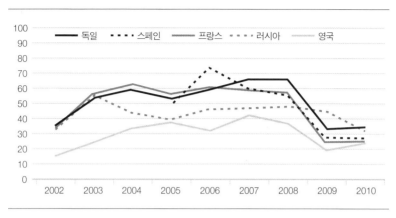

자료: Pew Research Center(2010); Gallup(2010a).

그림 5-5 **중동 국가 반미 성향 경향(2002~2010년)** (%)

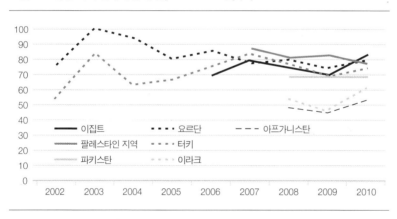

자료: Pew Research Center(2010); Gallup(2010b).

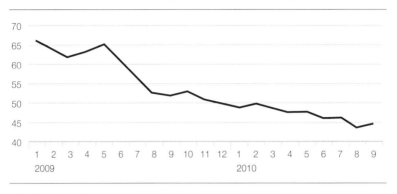

그림 5-6 **오바마 대통령 지지율 변화(2009년 1월~2010년 9월)** (%)

자료: Gallup(2010c).

중동에서는 오바마 취임 이후 급속하게 감소했던 반미 여론이 다시 고개를 들었고, 중남미에서 미국에 대한 기대도 식어갔다(이성형, 2010).

출범 첫해 오바마 정부의 안보정책 제1의 현안이 아프가니스탄 중파 결정이었다면, 국내정치 제1의 의제는 건강보험 개혁이었다. 그런데 이는 해를 넘겨 2010년 3월에서야 입법에 성공할 수 있었다. 대공황 이후 최악의 경기 침체와 장기적인 실업 위기 속에서, 부시의 유제인 월가에 대한 구제금융에 이은 오바마 정부의 경기부양책, 그리고 건강보험 개혁은 작은 정부의 기치를 내세운 티파티 운동이 주도하는 민중주의적 저항에 직면했다. 급기야 민주당 진보의 상징인 에드워드 케네디Edward Moore Kennedy 상원의원의 사망에 따른 2010년 1월 매사추세츠 상원 보궐선거에서는 티파티의 지원을 얻은 공화당 후보가 승리하면서 상원에서 민주당의 절대다수 60석이 무너졌다. 건강보험은 20세기 초반 진보주의 시대부터 주창되어온 것이다. 하지만 2010년 3월의 역사적인 건강보험 개혁 입법은 높은 실업률과 예산 적자에 대한 우려, 그리고 정부 역할 확대에 대한 반발 속에서 오바마에 대한 지지율을 50% 아래로 끌어내렸다.

오바마 정부의 정치적 생명과 미국 패권의 운명은 경제 재건에 달렸고, 국내의 정치경제적 위기가 깊어지면서 오바마 정부의 대외정책의 강조점은 새로운 전쟁의 규정에서 경제 재건으로 옮겨졌다. 2009년 3월, 오바마는 알카에다의 분열·해체·격퇴 전략을 발표하면서, 미국의 경제적 어려움을 지적하면서도 파키스탄에 대한 원조가 미국의 안보를 위한 투자downpayment임을 강조했다(Obama, 2009.3.27). 12월 1일 미국 육군사관학교에서 아프가니스탄 증파 결정을 정당화하는 오바마의 입장은 아프가니스탄에서의 현상을 방치하는 것과 무제한적인 국가 건설을 모두 부정하는 것, 달리 말하면 아프가니스탄 증파와 미국의 국가 건설을 균형적으로 강조하는 것이었다(Obama, 2009.12.1). 2010년 5월 미국 육군사관학교 졸업식 연설에서 오바마는 미국이 치른 이라크와 아프가니스탄 전쟁 "너머 미래의 지평horizon beyond"에 주목할 것을 강조했다.

> 그 이유는 파괴가 목적인 테러분자와 달리 우리의 미래는 우리가 건설하는 바에 따라 정의될 것이기 때문이다. 우리는 미래의 지평을 봐야 하고 그곳에 도달하기 위해 국가 쇄신national renewal과 지구적 리더십의 전략을 추구해야 한다. 우리는 미국의 힘과 영향력의 원천을 건설하고 더욱 평화롭고 번영된 세계를 형성해야 한다(Obama, 2010.5.22).

9·11테러 이후 2002년부터 계속해서 미국 육군사관학교 졸업식 연설은 대통령이 맡아왔고, 2002년 부시의 연설은 그해 9월의 국가안

보전략 보고서에 부시 독트린으로 명문화되었다. 2010년 5월 22일 오바마의 연설은 곧(5월 27일) 발표될 국가안보전략을 소개하는 자리였고, 그 역사적 배경이 부시 독트린이라면 현재의 문맥은 사관생도들이 임관해 파견될 아프가니스탄 전쟁이었다. 이날 연설에서 오바마의 아프가니스탄에 대한 직접적인 언급은 지난 12월의 증파 결정과 현재 미국이 아프가니스탄에서 "어려운tough 전쟁"에 직면하고 있다는 데 그쳤다. 오바마의 연설은 전쟁 '너머'를 건설하기 위한 "미국 쇄신과 지구적 리더십" 전략에 초점을 맞췄다. 그 내용은 미국의 경제 재건, 미국과 세계의 이익을 실현하는 국제질서, 보편적 가치의 주창과 실현 등 세 가지로 제시되었다. 경제 재건과 관련된 내용은 교육, 청정clean 에너지, 과학과 기술 등에 대한 투자를 통해 미국 경쟁력의 핵심인 혁신innovation 능력을 확보하는 것인데, 이는 2002년 부시의 국가안보전략 보고서 (The White House, 2002)가 미국의 유례없는 힘과 영향력을 전제로 했던 점과는 극명한 대조를 이룬다.

현재의 국제체제가 불완전하지만 그 안에서 국제적 협력을 조정 steering할 때만 미국의 대외정책이 성공적이었다는 오바마의 지적은 부시 독트린의 일방주의에 대한 전면적인 부정이었다. 미국이 추구한 국제질서의 내용은 폭력적 극단주의, 대량살상무기, 기후변화, 지속적 성장 등과 같은 인류 공동의 과제에 대한 해법이다. 이러한 국제질서를 수립하기 위해서 미국의 폭넓은 개입이 필수적인데, 그 수단으로는 동맹의 활용, 신흥세력emerging centers of influence의 통제, 그리고 국제규범과 제도의 창출이 제시되었다. 경제위기는 오바마 국가안보전략의 제1의 목표인 경제 재건과 제2의 목표인 국제질서의 수립과 관리를 매개하는 연결고리 역할을 한다. 오바마에 따르면, 국제질서 실현의 부담을 미국이 전담할 수는 없고, 미국의 적들은 미국이 과대 팽창을 통해서 힘을 소진하기를 바라고 있으며, 제2차 세계대전과 냉전 승리의 역사적 교훈은 미국이 다른 강대국을 포함해 국제사회의 힘을 조직해낸 것이다. 한편 테러의 위협은 국제질서와 보편적 가치의 주창과 실현을 매개한다. 즉, 테러의 위협은 단기간에 군사적으로 제압되지 않기 때문에 테러분자들이 목적으로 하는 공포와 분열을 극복하고, 보편적이기도 한 미국의 가치들을 전 세계적으로 주창하며, 미국이 자신의 가치들을 직접 체현함으로써 대안적 미래 전망을 제공하는 것이 중요하다는 것이다.

> 그래서 우리 안보를 위한 전략의 근본적인 토대의 하나는 우리의 건국이념을 구성하고 있는 보편적 권리들을 지원하는 것이어야 한다. 또한 우리는 이들 이념을 증진할 것이다. 그 수단은 무엇보다 우리가 이들 이념을 몸소 실천living하는 것이다. 비록 우리가 공격을 받고 전쟁 중일 때라도 이들 이념을 실천하는 것이 어려울 때라도 말이다(Obama, 2010.5.22).

오바마에 이어 브레넌이 5월 26일 국가안보전략 보고서의 설명과 선전에 나섰다. 물론 그의 직책인 본토 방위와 대테러정책의 시각에서였고, 2009년 8월 오바마 정부의 대테러정책을 설명했던 전략국제문제연구소에서의 강연을 통해서였다. 테러나 이슬람에 대한 지구적·이념적 전쟁이 아니라 알카에다와 그 동맹에 집중하는 전쟁을 진행해왔고, 장기적인 차원에서 폭력적 극단주의의 모태가 되는 정치적·경제적·사회적 환경의 개선을 위해 미국의 힘을 통합적으로 사용하고 있다는 설명이 있었지만, 2010년 5월 브레넌의 강연은 2009년 8월의 강연과 달리 장기적인 차원에서 극단주의에 대한 대응에 초점이 있지 않았다. 이번 강연의 주제는 오바마 정부의 국가안보전략이 경제 재건, 복원력, 가치의 세 가지 수단을 통해 본토의 안전을 제고하고 있다는 것이었다. 브레넌은 9·11테러에 대한 미국의 과도한 대응 문제에서 시작해, 알카에다가 "미국을 과대 팽창시키고 군사적·재정적·심리적으로 고갈시키려 한다"라고 적시하고, 또한 미국이 본토의 자생적 극단주의자들에 의한 새로운 테러 위험에 직면하고 있다고 지적했다. 이러한 새로운 위협 인식은 오바마 정부의 (본토 방위, 국가안보, 사이버 공간, 연방·주·지방 정부 차원의) 통합적인 대책에 대한 소개에 이어 모든 위협을 막을 수는 없다는, 절대안보의 부정으로 이어진다. "우리는 우리 자신에게 솔직해야 한다. 아무리 강력한 국가라 할지라도 모든 위협을 예방할 수는 없다." 이러한 취약성의 인정은 미국을 미국이 아닌 것으로 만드는 것이 알카에다의 궁극적인 목적이라는 지적을 통해, 미국은 테러분자들이 원하는 대로 공포에 빠지거나 과잉 대응을 하는 대신에 복원력을 갖추고 미국의 가치에 충실해야 한다는 주장으로 귀결된다(Brennan, 2010).

5. 소결

2008년 이후 미국은 대공황 이래 최악의 경제위기를 겪었다. 오바마 정부의 화두는 경제 재건뿐 아니라 안보 측면의 복원력이었다. 이는 미국의 유례없는 힘과 영향력을 전제로 했던 부시 독트린과 극단적인 대조를 이룬다. 부시 독트린은 미국의 가치를 보편적인 문명의 기준으로 규정했고, 이를 미국이 이미 체현한 것으로 전제했으며, 미국(그리고 그 가치)에 대한 그 어떤 위협도 예방한다는 절대안보의 논리에 따라 예방전쟁과 무력적 정권 교체를 불사했다. 이에 반해 힘의 한계를 절감한 오바마 정부는 기존의 지구적·이념적 대테러전쟁을 알카에다에 대한 전쟁으로 축소·해체하고, 절대안보 논리 대신 경제 재건과 복원 능력 향상을 주장하며, 군사적 일방주의 대신 미국의 도덕적 위신 회복을 주창했다. 부시 독트린이 미국의 가치에 군사적 일방주의의 안보를 복속시킨 반면에, 오바마 정부의 국가안보전략은 안보와 가치, 안보와 경제의 조화를 추구했는데, 그 강조점은 점점 경제로 기울었다.

오바마의 새로운 전쟁은 성공할 것인가? 미국의 경제 재건과 도덕적 위신의 회복은 가능할 것인가? 미국의 국가 건설을 우선하면서 지구적 리더십을 유지할 수 있을 것인가? 두 가지 전망이 가능할 것이다. 하나는 현재의 경제위기 국면에서 중국의 부상이 두드러지지만 단기적인 차원에서 그리고 국가들 간의 상대적 힘의 차원에서 보면, 여전히 미국이 상대적 힘의 우위를 지닌다는 것이다. 다른 하나는 아프가니스탄 전쟁이나 실업의 극복 등 미국의 구체적인 과업 측면에서 보면 오바마 정부의 성공 전망이 그리 밝지 않았다는 것이다.

2010년 오바마 정부는 사면초가였다. 우선 미국의 적들로부터의 위협과 함께 동맹의 '배반'도 여전했다. 미국 본토의 자생적 극단주의의 테러 위협은 물론, 최근의 예멘발 소포 테러 미수 사건이 보여주듯 아라비아반도에서 알카에다의 영향력은 미국에 대한 다양한 위협의 존재를 증명하는 동시에 아프가니스탄 전쟁의 중요성에 대한 회의를 제기했다. 이스라엘은 정착촌 건설 문제로 팔레스타인과의 평화협상을 가로막고, 이라크의 민주주의는 종파 갈등으로 3월의 총선 이후 정부 구성에 실패했으며, 아프가니스탄의 카르자이 정부는 9월의 총선에서도 부정을 자행하고 이란으로부터의 자금 수수를 공공연히 인정했다.

한편, 2010년 오바마의 인도네시아와 호주 순방 계획은 3월에는 건강보험 개혁, 6월에는 멕시코만 원유 유출 사고로 두 번이나 연기되었고, 7월 말 게이츠의 QDR에 대한 평가위원회는 해군력을 중심으로 한 미국의 하드파워의 심각한 취약성을 경고하고 나섰다(Quadrennial Defense Review Independent Panel, 2010). 8월 말 오바마는 미국의 국가 건설 필요성을 강조하면서 이라크에서 전투사단의 철군을 발표했다. 이에 대해 진보 측은 정부가 경제문제에 집중하지 않고 이라크 전쟁의 오류와 비극을 호도한다고 비판했고(Rich, 2010.9.4), 보수 측은 예멘의 알카에다 등에 대처하는 제대로 된 대테러정책을 내놓지 않은 채 중간선거를 앞두고 안보를 국내 경제에 복속시키고 있다고 비판했다(Krauthammer, 2010.9.3). 즉, 국내 문제가 대외정책의 발목을 잡고 있는데다 군사력의 운용에 대한 합의가 존재하지 않은 것이다.

국내적 분열은 미국 재건의 방안에 대해서 특히 첨예했고, 그 정치적 경쟁의 장은 2010년 11월의 중간선거였다. 공화당은 63석을 더 획득함으로써 72석을 더 획득했던 1938년 중간선거 이래 최대의 약진을 기록하며 하원에서 다수당의 지위를 되찾았고, 상원에서도 의석을 늘렸다. 선거 다음 날 기자회견에서 오바마는 지난 대선의 구호였던 단결(United States of America)과 집권 이후의 최대 과제이자 구호인 복원력을 다시 강조했다. 하지만 이러한 구호가 현실화될 전망은 밝지 않다. 1938년 선거 이후 공화당과 민주당 보수파가 의회를 장악했고, 대공황의 극복은 결국 제2차 세계대전의 특수에 의해 이루어졌다. 2010년 중간선거 이후 공화당이 장악한 의회에서 초당파적 협력의 가능성은 지극히 낮고 제2차 세계대전처럼 전쟁 특수를 기대할 수도 없다.

6

오바마의 한계

미국의 자본주의·민주주의·패권의 삼중 위기

지금 어떤 이들은 우리의 야망이 너무 큰 것은 아닌지, 미국 체제에서 과연 그렇게 크고 많은 계획들이 실현 가능한지 의문을 제기하고 있습니다.

우리의 선조들이 두 세기에 걸쳐 건설해놓은 정부를 파괴하지 마시오.

우리는 그 어떤 국가도 지속적인 전쟁 상태에서 자유를 보존할 수 없다는 제임스 매디슨의 경고를 귀담아들어야 합니다.

1. 서론: 담대한 희망 대 역사

2009년 1월 대통령 취임 연설에서 오바마는 미국 패권의 총체적 위기를 세 가지로 진단했다. 첫째는 '폭력과 증오'의 네트워크와의 전쟁(아프가니스탄과 이라크에서의 전쟁)이고, 둘째는 대침체Great Recession로 불리는 대공황 이후 최악의 경제위기이며, 셋째는 미국의 쇠퇴가 불가피하다는 자신감의 위기, 즉 미국은 인류 보편의 이념에 입각해서 항상 위대한 성취를 이루어왔다는 미국 예외주의에 대한 믿음의 위기였다. 오바마에게 미국의 '섭리'는 자유와 평등, 행복 추구의 보편적 권리였고, 미국의 역사적 성공은 보통 사람들의 헌신에 의한 것이었으며, 경제위기는 보통 사람들에게까지 번진 저금리 시대의 '빚잔치' 탐욕과 소수 지배층의 무책임으로 지속적 성장의 기반을 닦지 못한 미국 사회 전체의 실패의 산물이었다. 따라서 필요한 것은 고용 창출을 넘어 인프라 건설, 대체에너지 개발, 교육과 과학기술에 대한 투자, 건강보험 개혁 등의 광범위한 노력이었다. 오바마는 "이 모든 것을 우리는 할 수 있고, 할 것"이라고 다짐했다(Obama, 2009.1.20).

오바마는 미국 예외주의의 이름으로 "미국의 안전과 미국의 가치 중 양자택일"도 거부했다. 그에 따르면, 미국의 건국자들은 당시의 불안한 안보 상황에서도 법치와 정의의 이념을 헌법에 구현했으며, 파시즘과 사회주의와의 투쟁에서 미국이 승리할 수 있었던 것은 단지 강한 군사력 때문이 아니라 힘의 합리적이고 신중한 사용, 동맹과의 협력, 미국적 가치의 올바름이 함께 있었기 때문이었다. 그는 이러한 신조에 입각해서 이라크와 아프가니스탄에서의 평화 건설과 미국의 철군, 핵무기 폐기, 이슬람 세계와의 상호 존중, 민주주의와 인권의 옹호, 인도주의적 지원 등을 추구하는 새로운 평화와 협력의 대외정책을 천명했다. 또한 국내적으로 새로운 경제적 성장의 기반을 조성하는 것과 국제적으로 새로운 평화의 시대를 여는 것은 미국과 미국 시민에게 주어진 역사적 과업이며, 이를 수행하는 "새로운 책임의 시대"를 열어나가자고 주창하면서 취임사를 끝맺었다(Obama, 2009.1.20).

그러나 오바마의 "담대한 희망"(Obama, 2008)이 추구한 '새로운 책임의 시대'는 오지 않았다. 부시 정부 임기 말의 구제금융과 오바마 취임 직후의 재정지출 확대 입법(The American Reinvestment and Recovery Act of 2009)은 분명 미국 경제의 끝없는 추락을 방지했고, 2010년의 건강보험 개혁과 월가에 대한 규제 입법은 사회복지(Hacker, 2010)와 금융개혁(Carpenter, 2010)에서 역사적인 성취라고 할 수 있지만, 그에 대한 정치적 평결은 2010년 중간선거에서의 민주당의 대패였다. 월가에 대한 구제금융은 실시된 반면 일반 국민의 실업률은 떨어지지 않고 재정적자는 악화되는 상황에서, 오바마 정부의 경제정책에 대한 반발은 좌우의 이념적 양극단에서 월가 점령과 티파티 운동으로 분출되었다. 한편 기존의 민주당 핵심 지지자들과 무당파 역시 당파적 정책을 초당파적 수사로 밀어붙이는 오바마의 리더십에 실망했다(Jacobson, 2011a, 2011b; Skocpol and Jacobs, 2012).

2010년 중간선거 이후, 티파티 세력에게 좌우되는 공화당이 하원을 장악하면서 오바마가 희망한 '새로운 책임의 시대'의 국내정치적 가능성은 완전히 봉쇄되었다. 건강보험 입법의 철폐를 위한 티파티의 공세는 정부 부채 상한과 예산 입법을 볼모로 줄기차게 진행되었다. 이에 따라 2011년 8월에는 사상 최초로 미국 정부의 신용등급이 하락했고, 11월에는 의회의 상하 양원 특별위원회가 장기적인 재정 적자 삭감안에 합의하는 데 실패했다. 그 결과 2013년부터 예산의 일률적인 자동 삭감인 시퀘스터가 시행되기 시작했고(Heniff, Rybicki and Mahan, 2011), 2013년 10월에는 연방정부가 폐쇄되기에 이르렀다.

오바마 정부는 중산층 복원을 미국적 전통과 장기적 성장의 기반으로 설정하는 한편, 이민법 개정, 환경보호 강화, 양성 임금 평등, 최저임금 인상 등 정파적 프로그램을 강화하면서 2012년의 대선을 버텨냈다. 오바마는 2013년 10월의 연방정부 폐쇄 이후에는 공화당의 무책임성에 대한 정치적 공세를 강화하며, 대침체의 극복이 평균적인 미국인의 소득 향상으로 이어지지 않는 경제적 불평등의 문제에 더욱 집중하기 시작했다(Obama, 2013.12.4). 그는 2014년 국정 연설에서 2014년을 경제적 기회의 확대와 신분 상승의 유동성 제고를 위한 "행동의 해"로 설정하고, 이를 위해 더 이상 의회의 협력을 기다리지 않고 독자적으로 행동할 것임을 천명했다(Obama, 2014.1.28). 또한 오바마 정부는 행정명령과 법안 서명식 등을 통해 당파적 리더십을 강화했고, 비판자들은 대통령에 대한 탄핵 의지로 맞섰다(Hunt, 2014.8.10).

경제위기가 정치위기로 증폭되면서 미국의 가치에 부합하는 새로운 평화와 협력의 대외정책 수립을 위한 국내 정치경제적 기반도 마련되지 않았다. 오바마의 핵심적인 대외정책은 이라크와 아프가니스탄에서의 조기 철군을 통해 미국 재건에 집중하고, 군사력을 아시아로 전환배치한다는 것이었다. 2011년 5월 오사마 빈 라덴 사살 및 그해 말 이라크에서의 철군 결정과 더불어, 11월에는 아시아로 군사력과 외교력의 초점을 옮기는 아시아 회귀 정책이 발표되었다. 하지만 바로 그해 11월에 미 의회가 장기적인 예산 감축안 합의에 실패하면서 예고된 시퀘스터는 국방비 삭감이라는 미국의 새롭고 치명적인 안보 위협을 야기했다. 즉, 2012년 초에 발표된 미 국방부의 새로운 국방태세 보고서(U.S. Department of Defense, 2012)는 재정적 기반이 전혀 마련되지 않은 것이었다.

국내 정치경제적 기반이 부재한 상황에서 오바마 정부의 대외 관계는 위기에 빠졌다. 2013년 여름, 독일 앙겔라 메르켈 총리의 휴대폰까지 도청한 미국의 전 지구적 첩보 수집 사실이 폭로되었다. 또한 미국이 이집트의 군부 쿠데타를 인정하고, 시리아 아사드 정권의 화학무기 사용에 따른 군사적 개입 결정을 러시아와의 외교적 중재에 따라 최종적으로 철회함으로써, 오바마 정부가 과연 안보와 가치를 조화시킨 새로운 대외정책을 지니고 있는지, '후방 리더십leadership from behind'이 과연 리더십인지, 오바마 정부가 국제적 리더십을 완전히 포기한 것은 아닌가 하는 비판이 쏟아졌다. 또한 2013년 10월 오바마의 아시아 순방이 연방정부 폐쇄로 무산되면서 아시아 재균형 정책의 외교적 노력이 국내정치의 볼모가 되는 난관이 발생하기도 했다.

오바마 정부의 대외정책은 2014년 더욱 치명적인 위기에 봉착했다. 우크라이나 내전을 배경으로 러시아는 크림반도를 합병하고, 이스라엘은 가자를 침공했으며, 수니파 무장단체 '이슬람국가Islamic State in Syria and Iraq: ISIS'는 이라크와 시리아에서 거점을 확장하면서 미국 재건과 아시아 재균형 정책의 전제라고 할 수 있는 유럽과 중동의 안정이 깨져 버렸다(Mead, 2014). 2014년 1월 국정 연설(Obama, 2014.1.28)에서 "영구적 전쟁상태"의 해체를 역설했던 오바마는 이슬람국가가 점령 지역을 확장하고 미국인 인질들을 참수하자 이슬람국가에 대한 이라크와 시리아 지역에서의 공습을 승인했다(Obama, 2014.8.1, 2014.8.7). 지상군의 개입을 배제하기는 했지만, 오바마는 공습만으로는 이슬람국가에 대해 완벽한 승리를 거두는 것이 불가능하다는 점을 분명히 했고, 비공식적으로는 이로 인해 미국의 차기, 더 나아가서는 그다음 대통령까지 이라크에서 전쟁을 해야 할지도 모른다고 언급했다(Baker, 2014.9.15). 이라크 전쟁의 종식이 (진행 중인 이란과의 핵 협상을 제외하면) 오바마 정부의 거의 유일한 대외정책의 성취였는데, 그마저도 사라져버린 것이다. 동유럽과 중동, 아시아의 세 개의 전선이 경합하면서, 오바마 정부의 대외정책의 수사와 현실적인 재정적·군사적 기반의 간극은 더욱 벌어지고 말았다. 그로 인한 난맥상은 4년마다 발표되는 국가안보전략보고서의 발표가 두 번이나 연기되어 기한을 넘긴 2015년 2월에 간신히 발표되었다는 데서 극명하게 드러난다(Sanger, 2014.9.5; The White House, 2015).

이처럼 오바마는 자신의 '담대한 희망'을 실현하는 데 실패해왔다. 그 이유는 무엇인가? 이 장은 오바마의 정치·경제·외교의 삼중 위기에 대한 종합적·역사적·구조적 설명을 통해 미국이 직면한 위기의 실체를 규명하고, 그 위기가 왜 잘 극복되지 않고 있는지를 밝히고자 한다. 대침체의 경제위기가 티파티가 부상한 배경이고, 티파티의 부상은 다시 정치적 양극화의 심화와 시퀘스터의 대외정책의 장애로 이어진 것처럼, 정치·경제·외교의 삼중 위기는 긴밀하게 연관되어 있다. 미국의 관련 연구는 각 분야의 위기를 정교하게 다루고 있지만, 삼중 위기에 대한 복합적 조명은 상대적으로 소홀하다. 이는 자본주의와 민주주의, 미국 패권을 전체적으로 조명하는 분석틀의 문제이기도 하고, 연방정부의 폐쇄나 이라크에 대한 군사적 개입의 재개 등이 아주 최근의 일이기 때문에 본격적인 학술적 연구들이 생산될 수 있는 시간적 여유가 없었기 때문이기도 하다. 한국 정치학계의 관련 연구는 이러한 한계에 더하여 전반적으로 연구의 축적이 부족하고 분야별로 불균형적이다. 티파티의 부상과 정치적 양극화에 대해서는 몇몇 선구적 연구들(유성진·정진민, 2011; 유성진, 2012; 손병권, 2013; 김준석, 2014)이 있는 반면에, 미국 정치학계가 집중적으로 조명한 경제적 불평등(최근의 대표적인 예로는 Gilens and Page, 2014)에 대한 연구는 거의 전무한 형편이다(최준영, 2013). 한국 정치학계의 관심은 경제위기의 국제정치적·학제적·동아시아적 함의에 대한 일련의 연구(이승주, 2011; 이왕휘, 2012; 정하용, 2013)를 제외하면, 오바마 정부의 아시아 정책에 대한 정책적 논의에 집중되어 있는데(이수형, 2013), 미국 외교 전반에 대한 체계적인 이론적 분석이나 아시아 정책의 현실적·재정적 근거를 치밀하게 분석한 경우는 많지 않다(대표적인 예외는 김치욱, 2013).

오바마의 삼중 위기에 대한 이 장의 내용은 기존 연구의 공백을 보완하면서 미국이 직면한 위기의 이해를 증진하는 데 주된 목적을 두지만, 미국 패권의 미래를 전망하는 데에도 시사점을 제공할 수 있다. 미국 패권의 제도적·이념적 장치가 갖는 장점을 강조하는 연구자들의 경우에도 현재 진행 중인 미국 내부의 정치경제적 문제에 대해서는 특별한 주의와 우려를 나타낸다(Ikenberry, 2009, 2014; Zakaria, 2013). 대표적으로 커헤인(Keohane, 2012)은 미국 정치의 불안정성을 강조하며 미국 패권의 미래에 대한 전망을 아예 포기해야 한다고 지적하기도 했다. 이 장에서 수행하는 삼중 위기의 심층적 고찰은 미국 패권의 현재적 한계를 드러냄과 더불어 미래의 전망도 밝지는 않다는 함의를 제시한다.

이 장은 기존 연구가 아직 제대로 담아내지 못했던 당시의 상황, 특히 집권 2기 오바마의 삼중 위기의 연계와 악화에 주목하면서 각 위기에 대한 기존 국내외 연구를 역사적·구조적 비교의 관점에서 종합하고

자 한다. 2절에서는 오바마가 대침체에 대한 뉴딜과 같은 성공적인 해법을 찾지 못한 이유를 대침체와 대공황의 비교, 1960년대 사회복지 프로그램의 역사적 유제, 1990년대 주택정책과 파생상품에 대한 탈규제 등에서 찾는다. 3절에서는 연방정부 폐쇄의 선례인 1990년대보다 악화된 현재의 정치적 양극화를 확인하고, 오바마가 추구했던 초당파적 리더십과 '통합된 미국'이 실패한 원인을 고찰한다. 4절에서는 경제와 정치, 크게 보면 미국 자본주의와 민주주의의 위기가 미국의 국제적 리더십 혹은 패권에 미치는 영향을 각기 뉴딜의 내장된 자유주의embedded liberalism(Ruggie, 1982)를 대체하는 대안의 제도화가 가능한지를 중심으로 살펴보고, 1950년대와 1970년대 개입의 일정한 축소를 지향했던 아이젠하워 및 닉슨의 시도와 오바마 대외정책 사이의 비교 및 부시 정부의 대테러전쟁의 유제를 통해서 논의한다. 마지막으로 소결에서는 이 장에서 고찰한 삼중 위기를 요약하고 미국 패권의 미래 및 동아시아 안보와 관련된 함의를 간략히 제시한다.

2. 미국 자본주의의 위기

미국의 약속

대침체는 공식적으로는 2007년 12월에 시작해서 2009년 6월에 끝났다. 그 시작은 부동산 시장의 거품이 꺼지면서 발생한 서브프라임 모기지 사태였다. 주택 가격이 하락하고 비우량주택담보대출의 연체·압류가 확산되자, 주택금융 관련 파생상품의 가치도 하락하고 그에 집중 투자한 금융기관들은 신용위기에 몰렸다. 부시 정부는 2008년 초, 파산

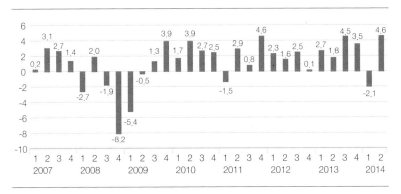

그림 6-1 **2007~2014년 미국의 분기별 경제성장률** (직전 분기 대비, %)

자료: U.S. Bureau of Economic Analysis(2014).

위기에 몰린 투자은행 베어스턴스Bear Stearns의 매각에 개입하고 연방금
융공사 패니메이Fannie Mae와 프레디맥Freddie Mac에 공적 자금을 투입했
다. 하지만 부시 정부는 리먼 브라더스Lehman Brothers의 구제에 나서지
않았다. 2008년 9월 15일 리먼 브라더스가 파산하면서 신용경색이 발
생해 금융시장이 붕괴했다. 부시 정부가 뒤늦게 구제금융 입법Troubled
Asset Relief Program에 나섰지만, 미국발 금융위기는 전 지구적으로, 그리고
실물경제로 빠르게 확산되었다. 2008년 4분기 미국 경제의 위축은 예
상(-3.8%)을 훨씬 뛰어넘는 말 그대로 추락의 수준(-8.2%)으로, 이는 분
기별 예측이 가장 크게 어긋난 사례로 기록된다(Executive Office of the
President, 2012: 25; 그림 6-1 참고).

　　오바마에게 대침체는 단순히 불황이나 고용의 문제가 아니었다.
그것은 대침체로 사라진, 중산층의 물질적 안정에 대한 '미국의 약속'의
문제였다. "누구나 열심히 일하면 가족을 부양하고 집을 갖고 아이들을
대학에 보내고 약간의 노후 은퇴 자금을 모을 수 있다"라는 "미국 경제

의 근본적인 교리"를 현실로 만드는 것이 그가 추구한 시대적 과제였다 (Executive Office of the President, 2012: 3). 취임 직후에는 미국 경제의 추락을 방지하는 것이 급선무였다. 한 달 안에 경제 재건을 위한 재정 지출 확대American Reinvestment and Recovery Act를 입법화하고, 부시 정부가 시작한 월가에 대한 구제금융을 시행했다. 누구나 구제금융을 '증오'하는 줄 알지만 이를 시행하지 않으면 실업률은 두 배가 될 것이기 때문이었다(Obama, 2010.1.27).

재정지출 확대 직후, 2009년 3분기부터 미국 경제의 추락은 멈췄다. 2009년 최악의 상황을 면하고 나자 2010년 오바마는 중산층의 안정에 가장 필요하다고 판단한 건강보험 개혁Patient Protection and Affordable Care Act과 월가에 대한 개혁Dodd-Frank, Wall Street Reform and Consumer Protection Act에 나섰다. 이러한 개혁은 기존 이해관계자들의 다양하고 전면적이며 심각한 저항에 직면했다. 건강보험 개혁은 티파티 운동의 강력한 저항에 직면했고, 결국 입법 과정에서 단 한 표의 공화당 지지도 받지 못했다. 도드-프랭크 법안의 경우에는 월가의 로비로 인해 그 구체적인 규제 내용이 월가의 이해에 따라서 결정되어버렸다(Carpenter, 2010; Hacker, 2010; 손병권, 2012).

2010년 중간선거는 오바마의 경제적 리더십에 대한 정치적 심판이었다. 결과는 민주당의 참패였고, 하원이 공화당에 넘어갔다. 공화당, 특히 티파티 운동의 격렬한 비판과 오바마 정부의 성과를 제대로 선전하지 못한 민주당의 잘못도 있었지만, 결정적인 요인은 경제적 상황이었다(Weatherford, 2012). '재건의 여름'을 지나면서 실업률이 8% 아래로 떨어질 것이라던 오바마 정부의 캠페인(Cooper, 2010.6.18)과 달리, 중간선거가 실시된 2010년 11월의 실업률은 9.8%에 달했다. 선거 직전

그림 6-2 **2007~2014년 미국의 분기별 평균 실업률** (%)

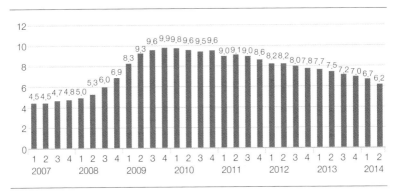

자료: U.S. Bureau of Labor Statistics(2014).

의 여론조사에 따르면, 미국 국민은 비록 경제위기의 근본적 책임을 전임 부시 정부에 돌리기는 했지만, 오바마 정부가 경제위기의 반전을 가져오지 못한 점에 대해서는 책임을 물어, 대통령 직무 수행에 대한 지지도는 45%에 그쳤다(Jacobson, 2011a: 30; Jacobson, 2011b).

2010년 중간선거 이후 오바마의 '담대한 희망,' 특히 '미국의 약속'을 되살리기 위한 노력은 당파적 진지전의 참호에 갇혀버렸다. 미국 신용등급의 하락과 연방정부의 폐쇄를 무릅쓰고 건강보험 개혁의 철폐와 예산 적자의 축소를 추구하는 세력의 입장에서, 경제적 평등을 위해 연방정부의 역할을 대폭 확대할 것을 주장하는 오바마의 '미국의 약속'은 사회주의적이고 반미국적인 계급전쟁이나 다름없었다. 2012년 대선과 2013년 연방정부 폐쇄의 대회전을 거치면서, 오바마도 중산층 복원에 대한 자신의 입장을 좀 더 분명하게 천명해나갔다. 그에 따르면, 대침체로부터 미국 경제가 회복되었지만 그 과실은 부유층에게 돌아갔고 일반 미국인의 삶은 나아지지 않았다. '미국의 약속'을 뒷받침하는 미국

자본주의의 '사회적 계약'이 깨지기 시작한 것은 1970년대 후반부터다. 기술의 발전과 지구화로 좋은 일자리들은 자동화로 사라지거나 해외로 이전되었다. 노동시장의 경쟁은 강화되고, 노조는 쇠퇴했으며, 임금과 복지 수준은 낮아졌다. 신자유주의의 낙수효과 이념이 미국 사회를 지배하면서 기업의 영향력은 강화되고, 부유층에 대한 세금은 감면되었다. 또한 교육과 사회기반시설에 대한 투자는 줄어들고, 경제적 불평등은 심화되었으며, 신분 상승의 유동성은 막혀버렸다. 이러한 미국 자본주의의 토대의 위기는 모두가 빚잔치를 벌이는 동안 가려졌다. 하지만 빚잔치는 끝났고 모든 안전장치는 사라졌다. 경제적 불평등의 해소는 미국적 정체성 및 도덕의 문제이자 지속적인 경제성장의 기반을 조성하는 문제다(Obama, 2013.12.4).

대공황과 대침체

'미국의 약속'을 실현하려는 오바마의 기획은 레이건 이후 미국 자본주의의 신자유주의 레짐을 전면적으로 개혁하려는 실로 '담대한 희망'이다. 그 담대함을 대공황 이래 미국 자본주의의 주요한 역사적 개혁과의 비교를 통해서, 또 그러한 개혁의 제도적 맥락에서 살펴볼 것이다.

대공황과 대침체는 모두 세계경제의 불균형과 시장의 자율성에 대한 신화에서 기인했다(Temin, 2010). 대공황은 금본위제의 고전적 시장경제의 이념과 세계자본주의의 현실이 유리되고, 세계경제의 중심이 미국으로 옮겨가던 과정에서 발생한 위기였다. 미국은 제1차 세계대전 이전에 이미 산업 경쟁력에서 세계 최고였고, 제1차 세계대전을 계기로는 금융자본 측면에서도 세계의 중심으로 성장해 전후 유럽의 경제 재건을 위한 (민간) 자본을 제공하는 최종 대부자의 역할을 수행하고 있었다. 이러한 상황에서 발생한 1929년 미국 증권시장의 폭락은 미국 자본의 유럽 유입 중단과 그에 따른 독일 등 유럽의 외채 및 외환위기, 그리고 금본위제의 붕괴로 이어지면서 결국에는 자유무역과 기존 세계경제질서의 해체를 초래한 대공황으로 귀결되었다(Kindleberger, 1986; Eichengreen, 1992).

제2차 세계대전 직후 경제적 패권국가로서 미국의 고민은 전쟁으로 폐허가 된 세계경제가 기축통화인 달러를 벌어들일 경쟁력을 상실했다는 것이었다. 그러나 1945년의 정점 이후 미국 경제의 상대적 하락과 세계경제의 부활은 미국 달러의 유출 과잉 문제를 야기하기 시작했고, 1971년 금 태환 중지 이후 미국의 역할은 최종 대부자가 아니라 최종 채무자로 바뀌었다(Gavin, 2004; Helleiner and Kirshner, 2009). 독일과 일본, 중국이 미국 채권의 최대 보유자로서 달러를 기축으로 한 세계통화 질서를 뒷받침해왔다. 중국이 미국의 은행 역할을 하는 '차이메리카Chimerica'의 불균형이 1990년대 이후 금융자유화를 강조하는 신자유주의적 워싱턴 합의Washington Consensus와 결합하면서 최근 대침체의 금융위기가 배태되었다(Ferguson and Schularick, 2007).

대침체는 대공황에 비해 경제적 파국이 상대적으로 덜해서 붙여진 이름이다. 이는 경제적으로는 다행이지만, 개혁의 정치적 혹은 정치경제적 도전의 차원에서 보면 결코 그렇지 않다. 루스벨트가 정의한 뉴딜, 즉 경제 회복을 위한 지속적인 실험이 가능했던 이유는 대공황의 파국이 기존의 이익과 제도, 이념적 관성을 붕괴시키기에 충분할 정도로 처참하고 장기적이었기 때문이다(Temin, 2010; Miller, 2014). 정권 교체의 시점도 개혁에 유리했다. 루스벨트는 1929년 발생한 대공황이 전임 허버트 후버Herbert Clark Hoover 정부의 실패를 충분히 증명한, 그래서 대안적 해법에 대한 정치적 갈구가 높았던 1933년 3월에 대통령에 취임했다. 물론 그렇다고 루스벨트가 정치적 '무풍지대'에서 뉴딜을 시행했던 것은 아니었다. 실업과 빈곤으로 사회적 혁명의 위험은 높았고, 기존 정치·경제 세력의 저항도 존재했으며, 뉴딜 추진 과정과 경제위기 극복 과정에서 긴급구호, 경제 회복, 개혁의 필요성이 서로 충돌하기도 했다. 경제 회복의 상승세를 배경으로 루스벨트 정부가 전통적인 균형예산으로 회귀하자 1937년 '루스벨트 경기침체'가 발생했고, 이를 배경으로 1938년 중간선거에서 공화당과 남부 민주당의 보수대연합이 탄생한 것이 그러한 어려움의 예다(Patterson, 1967). 한편 실업의 극복만을 기준으로 보면, 대공황의 극복은 뉴딜이 아니라 제2차 세계대전의 경제특수에 의한 것이었다(Badger, 1989; Brinkley, 1995; Kennedy, 2009). 제2차 세계대전과 전후의 번영은 뉴딜 선거연합의 공고화에도 결정적인 영향을 미쳤다(Norpoth, Sidman and Suong, 2013).

오바마는 루스벨트와 달리 경제위기가 발생한 직후에 집권했다. 이에 따라 집권 이후 실업률이 높아지고 경기 회복을 위한 재정지출의 결과로 예산 적자가 늘어나면서 경제위기의 책임에서 벗어나기 어려웠다. 게다가 기존의 제도와 이해관계를 무력화시킬 정도의 위기는 아니었기 때문에, 티파티의 등장이 웅변하듯 개혁에 대한 저항은 대단히 거셌다. 대공황이 뉴딜을 통해서 해결되고, 실업문제가 궁극적으로 전쟁특수를 통해서 해결되었다는 점, 그리고 제2차 세계대전과 같은 (이념적으로나 경제적으로나 양당 간 선거연합의 공고화 측면에서나) 미국에 좋은 전쟁이 재현되기는 거의 불가능하다는 점에 주목하고, 대침체 이후 저성장의 새로운 정상 상태가 자리 잡고 있다는 관측 등을 고려한다면, 오바마가 루스벨트에 버금가는 정치경제적 개혁에 성공할 가능성은 대단히 제한적일 수밖에 없었다.

오바마의 경제적 개혁에 대한 저항이 거셌던 이유는 뉴딜 이후의 제도적 변화와 미국의 독특한 이념적 전통의 결합에서도 찾을 수 있다. 대침체는 서브프라임 모기지 관련 파생상품에 의해 촉발되었다. 이는 계급적으로 보면 미국 자본주의의 최하층과 최상층의 만남이고, 이념적으로 보면 주택 소유의 미국적 권리와 파생상품 투자의 위험을 충분히 통제할 수 있다는 미국적 금융자본주의 신념의 결합이며, 지역 공동체의 소수인종과 계급의 이익을 보호하는 민주당의 이념과 자립을 강조하는 공화당 이념의 결합이라고 볼 수도 있다(Avramenko and Boyd, 2013).

1938년 패니메이의 창립에서 볼 수 있듯이, 대공황 시기의 혁명적 혼란을 배경으로 정부는 서민의 주택 소유를 지원하는 제도를 갖추기 시작했고, 이는 제2차 세계대전과 1960년대를 거치면서 더욱 확대되었다. 좀 더 거시적으로 보면, 서브프라임 모기지의 이념적 기원은 동부의 은행가에 대한 서부 개척지 자영농의 포퓰리즘적 저항에서도 찾을 수 있다. 자영농의 포퓰리즘은 (지사가 없는, 마을 고유의) 단위 은행의 제도화로 이어졌고, 이러한 전통의 20세기 후반 버전은 1990년대 중반 전국 규모 대형 은행의 설립을 허용하는 조건으로서 지역 공동체에 대한 기여를 강제한 것이다. 전국 망을 구축하기 위해 은행들은 지역 조직가의 요청에 따라 모기지의 기준을 낮추는 부담을 감수했고, 이에 따른 은행의 부담은 연방정부의 지원을 받은 패니메이와 프레디맥이 다시 부담하는 제도화가 이루어졌다(Calomiris and Haber, 2013).

대공황에서 대침체 사이에 주택 지원, 넓게는 사회복지의 제도화는 확산된 반면, 금융 분야의 규제는 대폭 해체되었다. 1990년대 후반 파생상품 개발이 확대되면서 일부 관료들이 그에 대한 규제의 필요성을 제기했다. 하지만 앨런 그린스펀Alan Greenspan을 정점으로 하는 미국의 금융자본은 이를 미국 자본주의의 발전을 저해하는 반시장적·반애국적 행위로 규정하면서 효과적으로 막아냈다. 한편 상업은행과 투자은행의 분리 등 기존의 금융기관에 대한 규제가 대거 철폐되면서 2000년대 들어와서는 월가와 미국 저소득층의 기묘한 만남이 성사되었고, 이는 서브프라임 모기지 사태로 이어졌다(Blinder, 2013).

대침체를 거치고도 이러한 미국적 전통은 살아남아 도드-프랭크 법안에 따라 연방주택금융청FHFA이 만들어졌고, 모기지 대출의 현금 일시 지불 규정의 완화, 즉 서브프라임 모기지 대출이 허용되었다(Norris, 2014.10.23). 여기서 얻을 수 있는 교훈은 루스벨트와 비교할 때 오바마의 개혁이 복지나 금융정책의 백지 상태에서 출발한 것이 아니라 기존의 다양한 이념·이익·정책·제도의 네트워크를 배경으로 진행되었기 때문에 입법화·제도화하기가 훨씬 힘들고, 새로운 정책이 원래 의도대로 공고화될지 여부도 보장되지 않았다는 것이다. 건강보험 개혁에 대한 티파티 백인 중산층의 저항은 이들이 이미 기존 복지제도의 혜택을 받고 있는 데서 연유한다. 역설적으로 기존 복지제도의 성공이 새로운 복지제도의 수립에 장애로 작용한 것이다. 오바마의 건강보험이 뿌리를 내리는 관건 역시 새로운 수혜자 네트워크(신규 보험가입자, 보조금 지급 행정조직, 보험회사, 의료기관 등)의 부상이다(Patashnik and Zelizer, 2013; Shear, 2014.10.28).

3. 미국 민주주의의 실패

레이건 이후 미국 체제의 경제적 병폐가 중산층의 쇠퇴라면, 그 정치적 병리 현상은 정치적 양극화와 분점정부가 빚어낸 워싱턴의 정치적 교착이다. 전자에 대한 오바마의 해법이 중산층의 복원이고 그의 구호처럼 '미국의 약속'을 재현하는 것이라면, 후자에 대한 오바마의 해법은 2004년 민주당 전당 대회에서 그가 강조했던, 민주당이나 공화당만의 미국이 아닌 '통합된 미국'의 초당파적 리더십이었다. 중산층의 쇠퇴가 (오바마가 취임 연설에서 강조한 것처럼) 미국 자본주의의 집단적 실패의 산물이었던 것처럼 정치적 양극화와 교착상태 역시 미국 민주주의의 집단적 실패가 초래한 결과다. 양자의 역사적·구조적 무게가 오바마의 '담대한 희망'을 키워냈고, 또 좌절시켰다.

신뢰의 적자

2010년 오바마의 첫 국정 연설은 경제위기 극복을 위한 정책적 제안뿐 아니라 워싱턴 정치의 병폐에 대한 비판과 양당에 대한 '훈계'의 장이기도 했다. 그는 자신의 당선만으로 평화와 협력의 탈당파post-partisan 시대가 도래하리라 믿을 정도로 순진하지는 않다고 밝히면서도, 워싱턴의 항시적인 선거운동과 당파적 관행을 비판하며 국민을 위한 '통치'를 도모해야 한다고 지적했다. 구체적으로 그는 민주당에는 복지 프로그램의 보존뿐 아니라 (공화당이 주장하는) 예산 적자 감축도 중요함을 깨달아야 한다고 지적하고, 공화당에는 벌써 몇십 년째 반복하고 있는 부유층에 대한 감세와 탈규제 타령을 그만두라고 바로 그 때문에 현재의 위기가 초래되었다고 훈계했다. 그는 예산의 적자보다 중요한 것은 워싱턴이 국민의 신뢰를 얻지 못하는 "신뢰의 적자"라고 강조하면서, 워싱턴에서는 낯선 개념인 상식에 근거한 협력을 통해 국민의 신뢰를 회복하고, 그들에게 합당한 제대로 된 정부를 운영해나가자고 촉구했다(Obama, 2010.1.27).

오바마의 비판과 훈계는 공화당원, 특히 티파티 세력을 설득하지 못했고, 선거에서 미국인의 정치적 신뢰를 얻지도 못했다. 2010년 중간선거에서 생겨난 공화당 하원의 분점정부는 2012년 선거에서도 그대로 유지되었다. 선거 직후 언론인 파리드 자카리아(Zakaria, 2013)는 19세기 남북전쟁 이후 최악의 정치적 양극화와 미국의 경제적 패권을 걸고 벌이는 (부채 한도 관련) "경제적 자살"의 위험 등을 고려할 때, 미국 정치가 과연 재건에 필요한 재정, 복지, 교육, 이민 등 다양한 개혁을 제대로 해나갈 수 있을지에 대해 회의적인 전망을 내놓았다. 자카리아의 우려는 티파티가 주도한 "경제적 자살" 시도, 즉 2013년 10월 연방정부 폐쇄로 현실화되었다.

경제가 회복되어가는 마당에 대체 무엇을 위해서, 이런 아무짝에도 쓸데없는, 경제적 명분이 전혀 없는, 신용평가사의 표현을 빌리자면 '벼랑 끝 전술'을 감행하는가? 연방정부 업무가 재개된 날(10월 17일) 오바마는 이렇게 따졌다. 당파적 이익에 따르는 의회의 관행이 바뀌어야 한다는 비판도 있었지만, 이날 오바마의 연설은 이전의 초당파 시대에 대한 '담대한 희망'에 비하면 훨씬 현실적인, 합의한 바에 대해서도 입법화를 못하고 대통령이 싫다거나 특정 정책이 싫다고 정부 업무를 정지시키는 이런 일이 있을 수 있냐는 탄식에 가까운 것이었다(Obama, 2013.12.4).

"경제적 기회가 바로 미국이다Opportunity is who we are"라는 구호를 내

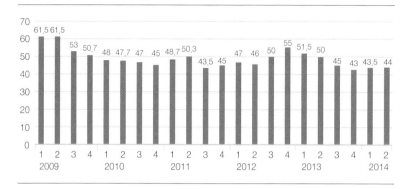

그림 6-3 **오바마 대통령 분기별 평균 지지율(2009~2014년)** (%)

주: 여기에 제시된 자료는 조사기관이 연 10회 내외로 조사한 대통령 지지도의 분기별 평균치임.
자료: Pew Research Center의 2009~2014년 자료를 바탕으로 재구성함.

걸고 2014년을 중산층 복원을 위한 '행동의 해'로 설정하면서, 오바마
는 초당파적 협력의 수사를 공식적으로 회수했다(Obama, 2014.1.28).
공화당의 방해와 대통령의 행정명령 남용에 대한 상호 비난이 거세졌
다. 8월 1일 우크라이나 사태와 이스라엘의 가자 침공을 배경으로 마련
된 기자회견의 모두 발언에서 오바마는 경제 회복의 동력을 유지, 강화
하는 데 필요한 주요 법안들이 공화당 특히 하원 공화당 의원들의 반대
로 통과되고 있지 않다고 비난했다. 행정명령에 대한 공화당의 우려가
정당한 것 아니냐는 기자의 질문이 있었다. 오바마는 의회의 협조가 없
기 때문이라고 말하고, 전임자 부시나 클린턴보다 자신이 훨씬 적게 행
정명령을 사용하고 있다고 하면서, 해법은 제대로 된 법안을 통과시키
는 것이라고 답했다. 그리고 상원에서 양당이 합의한 이민법을 반대하
고, 심지어는 공화당의 전통적인 정책인 (미국의 수출을 돕는) 수출입은
행도 반대하는 공화당 하원은 대체 뭐하는 집단이냐는 비아냥거림도

잊지 않았다(Obama, 2014.8.1).

2014년 중간선거 직전에 실시된 한 여론조사(Balz and Graighillm, 2014.10.28)에 의하면, 오바마는 미국인의 신뢰를 얻지 못하고 있었다. 미국인의 68%는 미국이 잘못되어가고 있다고 생각하고, 60%는 연방정부를(연방정부가 제 할 일을 하고 있는지를) 불신했다. 미국인의 다수(53%)는 당시 몇 년간, 주요 국정과제를 다루는 정부의 능력이 나빠졌다고 평가했는데, 그 원인으로는 민주·공화 양당의 책임을 묻는 비율(56%)이 가장 높았고, 공화당(11%)보다는 민주당과 오바마의 책임(31%)이 더 크다고 생각하는 여론이 더 강했다. 오바마의 대통령 직무 수행에 대한 평가도 43% 대 51%로 부정적이었다.

이념: 정치적 양극화

한때 변화와 개혁, 통합의 상징이었던 오바마는 2014년 중간선거를 앞두고 민주당 후보들조차 꺼리는 정치적 실패의 상징이 되어버렸다. 그 원인으로는 대중연설가로서는 뛰어나지만 백악관에서는 소수의 참모와만 교류하고 워싱턴의 의회 지도자들과는 적극적인 정치적·인간적 교류를 갖지 않는(혹은 못하는) 것과 더불어, 당파적 지도자의 열정과 객관적·중립적 분석가의 모습이 공존하는 그의 개인적 품성이나 스타일도 지적되었다. 또 초당파적 수사와는 별개로 민주당의 전통적인 '큰 정부'의 당파적 정책을 일관되게 밀어붙이는 개인적 신념에 초점이 맞춰지기도 했다(Wayne, 2011). 하지만 오바마의 정치적 난관이나 실패의 원인을 그의 개인적 요소로만 볼 수는 없다. 앞 절에서 논의한 바와 같이, 대공황은 기존 제도와 이익, 인식의 기반을 송두리째 흔든 위기로 루스벨트에게 전면적인 개혁의 역사적 기회를 제공했지만, 대침체는 그런 위기는 아니어서 오바마에게는 루스벨트에게 주어졌던 것과 같은 개혁의 역사적 기회가 제공되지 않았다. 루스벨트 이후의 자유주의적 개혁의 역사적 성과는 린든 존슨Lyndon Baines Johnson의 '위대한 사회Great Society' 프로그램이다. 존슨이 민주당과의 초당파적 협력이나 타협에 인색하지 않았던 공화당의 지원을 받은 반면에, 오바마는 티파티의 부상으로 대변되는 극심한 정치적 양극화라는, 1960년대와는 전혀 다른 새로운 정치적 환경에 놓여 있었다(Miller, 2014).

1970년대 후반 이래 정치적 양극화는 미국 정치의 상수로 자리 잡았다. 워싱턴의 유일한 합의가 정치적 양극화의 존재, 이념적 분열의 현실에 대한 인정이라는 말이 워싱턴 정가에서 나올 정도다. 연구자들도 정치적 양극화의 존재 자체에 대해서는 이견이 없다. 연구의 쟁점은 정치적 양극화의 주체와 그 경로다. 엘리트들, 즉 민주·공화 양당의 의원들, 후보들이 정치적 양극화의 주체인지, 아니면 후보 선출 과정에서 결정적 영향력을 행사하는 정당의 적극적인 활동가들이 문제인지, 선거는 결국 일반 대중의 이념을 반영하므로 일반 유권자들도 정치적 양극화의 한 축인지가 연구의 쟁점이다. 이러한 논쟁은 정치적 양극화란 미국 정치의 병리 현상에 대한 '책임 공방'의 성격을 지닌다(유성진, 2012; Jacobson, 2013). 오바마의 정치적 실패를 역사적·구조적으로 조명하는 입장에서 보면, 정치적 양극화의 주체와 경로에 대한 기존 연구의 다양한 입장은 오바마의 책임을 경감하면서 미국 민주주의의 집단적 실패를 증명한다.

앨런 아브라모위츠(Abramowitz, 2013)는 다양한 차원의 정치적 양극화의 역사적 추세를 정리한다. 대표적으로 의회의 양극화를 살펴보자. 그의 자료는 의원들의 투표를 기준으로 만든 -1에서 +1까지의 자

표 6-1 **미 의회 정치적 양극화 비율 비교(97대 의회 대 112대 의회)** (%)

	97대 의회(1981~1983)		112대 의회(2011~2013)	
	하원	상원	하원	상원
극좌 민주당 의원	9	1	9	6
중도 민주당 의원	25	28	30	37
온건 민주당 의원	22	17	5	10
온건 공화당 의원	21	26	0	5
중도 공화당 의원	20	21	9	23
극우 공화당 의원	4	7	46	19
합계	100	100	100	100

자료: Abramowitz(2013).

유-보수의 이념적 분포를 보여준다. 95대 의회(1977~1979)와 112대 의회(2011~2013)의 이념적 지형을 비교해보면, 하원에서 평균적 민주당원과 평균적 공화당원의 이념적 격차는 두 배로 증가했고, 상원에서 이념적 격차는 50% 증가했다. -.25에서 +.25까지의 온건(민주, 공화)파 의원의 비율은 97대 의회(1981~1983)에서는 상하 양원에서 모두 43%에 달했지만, 112대 의회(2011~2013)의 경우에는 상원은 15%, 하원은 5%에 그쳤다. 공화당에서 특히 이념적 극단화가 두드러져 112대 의회에서 온건 공화당 의원은 상원에는 5명, 하원에는 1명뿐이었다. 정치적 양극화는 상원의 의사결정 규칙의 실제적 변화를 가져왔다. 타협이 어려워지면서 단순 과반이 아니라 필리버스터를 막는 데 필요한 60석을 확보하지 못하면, 다수당이라도 제대로 입법 활동을 할 수 없게 된 것이다.

오바마 정부의 이념적 '천적'이자 당시 정치적 양극화의 주역은 티파티였다. 티파티 운동은 2008년 선거에서 패배한 공화당과 보수주의 운동에 새로운 활력을 제공하고 이들의 우경화를 이끌었다(Williamson,

Skocpol and Coggin, 2011). 활동가들은 후보 선출 과정에서 후보들이 극단적인 정책을 채택하도록 영향을 미치는데(Layman et al., 2010), 티파티 활동가들은 의회 선거에서 유권자의 동원과 티파티 지지 후보들의 선출에 영향을 미쳤을 뿐만 아니라 2008년 대선에 비해 2012년 대선의 후보 선출 과정에서 후보들이 연방정부의 활동에 대한 반대 입장을 강화하도록 영향을 미쳤다(Medzihorsky, Littvay and Jenne, 2014). 티파티의 가장 혁혁한 '성과' 혹은 '폐해'는 연방정부 폐쇄다. 물론 엄밀하게 따지면, 오바마와 대립하며 연방정부 폐쇄를 주장한 하원의 티파티 의원들을 통제하지 못한 공화당의 온건파와 지도부에게 공이나 책임이 돌아가야 할 것이다(Huber, 2013.10.17).

2013년 연방정부 폐쇄의 선례는 1994년 중간선거에서 '공화당 혁명'의 주역 뉴트 깅리치Newt Gingrich가 주도한 1995년의 연방정부 폐쇄다. 한 여론조사(Pew Research Center, 2014)는 일반 대중의 차원에서도 1994년에 비해 2014년에 정치적 양극화가 심화되었음을 보여준다. 이념적 일관성 혹은 극단성을 기준으로, 미국 여론을 '일관된 진보', '상대적 진보', '중도 혹은 혼합', '상대적 보수', '일관된 보수' 등 5개 집단으로 나누었을 때, 양극단의 일관된 진보와 보수는 1994년 각기 3%와 7%에서 2014년에는 12%와 9%로 증가한 반면, 중도는 39%에서 29%로 감소했다.

이념적 극단의 증가와 함께 민주, 공화당원들의 상대 정당에 대한 적대적 감정 역시 증가했다. 공화당을 매우 좋지 않게 보는 민주당원의 비율은 1994년의 16%에서 2014년에는 38%로 증가했고, 민주당을 매우 좋지 않게 보는 공화당원의 비율은 같은 기간 17%에서 43%로 증가했다. 이념적 양극화는 정치적 참여의 불균형으로도 이어지고 있다.

그림 6-4 **미국 여론의 정치적 양극화 현상(1994년 대 2014년)** (%)

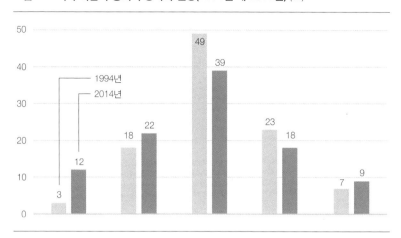

자료: Pew Research Center(2014).

그림 6-5 **미 공화당과 민주당의 정치적 양극화 심화 현상(1994년 대 2014년)** (%)

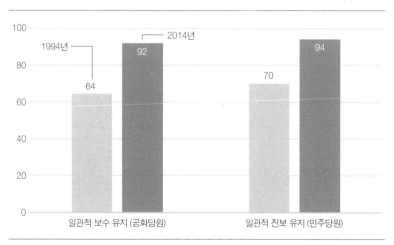

자료: Pew Research Center(2014).

2014년 여전히 전체의 39%를 차지하는 중도파 중 항상 투표를 하는 비율은 39%, 2년 내에 선거운동에 기부를 한 비율은 8%에 그친 반면, 극단적 보수층의 투표 비율은 78%, 기부 비율은 28%였으며, 극단적 진보층은 58%의 투표율과 31%의 기부 비율을 보여주었다. 이러한 이념적 지형에서는 초당파적 합의의 형성은 고사하고 양당 모두 전통적 지지층을 결집하는 동시에 중도층으로 외연을 확장하기도 대단히 어렵다.

4. 미국 패권의 한계

미국의 복원력

오바마의 국내 정치경제 개혁이 겪은 난관은 미국 패권과 관련해 심각한 함의를 지닌다. 그람시적 시각에서 보면, 패권의 핵심은 지구적 수준에서 자본주의체제의 개방적 운영을 뒷받침할 수 있는, 전 세계에 확산·이식되는 패권국가의 사회체제 모델이다(Cox, 1987). 대공황은 영국 패권의 고전적 시장경제와 금본위제의 실패를 증명했고, 뉴딜의 수정자본주의는 브래튼우즈 체제의 내장된 자유주의의 기반을 제공했다(Ruggie, 1982). 1971년 닉슨의 금 태환 중지 이후 변동환율체제에서도 달러의 기축통화 지위는 유지되었다. 하지만 레이건 이후의 신자유주의, 특히 금융자유화를 강조하는 워싱턴 합의는 내장된 자유주의의 국내적 기반을 심각하게 침식시켰다. 대침체는 워싱턴 합의의 한계를 증명했고, 오바마는 2010년 국가안보전략 보고서에서 미국 국가 건설을 미국 패권의 최우선적 과제로 설정했다. 그 내용은 미국 경제의 새로운, 균형적이고 지속 가능한 성장 기반을 건설하는 것, 즉 '미국의 약속'

의 부활이었다(The White House, 2010).

대침체는 신자유주의의 전면적 폐기를 가져오지는 않았고(Babb, 2013), 기존의 국제경제제도는 국내의 정치경제적 혼란에 비하면 상대적으로 안정적 운영이 이루어졌다(Drezner, 2014). 하지만 대침체로 워싱턴 합의의 수정은 불가피했고(Birdsall and Fukuyama, 2011), 미국의 상대적 쇠퇴와 중국의 부상은 국제통화 질서 차원에서도 가속화되었다(Burrows and Harris, 2009; Eichengreen, 2011; Kirshner, 2014; Helleiner and Kirshner, 2014). '미국의 약속'은 대단히 중상주의적인 산업정책으로, 대외적으로는 공정무역의 이름으로 미국의 경제적 부활을 위해 공세적으로 수출시장을 확보하고자 했다(The White House, 2010: 32~33). 구제금융과 양적 완화, 정부의 재정지출 확대, 건강보험 개혁에 더해진 오바마의 중상주의적인 경제 재건 정책은 정부의 재정지출을 통제하고 사회복지의 축소를 강요했던, 1990년대 동아시아 금융위기에 대한 미국의 신자유주의적 정책 처방과 완전히 배치된다(Onis and Guven, 2011). 미국은 대침체의 원인을 제공했고 중상주의의 확산은 국제경제의 안정을 담보하지 못한다. '미국의 약속'은 대침체로부터 미국의 중산층을 복원하는 개혁의 의미는 지니지만, 국제적 차원에서 지구화와 중국의 부상 등 주요한 구조적 변화 속에서 개별 국가경제가 공존할 수 있는 새로운 정치경제 모델로서는 근본적인 한계를 지닌다. '미국의 약속'은 미국 내에서 실현되지 않았고, 그 추진 과정에서 배태된 정치경제적 갈등은 미국 패권의 장애로 작용하고 있다.

2010년 국가안보전략 보고서에서 오바마는 미국의 '위대함'은 주어진 것이 아니라 각 세대가 분투해 성취해야 하는 것임을 밝히고, 전쟁과 경제위기의 난관에 직면해 있지만 미국은 역경을 극복해왔던 복원력을 발휘해 리더십을 발휘할 의지가 충만함을 강조했다(The White House, 2010: ii). 2012년 5월 공군사관학교 졸업식 축사에서 오바마는 미국이 대공황 이후 세계 최대의 중산층을 건설하고 1970년대의 베트남과 석유위기 및 1980년대 일본의 도전을 극복했듯이, 이라크와 아프가니스탄에서의 전쟁을 종식시키면서 경제 재건과 미국의 도덕적 권위를 복원해 새로운 미국의 세기를 건설하고 있다고 선언했다(Obama, 2012).

이는 2012년 대선을 염두에 둔 선거운동의 과장된 구호에 가까웠다. 앞서 살펴본 것처럼, 티파티의 등장 이후 미국 정치의 현실은 건강보험 개혁, 정부의 부채 한도와 예산 적자를 둘러싼 이념 투쟁의 진지전이었다. 2011년 전반기에 건강보험 입법의 진통과 멕시코만 석유 유출 사고로 오바마의 인도네시아와 호주 순방은 두 번이나 연기되었다. 그해 10월 의회가 재정절벽의 '벼랑 끝 협상'을 이어가자 국방장관 리언 패네타(Panetta, 2011)는 미국 정치의 당파싸움이 경제위기 극복과 패권 유지의 과제를 위협하고 있다고 개탄했다. 결국 11월 시퀘스터의 "경제적 자살" 시도(Zakaria, 2013)는 미국 신용등급 하락으로 이어졌고, 2012년 1월 아시아 회귀를 위한 새로운 국방정책을 발표하면서 패네타 (Panetta, 2012)는 시퀘스터를 철회해 미군의 전력 약화를 막아달라고 호소했다. 하지만 2013년 초부터 시퀘스터는 시행되었고, 10월에는 연방정부가 폐쇄되었다. 2011년 11월 하와이 APEC 개최를 계기로 미국의 아시아 회귀를 선언했던 오바마는 2012년에는 선거운동으로 러시아에서 열린 APEC에 불참했고, 2013년에는 연방정부 폐쇄로 APEC과 동아시아정상회담 참석을 위한 아시아 순방을 포기했다. 오바마의 부재로 APEC은 시진핑의 독무대가 되었고, 그는 아시아인프라투자은행Asian

Infrastructure Investment Bank: AIIB의 설립 등을 제안했다. 오바마를 대신한 국무장관 존 케리(Kerry, 2013)는 귀국 후 오바마의 집권을 도운 미국진보센터Center for American Progress에서 행한 연설에서, 아시아 지도자들에게 미국의 리더십과 미국 민주주의에 대한 우려를 들어야 했던 자신의 처지를 개탄하며, 다시는 이런 실패가 재연되어서는 안 된다고 강조했다.

2014년 10월 오바마는 11월의 중간선거를 앞두고 노스웨스턴 대학에서 행한 연설에서, 그간 자신이 이룬 경제적 성과의 '사실'과 '한계'를 정치적 논란을 벗어나 '분명하게' 파악할 필요가 있다고 강조했다. 이어서 그는 지속적인 경기 회복에 의한 실업률의 하락(10%에서 6.1%)과 예산 적자의 반감, 건강보험 개혁에 의한 개인 부채 및 정부 적자의 감소와 같은 '사실'과 경기 회복의 과실을 상위 1%가 독식하는 문제를 해결하기 위한 최저임금 인상, 이민법 개정 등 성장 동력을 심화시키는 데 필요한 조치를 공화당이 가로막고 있는 '한계'를 극명하게 대비시켰다(Obama, 2014.10.2). 그러나 미국의 유권자들은 오바마의 '분명한' 현실 인식에 공감하지 않았다. 11월 14일 중간선거의 결과는 민주당의 완패였고, 공화당이 상원까지 장악하게 되어 완전한 분점정부가 구축되었다.

앞서 검토한 정치적 양극화의 심각성을 고려할 때, 미국 패권의 새로운 기반 구축은 고사하고, 기존의 개입 기제 유지를 위한 최소한의 국내 정치적 기반을 유지하는 것조차 쉬워 보이지 않는다. 냉전 시기 미국 패권에 대한 국내 정치적 지지 기반은 사회복지와 국제주의적 대외정책이 결합된 제2의 뉴딜로 만들어진 민주당의 노동자·은행가 연합(Ferguson, 1995)에 전후 공화당의 국제주의 분파가 동참하면서 결성된 냉전 자유주의(Schlesinger, 1998)였다. 이에 반해 월가에 대한 티파티와 점령 운동 양자의 반발은 노동자·은행가 연합이 약화되는 징후이고, 민주당의 정책을 계승할 (1950년대 아이젠하워) 공화당원이나 공화당 정책을 승인할 (1980년대 레이건) 민주당원은 전무하기 때문이다.

전쟁의 수렁

제2차 세계대전 이후 미국의 대외정책은 큰 틀에서는 지구적인 개입 정책의 기조를 유지했지만, 대규모 전쟁이나 군사적 개입 후에는 철군이나 개입 축소가 단행되는 주기적 전환이 이루어져 왔다. 냉전의 시작, 특히 한국전쟁 발발은 미국의 항시적인 개입태세를 촉진했지만(Hogan, 1998), 미국은 한국전쟁의 조기 종전을 추진했으며 베트남 전쟁에 대한 초기의 전방위적 개입 역시 후반기에는 철군 추진으로 마무리되었다. 오바마가 추진한 이라크와 아프가니스탄에서의 철수는 1950년대 아이젠하워 정부가 추진한 한국전쟁의 조기 종전과 미군 철수, 1960년대 후반 및 1970년대에 닉슨 정부가 추진한 베트남 전쟁 종전 노력과 비교될 수 있다.

2014년 8월 이슬람국가에 대한 공습을 결정하기 전까지 오바마는 이라크와 아프가니스탄에서의 조기 철군을 적극적으로 추진하고, 리비아나 시리아 내전 등 국제사회의 군사적 개입 요구가 분명한 경우에도 군사적 개입을 거의 전면적으로 거부해왔다. 그 이유는 두 가지로 볼 수 있다. 하나는 전임 부시 정부가 군사적 일방주의에 따라 진행한 중동에서의 대테러전쟁이 미국의 국제적 위신을 손상시키고 막대한 인명과 재정 피해를 초래했다는 '부정적' 인식이며, 다른 하나는 미국의 안보 이익과 가치가 조화되어야 하고 그것이 가능하다고 보는 '긍정적' 인식이다.

2013년 5월 국방대에서 행한 오바마의 새로운 대테러전략에 관한 연설은 '긍정적'인 당위적·전략적 인식을 잘 보여준다. 영구한 전쟁 상태에서는 자유가 보장될 수 없다는 제임스 매디슨James Madison의 경고는 그 어떤 이유에서도 미국적 가치를 포기해서는 안 된다는 오바마의 도덕적 (미국 예외주의에 대한) 신념을 웅변한다. 그는 9·11테러 직후 의회가 부시 정부에 제공한 전쟁 권한의 '백지위임'도 제한할 필요가 있고, 미국적 가치를 지키기 위해서 관타나모 수용소를 폐쇄해야 한다고 지적했다(이혜정·최계원, 2012). 물론 오바마가 테러의 위협이 제기하는 전략적 난제에 도덕적 대응만을 강조한 것은 아니다. 그는 지구적 수준의 대규모 대테러전쟁이 아니라 특정 테러조직에 대한 무인기나 특수부대의 타격, 지역 파트너들과의 협력, 테러의 원인이 되는 급진적 이념을 완화하고 제거하기 위한 지원을 포함하는 포괄적인 대테러정책을 주창한다. 테러분자와 조직을 포착하기 위한 첩보활동이 개인의 사적 비밀권을 침해할 위험과 무인기 공격이 초래하는 민간인 피해에 대해 진지하게 고민하지만, 그의 결론은 테러 위협이 실재하고 또 대규모 군사개입의 폐해가 너무나 크기 때문에 첩보활동과 무인기 공격을 포기할 수 없으며, 이들과 법치의 조화를 최대한 추구하는 수밖에 없다는 것이다(Obama, 2013.5.23).

안보와 가치의 조화가 가능하다는, 그리고 개입 축소 정책에도 불구하고 미국의 리더십이 지켜질 수 있다는 그의 믿음은, 바로 6월에 터져 나온 에드워드 스노든Edward Joseph Snowden의 첩보활동 폭로가 증명하듯 안보와 가치의 조화에 대한 지나친 낙관에 근거한 것이었다. 그리고 아이젠하워와 닉슨이 겪은 난관의 역사적 교훈을 제대로 따져보지 못한 것이었다. 아이젠하워나 닉슨이 당시 전쟁의 종식을 추진한 이유 역시 재정위기였다. 아이젠하워의 해법은 핵무기와 비밀공작에 의존하는 뉴룩New Look의 '경제적인' 안보정책이었고, 닉슨의 해법은 미국과의 '공포의 균형'을 이룬 소련의 핵전력을 인정해주는 데탕트를 추진하되 중국을 끌어들여 소련을 견제하는 것이었다(Gaddis, 1982). 스탈린 사후 소련은 한국전쟁의 휴전, 더 넓게는 극동과 유럽에서 미국과의 대치선의 획정에 동의하고, 그 대치선을 넘지 않도록 진영 내부의 동맹국을 통제하는 '이중 봉쇄'를 실시했다(Cumings, 1993). 즉, 아이젠하워와 닉슨의 개입 축소 정책은 각기 소련과 중국의 협력에 힘입은 것이었다. 하지만 지금은 그러한 협력을 기대하기 힘든데, 현재의 러시아와 중국은 크림반도나 동중국해와 남중국해에서 자신의 안보 이익과 주권적 권리의 행사를 주저하지 않고, 냉전 시기에 비할 만한 진영 통제력을 갖고 있지도 않을뿐더러, 시리아에 대한 유엔 차원의 개입을 이들이 반대한 데서 알 수 있듯이 미국의 중동 개입에 호의적이지 않기 때문이다.

국내의 정치적 반발도 심각했다. 1950년대는 비록 인종차별의 갈등과 극단적인 반공산주의의 이념적 문제가 있었지만, 경제의 호황에 기대어 미국의 (백인) 중산층이 미국적 소비문화를 마음껏 구가한 미국세기의 전성기였다. 경제적 풍요와 소련의 이중 봉쇄의 협력에도 불구하고, 아이젠하워의 뉴룩은 군비 확충을 소홀히 해 미사일 분야에서 소련의 추격을 허용했다는 국내의 비판에 시달렸는데, 이 '미사일 갭missile gap' 비판을 주도한 이는 민주당의 케네디 상원의원이었다. 케네디는 1960년 대선에서 승리한 이후 뉴룩을 폐기하고, 재래식 군비와 핵전력 모두의 전방위적인 군비 확충을 시도하는 유연반응전략을 추진했다. 1970년대 데탕트와 미중 수교에 대한 국내적 저항은 1950년대 뉴룩에 대한 반대보다 더욱 거셌다. 대만과 단교하고 공산주의 중국과 수교하는 것은 미국 보수파의 입장에서는 아무리 지정학적 계산의 명령이라고 해도, 동맹에 대한 배반이자 미국의 이념에 대한 배반이었다. 1979년 미국과 중국의 수교는 대만에 대한 무기 지원과 안전 보장을 통한 국내 보수파와의 타협으로 이루어졌다. 한편, 소련의 제3세계 개입 및 전략적 위협에 대응하지 못하고 있다는 비판을 받은 카터 정부는 소련과의 제2차 전략무기제한협정에 대한 의회의 비준을 요청하지 않았다. 데탕트에 대한 비판과 (이길 수 있는 전쟁을 국내의 반대로 지고 말았다는) 베트남 전쟁 수정주의(Herring, 1991; 이혜정, 2006)는 이후 레이건의 정치적 승리의 기반이었고, 이를 주도한 세력은 1960년대 후반부터 민주당에서 공화당으로 '전향'하기 시작한 신보수주의자들, 소위 네오콘이었다.

현재의 이라크나 시리아의 혼란은 한국전쟁이나 베트남 전쟁만큼 미국 안보에 심각한 위협 요소는 아니지만, 경제적·재정적 부담은 1950년대는 물론 1970년대보다 훨씬 크고, 전쟁에 대한 혐오와 기피의 여론도 뚜렷하게 존재한다. 또한 베트남 전쟁 이후 징집이 폐기되고 자원병으로만 구성된 미군이 대테러전쟁 일환으로 아프가니스탄과 이라크 전쟁을 거의 독자적으로 치르면서 얻은 최대의 교훈은 미군 단독으로 장기간의 대규모 지상전을 치를 능력이 없다는 것이었다(Eikenberry and Kennedy, 2013.5.26). 그러나 존 매케인과 린지 그레이엄의 주장처럼(McCain and Graham, 2014.8.29) '이슬람국가'의 위협이 단순히 지역 혼란이 아니라 서방국가의 여권을 지닌 테러범들에 의한 미국 국가안보의 위협으로 설정되면, 더 근본적으로는 국제질서의 안정이 미국 패권의 사명으로 규정되는 한, 뉴룩과 데탕트 그리고 미중 수교에 대한 국내적 비판과 저항이 있었던 것처럼 군사적 대응을 마냥 거부할 수는 없게 된다. 결국 오바마는 2014년 8월 이라크 내 이슬람국가에 대한 공습을 결정하고, 9월에는 공습의 범위를 시리아로 확대해 시리아 내 온건파 반군에 대한 지원도 시작했다(Obama, 2014.8.7, 2014.9.10).

오바마가 다시 전쟁의 수렁에 빠지게 된 원인이자 안보와 가치의 조화에 대해 고민하고 그로 인해 비판받은 근본적인 원인은 소련이라는 유용한 적의 부재와 부시 정부가 만든 실패국가 패러다임의 굴레이기도 하다. 반공주의 혹은 냉전 자유주의의 초당파적 협력이 가능했던 1950년대는 물론, 워터게이트 사건을 계기로 한 미국 헌정 질서의 위기 속에서 의회가 안보정책에 대한 통제를 강화했던 1970년대에도, 미국의 이념적 적이자 최대의 안보 위협이었던 소련의 존재로 인해서 민주주의와 안보정책의 충돌을 관리하는 것이 가능했다. 예를 들면, 미국 진영의 군부 권위주의 정권을 소련 진영의 공산 독재나 제3세계의 전체주의 권력과 구분하며 비호하는 신보수주의의 논리는 미국 민주주의의 위선으로 비판받기도 했지만, 안보라는 명분이 존재하고 냉전의 이념적 대결이 벌어지는 상황에서 용인되는 측면도 있었다(Huntington, 1982). 오바마 정부의 무인기 공격과 첩보·정찰 활동에 대한 국내적 지지는 비교적 높지만 국제적 비난은 대단히 거셌다(Farrell and Finnemore, 2013). 민주주의와 안보의 모순이나 충돌을 냉전 시기처럼 소련을 통해서 무마하기가 불가능해진 것이다.

냉전의 종언 이후 미국 패권의 전략가들은 기존의 거대한 군사적 개입 기제를 지속시킬 수 있는 새로운 명분을 찾아 나섰다. 현실은 물론 미래의 잠재적 경쟁자조차 찾기 힘들어진 그들은 미래의 예상할 수 없는 위협에까지 대비하고자 했으며, 소말리아와 르완다 등에서 '발견'된 실패국가의 위협에 주목했다. 이는 안보 위협이 강대국으로부터 온다는 전통적인 안보관의 혁명적인 전복이었다. 실패국가가 단순히 인도적 구호의 대상이 아니라 지역 불안정의 근원이고, 미국 패권에 대한 안보적 위협이라는 주장은 실패국가 아프가니스탄이 9·11테러의 기지로 판명되면서 대테러전쟁의 근본 교리로 전환되었다. 기존의 독재를 용인하던 정책을 폐기하고 중동 전체를 민주화해야 한다는 부시 정부의 논리는 단순히 신보수주의의 이념적 수사가 아니라 실패국가를 안보 위협으로 설정한 새로운 패권 논리의 귀결이었다(Mazarr, 2014; Zelikow, 2003). 이러한 논리는 미국의 힘에 대한 환상과 결합되었고, 미국은 이라크와 아프가니스탄에서 국가 건설의 난관에 봉착했다.

오바마는 미국의 힘의 한계를 배경으로 개입 축소 정책과 더불어 새로운 대테러전략을 추구했지만, 실패국가의 안보 위협 패러다임 자체를 해체시키지는 못했다. 오바마는 아프가니스탄과 이라크에서의 대반란작전, 즉 국가 건설 기획을 축소하고, 특수부대와 무인기 공격에 의존하는 대테러작전에 치중하는 한편, 미군 철수 이후의 안정화 과업을 카르자이 정부 및 말리키 정부에 각각 맡겨버렸다. 카르자이의 후임 대통령을 뽑는 선거가 부정선거 시비에 휘말리면서 국제 감시단의 재검토와 미국의 중재를 거쳐 가까스로 새 정부가 출범하고, 시아파의 독주로 이슬람국가의 부상을 가져온 말리키 정부는 미국의 압력에 의해 교체된 상태다. 또한 아프가니스탄과 이라크의 혼란을 배경으로 부시 정부 시절 이들에 대한 침공을 주도했던 신보수주의자들의 비판이 고개를 들고, 오바마의 정책 중 유일하게 여론의 지지를 받았던 대테러정책에 대한 평가도 부정적으로 바뀌었다. 이는 9·11테러가 미국인에게 각인해놓은 위협 인식과 부시 정부의 (실패국가 안보 패러다임의) 전략적 관성(Polsky, 2010)의 결과다.

5. 소결

미국의 정치와 경제를 전면적으로 개혁하고자 했던, 그리고 새로운 평화와 협력을 위한 패권의 재구축을 도모했던 오바마의 '담대한 희망'은 이루어지지 않았다. 이 장은 오바마가 직면해왔던 위기의 실체와 심각성 그리고 위기 극복을 어렵게 한 원인을 상호 연관된 세 가지 측면, 즉 경제, 정치, 대외정책의 측면에서 규명했다.

오바마는 경제적 대침체에 대해, 과거 대공황 이후의 개혁에 버금가는 미국 자본주의의 대개혁을 통한 중산층의 복원이 필요하다고 진단했지만, 대침체는 대공황에 비해 위기의 수준이 낮아서 기존의 제도적·이념적 관성을 무너뜨리기에 충분하지 않았다. 대공황 이후 제도화된 사회복지와 탈규제화된 금융의 만남은 대침체의 배경이었을 뿐만 아니라 대침체 이후 개혁을 가로막는 중요한 원인이었고, 티파티 운동과 공화당 세력의 공세는 신자유주의체제를 개혁하려 했던 오바마의 기획을 당파적 진지전 안으로 가두어버렸다.

정치적 양극화는 경제위기 극복을 어렵게 한 원인인 동시에 그 자체로 미국 민주주의의 위기를 증명한다. 오바마가 추구한 '통합된 미국'은 초당파적 협력을 요구했지만, 역사적으로 심화된 정치적 양극화는 통합된 미국은 고사하고 연방정부 폐쇄라는 극단적 결정마저 불사했다. 이러한 정치적 양극화의 심화는 미국 민주주의의 집단적 실패를 드러내면서 오바마가 얼마나 심각한 정치적 위기에 빠졌는지를 보여준다.

경제와 정치의 위기는 미국 패권의 한계를 뚜렷하게 드러내고 한계를 가중시켰다. 오바마가 위기 극복을 위해 제시한 '약속'은 제2차 세계대전 이후 구축된 패권질서와 같은 새로운 국제질서를 위한 대안이 되지 못했다. 재정위기와 정치적 양극화는 2013년 시퀘스터와 연방정부 폐쇄를 초래하고, 미군의 전력 증강에 어려움을 더했으며, 아시아 회귀 정책을 지연시켰다. 개입 축소 정책에 대한 반발과 실패국가 안보 패러다임이라는 역사적 유산은 미국을 다시금 전쟁의 수렁으로 빠뜨리면서 미국의 힘을 복원할 기회를 앗아가고 있고, 안보와 가치가 조화되는 패권의 재구축은 점점 더 어려운 과제가 되고 있다.

오바마가 직면한 정치·경제·외교의 삼중 위기는 역사적이고 구조적이다. 그 위기가 미국 정치의 역사적 유산과 밀접하게 관련된다는 점에서 역사적이고, 경제와 정치, 대외정책의 위기가 상호 증폭되면서 전례 없는 삼중의 복합위기를 초래하고 있다는 점에서 구조적이다. 삼중 위기의 극복은 미국의 기존 정치와 경제, 외교 전반의 '구조조정'을 요구하는 것으로, 결코 단시일에 이루어질 수 없는 난제다.

삼중 위기가 제시하는 동아시아적 함의는 미국의 아시아 회귀 혹은 재균형 정책의 어려움이다. 미국은 패권의 재구축을 위한 공간으로서 동아시아에 주목했지만, 동아시아로의 전력 배치는 재정위기로 인해 어려움을 겪어왔고, 대안으로 추진해온 동맹의 강화는 동아시아 안보 불안정을 증폭시켜왔으며, 급기야는 중동전의 재개로 아시아 재균형의 과제가 후순위로 밀린 듯하다. 삼중 위기는 동아시아의 안정에 긍정적 혹은 부정적 영향을 미칠 수 있다. 미국은 군사안보적 재균형의 어려움과 중동전 재개에 따른 동아시아 긴장 고조 방지의 필요성으로 좀 더 협력적인 지역정책을 도모할 가능성이 있다. 그러나 미국의 삼중 위기가 중국의 동아시아 영향력 증가와 일본의 안보 자율성 확대로 이어지면서 지역적 경쟁을 촉발하고 안보 불안정을 더욱 증폭시켜나갈 가능성도 배제할 수 없다.

7

트럼프의 반란

미국 우선주의, 백인 우선주의, 트럼프 우선주의

나는 공격받는 것을 상관하지 않는다. 나는 관심을 끌기 위해서, 미디어가 나를 이용하는 것과 똑같이 미디어를 이용한다. 일단 내가 관심을 받으면, 그 관심을 내게 유리하게 사용하는 것은 내게 달린 것이다.

★ Trump(2015: 10~11).

힐러리 클린턴의 유산은 죽음과 파괴, 테러리즘과 미국의 취약성, 바로 이런 것들이다. 하지만 이런 유산들이 미국의 유산일 이유는 없다. 우리가 직면한 문제들, 즉 미국 내부의 가난과 폭력, 해외의 파괴와 같은 문제들은 우리가 이 문제들을 처음에 만들어낸 정치인들에게 의존하는 한 영구히 지속될 것이다. 리더십의 변화가 결과의 변화를 가져온다. 오늘 나는 미국을 위한 나의 행동계획을 여러분에게 알리고자 한다.
내 계획과 상대의 계획 사이의 가장 중요한 차이는 내 계획은 미국 우선주의라는 점이다. 글로벌리즘이 아니라 미국주의가 우리의 신조다. 우리가 미국 우선주의를 시행하지 않는 정치인들에 의해서 지도되는 한, 우리는 다른 국가들이 우리를 존경하지 않을 것이라는 점을 확신할 수 있다. 우리가 마땅히 누려야 하는 존경을 잃게 되는 것이다. 이제 다시 미국인들이 모든 것의 최우선이 될 것이다.

★ 트럼프, 2016년 미국 공화당 대선 후보 지명 수락 연설 중.

1. 서론: 트럼프의 진실

2015년 6월 억만장자 부동산업자로 "넌 해고야!"를 외치던 리얼리티 쇼 사회자 출신의 도널드 트럼프는 미 대선 출마를 선언했다. 그해 11월에 출간된 트럼프의 '출사표'는 『불구국가 미국: 어떻게 미국을 다시 위대하게 만들 것인가Crippled America: How to Make America Great Again』였다. 그의 설명에 따르면, 주류 언론은 그의 출마에 전혀 주목하지 않았지만 소위 전문가와 직업 정치인, 기성질서 전반에 질려버린 미국인들은 더 이상 위대하지 않은 불구국가 미국의 진실, 특히 불법 이민의 위협을 정치적 올바름의 틀에서 벗어나 거침없이 경고하는 그에게 열광했다(Trump, 2015).

주류 언론의 시각에서 볼 때 멕시코 국경에 장벽을 건설하고 그 비용을 멕시코에 전가하는 것이나 모든 불법 혹은 미등록 이민자들을 즉각 추방하는 것은 비현실적인 정책이었으며, 멕시코 이민자들을 강간범으로 일반화하거나 실제적으로 미국의 실업률이 20%에 달한다는 트럼프의 주장은 사실이 아닌 허구였다. 또한 정치적 올바름은 반드시 민주당의 백인 자유주의자들과 소수인종의 무지개 연합을 지키기 위한 이념적 위선이 아니라 인종적·문화적·성적 소수자들을 포섭하며 살아가야 하는 미국 민주주의의 기본적 예의였다.

하지만 트럼프의 '진실'에 대한 주류 언론의 비판이 거세질수록 대중은 그에게 더욱 열광했고, 트럼프는 공화당 경선이 트럼프 대 나머지 후보들 모두의 구도로 설정되는 '공짜 유명세'의 반사이익을 챙기면서 승승장구했다. 그의 정치적 부상의 비결은 그가 "기존 정치인들은 전혀 말하지 않지만 대중이 들을 필요가 있고 들어야만 하는 진실을 이야기했다는 점이다. 그 진실은 미국이 현재 엉망이고 미국인들은 정치적 올바름에 시간을 허비하며 미국이 여전히 위대하다고 여길 위선의 여유가 없다는 것이다"(Trump, 2015: 8).

2016년 7월 중순 공화당 전당대회에서 트럼프는 공화당 대선 후보로 지명되었다. 그 직전 그의 출사표는 『다시 위대하게: 어떻게 불구국가 미국을 고칠 것인가Great Again: How to Fix Crippled America』(Trump, 2016)로 '표지갈이' 하여 재출간되었다. 트럼프의 공화당 경선 승리는 예상 밖이었다. 그가 절대로 승리하지 못할 것으로 예상하며 만약 그가 승리한다면 자신의 말words을 먹겠다고 약속한 한 언론인(Milbank, 2016.5.4)은 자신의 칼럼이 실린 ≪워싱턴 포스트≫ 지면을 갈아 넣은 음식을 먹어야 했다.

트럼프의 후보 지명 수락 연설 역시 '누가 우리의 이런 승리를 예상했겠는가?'로 시작했다. 그는 '법과 질서'의 나라를 만들어야 한다고 말하며 범죄와 불법 이민, 테러리즘의 위협에 시달리고 자유무역으로 일자리를 잃고 무역 적자에 허덕이며 전 세계의 존경을 잃어버린 미국의 실상을 한탄하고, 미국을 이 지경으로 만든 기성 정치인들에게 더 이상 미국을 맡길 수 없다고 역설했다. 그의 구호는 미국 우선주의America First로, 이 용어는 ≪뉴욕 타임스≫ 기자인 데이비드 생어David Sanger가 2016년 3월 트럼프와의 인터뷰에서 그의 대외정책이 미국의 제2차 세계대전 참전 직전의 반개입주의 운동과 유사하다고 지적하면서 처음 사용했다(Sanger and Haberman, 2016.3.26; Thomas, 2016.7.24). 그에 따르면 미국 우선주의는 자신과 그의 상대인 민주당 대선 후보 힐러리 클린턴과의 차이를 극명하게 보여준다. 클린턴이 대기업과 주류 언론, 거대 정치후원자들의 이익을 지키는 허수아비인 데 반해, 트럼프는 자유무역정책 때문에 직장을 잃고 잊혀져 버린 미국 노동자들의 이익을 최우선적으로 추구하는 '글로벌리즘이 아닌 미국주의'를 신조로 삼으며, 오직 그 자신만이 미국의 왜곡된 기성질서를 바로잡을 수 있는 지도력을 지녔다는 것이다(Bump and Blake, 2016.7.21; Brooks, 2016.11.11).

곧이어 열린 민주당 전당대회는 항상 위대했고 오바마 정부에 의해 2008년 금융위기도 극복한 미국을 더욱 발전시켜나갈 '변화의 선도자change maker'로서, 또한 최초의 여성 대통령으로서 클린턴이 만들어나갈 새로운 역사를 찬양했다. 미국 정치의 현장에서 미국 예외주의는 미국의 위대함에 대한 거의 제례적인 헌사로 실천되었고, 그 주역은 전통적으로 공화당이었다. 2009년 나토 정상회의의 기자회견 중 미국 예외주의에 대한 질문을 받고 모든 국가가 자신을 예외적인 존재로 생각하기 마련이라는 오바마의 답변에 대해 2008년 공화당 부통령 후보였던 새라 페일린Sarah Palin이 미국 예외주의에 대한 신념이 결여되어 있다고 비난한 것이 대표적인 예다. 2016년 양당의 전당대회에서 공화당이 불구국가 미국의 진실을 역설하고, 민주당이 위대한 미국을 찬양한 것은 대단히 역설적이었다. 또한 대통령 부인과 상원의원, 국무장관으로 1990년대 이래 미국 기성질서의 대표적인 인물이며 남편의 성추문은 물론 본인의 국무장관 시절 개인 이메일 사용 등으로 신뢰성에 타격을 입은 클린턴이 기성질서를 바꾸는 변화의 주역으로 선전된 것은, "넌 해고야"를 외치던 리얼리티 쇼 진행자 트럼프가 미국 노동자의 이익을 대변하는 '영웅'을 자처하고 나선 것만큼이나 역설적이었다. 민주당과 공화당이 공히 최악의 후보를 지명했다는 것이 일반적인 평가였다.

클린턴 이외의 그 어떤 합리적인 민주당 후보도 트럼프를 손쉽게 이길 것이다. 트럼프 아닌 그 어떤 합리적인 공화당 후보도 클린턴을 손쉽게 이길 것이다(Gerson, 2016.7.29).

민주당 전당대회는 트럼프가 자질과 품성 면에서 절대 대통령이 되어서는 안 되는 인물이라고 집중포화를 퍼부었다. 트럼프의 잘못은 위대한 미국을 폄하한 것에서부터 과대망상에 가까운 자기애와 급하고 공격적인 성격, 사업 관련 소송 및 여성 관련 추문, 그리고 여성, 소수인종, 무슬림과 이민자, 심지어는 전쟁영웅에게까지 쏟아낸 막말과 미국 우선주의의 이름으로 내팽개친 동맹에 대한 공약 등에 이르기까지 다양했다. 트럼프가 민주당 전당대회에서 자신을 비판한 무슬림 전몰용사의 부친을 공격한 것을 시작으로 이후 선거운동은 최악의 비방전으로 점철된 정치적 리얼리티 쇼가 되어버렸다(Friedman, 2016.10.12). 트럼프의 진실의 담론, 혹은 그의 미국 민주주의와 패권질서의 전통적·정통적 명분에 대한 공격으로 그는 민주당 지지자들은 물론 공화당 안보전문가들과 보수주의 지식인들의 반대에도 직면했으며, 소득세 미납과 '딸에게 도저히 설명할 수 없는' 성희롱·추문 관련 폭로가 잇달아 터지면서 공화당 지도부마저 그에 대한 지지를 철회하거나 유보했다. 한편 건강 문제와 선거 직전 FBI의 이메일 재수사 의지 발표로 판세가 요동치기는 했지만, 세 차례의 토론에서 클린턴이 모두 '판정승'을 거두면서 대다수 언론과 전문가는 클린턴의 승리를 전망했다.

트럼프는 강력하게 저항했다. 10월 22일 게티즈버그 연설이 대표적이다. 1863년 링컨이 남북 내전의 희생을 넘어 '인민의 인민에 의한 인민을 위한' 통합된 미국을 건설하자고 주장한 게티즈버그에서 2016년 트럼프는 그의 "최상과 최악"을 보여주었다. 유권자와의 계약이라는 이름으로 그는 강력한 부패 청산drain the swamp, 노동자 이익 보호, 반이민 정책들을 총망라한 그의 최상의 정책 패키지를 제시했다. 동시에 그는 광범위한 부정선거의 가능성을 경고하고 이메일 '범죄' 행위로 클린턴은 대선에 출마해서는 안 되었고, 자신이 당선되면 클린턴을 감옥에 보낼 것이라고 선언했다. 또한 성추행을 폭로하고 나선 모든 여성들을 고소할 것이라고도 밝혔다. 정적에 대한 정치 보복과 선거의 공정성에 대한 의문 제기, 특히 선거 결과에 승복할 것이냐는 질문에 대한 답변을 유보함으로써 그는 미국 민주주의의 근간을 위협하고 나서는 '최악'을 연출하기에 주저하지 않은 것이다(Appelbaum, 2016.10.23).

2016년 11월 8일 미 대선의 결과는 트럼프의 승리였다. 트럼프는 일반 유권자 득표에서는 뒤졌지만, 전통적으로 민주당의 아성이었던 중서부의 러스트 벨트Rust Belt에서 승리하면서 선거인단 득표에서 306 대 232로 승리했다. 클린턴은 전체 투표의 2%에 이르는 270만 여 표를 더 얻었지만, 결국 (주류 언론의 예상이 빗나간) 위스콘신과 미시간, 펜실베이니아 세 개 주에서 8만 표 미만으로 지면서 패배하고 마는, 그리고 트럼프가 자신이 왜곡된 제도라고 비난하던 선거인단제도 때문에 당선되는 '소수정권' 탄생의 역설이 연출된 것이다(Dionne, 2016.12.7).

전 세계 증시와 외환시장은 요동쳤고, 미국의 주류는 집단적 공황상태에 빠졌다. 11월 8일 밤 트럼프가 앞서 나가는 개표 방송을 보면서 미국 '리버럴의 양심' 폴 크루그먼Paul Krugman은 미국이 어떻게 이렇게 형편없는 후보 트럼프를 선택할 수 있는지 한탄하며, 이것은 자신이 알던 미국이 아니라고 말했다(Krugman, 2009; The New York Times, 2016. 11.8). 돌이켜보면 민주당 경선에서 클린턴의 승리를 전망했던 여론조사와 달리 샌더스가 승리한 미시간은 이미 클린턴 진영에 경고를 보낸 것이나 다름없었다. 11월 10일 ≪워싱턴 포스트≫ 기고문에서 미시간의 민주당 하원의원 데비 딩글Debbie Dingell은 자신의 거듭된 경고를 클린턴 선거운동 진영이 무시했다고 비판했다. 그녀에 따르면, 트럼프를 당선시킨 미시간 주민들이 바라는 바는 가족을 부양하고 안전한 지역에 주택을 구입하며 자식들을 교육시키고 아프면 병원에 갈 수 있는 최소한의 안정적인 삶인데, 이런 삶이 얼마나 많은 미국인들에게 이루기 힘든 것이 되었는지를 이해하지 못하는 것이 큰 문제라고 지적했다. 그녀는 또한, 오바마의 자동차산업 구제에도 불구하고 미시간의 노동자들은 실질임금 하락, 고용 불안, 테러 위협 등 경제와 국가안보의 위협 때문에 오바마 행정부에 전혀 감사해하지 않는다고 지적했다(Dingell, 2016.11.10).

인프라투자 등에 대한 기대로 세계경제는 진정되었지만, 미국의 주류는 정신적 공황 상태에서 쉽게 벗어나지 못하고 있다. 미국 패권의 전통적·정통적 명분에 입각한, 혹은 트럼프가 배격하는 '글로벌리즘'에 '눈먼' 외교·안보 엘리트들은 아직도 딩글이 강조하는 미시간 백인 노동자들의 고단한 삶을 이해하지 못한다. 전직 공화당 상원의원이자 국방장관을 역임한 윌리엄 코언William Cohen과 전직 민주당 상원의원 개리 하트Gary Hart는 11월 22일 자 ≪뉴욕 타임스≫ 공동기고문에서 제2차 세계대전 이후 트루먼과 아이젠하워, 마셜과 애치슨이 건설한 미국 패권을 미국의 자유와 번영을 보장하는 사원에 비유하며, 이 사원의 내부 수리가 필요할지도 모르겠지만 그렇다고 트럼프가 이 사원 자체를 파괴해서는 안 된다고 호소했다(Cohen and Hart, 2016.11.22). 크루그먼 역시 11월 25일 자 ≪뉴욕 타임스≫ 칼럼에서 대선 이후 민주당이 인종적·문화적 다양성을 보장하는 정체성의 정치를 넘어 백인 노동자계급의 이해를 증진시키는 정책 개발에 주력해야 했다는 비판이 힘을 얻고 있지만 사실 트럼프의 황당하고 비현실적인 공약이 아니라 클린턴의 공약이 이들의 이해를 증진시키는 것이고, 이미 오바마 정부의 건강보험 개혁 등이 이들에게 실제적인 혜택을 제공했는데도 이들이 오바마와 클린턴에 반감을 지니고 트럼프를 지지한 것을 솔직히 이해하지 못하겠다고 밝혔다(Krugman, 2016.11.25).

12월 1일 트럼트는 선거 이후 자신의 성채, 즉 뉴욕의 트럼프 타워와 각지의 골프 리조트에서 전 세계 정상들과 통화하고 자신의 리얼리티 쇼 〈견습생The Apprentice〉에서 직원을 뽑듯 각료 후보들을 면접하던 그간의 '은둔'에서 벗어나 대선 승리에 결정적으로 기여한 오하이오 주의 신시내티에서 '감사투어'를 시작했다. 주류 언론의 관심은 당선 이후 잦아들었던 그의 선동가적 유세에 집중되었다. 이는 그가 연설 대본에서 벗어나 클린턴은 물론 자신의 승리를 전혀 예상하지 못한 공화당 지도부와 소위 전문가들, 그리고 무엇보다도 예의 "무지하게 부정직한" 주류 언론을 마음껏 조롱한 점에서는 정당한 것이었다. 하지만 그의 연설 대본 자체는 '진지'하게 게티즈버그 연설의 정책 프로그램과 미국 우선주의를 재확인하는 것이었다. 그는 글로벌 국가나 국기는 없다고 지적하고 이민 제한 정책을 주권의 문제로 설정하며 미국의 이익, 정확히는 미국을 구성하는 지역 공동체들과 미국인들 자체의 이익을 최우선시하는 정책을 추진하겠다고 밝혔다. 그리고 지금까지 미국의 지도자들이 이러한 미국 우선주의를 실행한 적이 있었느냐고 일갈했다. 오바마케어의 폐지와 대체도 재확인되었고 자유무역협정의 재협상 의지도 "미국의 경제적 투항economic surrender의 시대는 끝났고 새로운 산업혁명의 시대가 도래했다"라는 선언으로 다시 강조되었다(Corasaniti and

Shear, 2016.12.1; Hannon, 2016.12.2).

    대통령 당선자에 이른 트럼프의 정치적 여정, 혹은 트럼프의 진실은 (주류 언론의) 사실과 정치적 올바름, 기성질서와 충돌하며 온갖 역설과 충격, 반전, 불확실성을 불러왔다. 억만장자인 그는 진정 백인 노동자의 구세주인가? 아니면 희대의 혐오범죄자이자 사기꾼 선동가인가? 그에 대한 백인 노동자들의 지지는 '정당한' 경제적 불만의 발로인가, 아니면 인종주의적 반발인가? 이 둘의 구분이 가능하기는 한가? '딸에게 도저히 들려줄 수 없는' 성추문의 주인공을 복음주의자들이 지지하는 것은 합리적 선택인가? 사업가 트럼프와 대선 후보 트럼프, 그리고 대통령 트럼프는 어떻게 다를 것인가? 대통령 트럼프는 후보자 트럼프의 공약을 얼마나 이행할 것인가? 그 공약들은 이행 가능하기는 한가? 트럼프 기업의 이익은 대통령 트럼프와 양립할 수 있는가? 트럼프 기업을 유지하면서 워싱턴의 부패 청산을 외칠 수 있는가?

    종합하자면 2016년 미국 대선의 역사적 의미는 무엇인가? 무엇이 그의 정치적 부상을 가능하게 했고, 대통령 트럼프가 가져올 변화는 어떤 것인가? 대통령 트럼프에 대한 전망은, 대단히 불확실하고 예측하기 어렵다는 전제를 깔고, 사업가 트럼프가 대통령직을 실용적으로 수행할 것이라는 기대와 선동가 트럼프가 기정 질서 및 법규범과 충돌할 것이라는 우려(Brooks, 2016.11.11)가 교차하고 있다. 트럼프의 정치적 부상에 대해서는 두 가지, 즉 지구적 맥락에서의 신자유주의에 대한 반발이라는 설명(Jacques, 2016.8.21)과 미국 역사에서 유구한 내지heartland의 시골 기층 민중이 연안의 도시 엘리트에 대해 지니는 반발이 트럼프의 포퓰리즘으로 재연되었다는 설명(Cha, 2016)이 주를 이룬다. 트럼프의 정치적 부상에 대한 설명이 구조적이라면, 대통령 트럼프에 대한 전망은 단편적이며, 이 양자를 통합적이고 체계적으로 다룬 설명은 드물다.

2016년 미국 대선의 승패를 가른 러스트 벨트의 분노한 백인 노동자들은 분명 신자유주의의 산물이며, 이들의 불만을 동물적 감각으로 읽어낸 트럼프의 선동의 결과이기도 하다. 하지만 트럼프의 포퓰리즘은 제3당 운동의 돌풍에 그친 것이 아니라 공화당의 대선 후보를 차지하고 더 나아가 대선에서 승리했다는 점에서 유례가 없다. 또한 트럼프는 공직 경험은 물론 오바마처럼 풀뿌리 지역운동의 경력도 전무한 점에서 인디언 토벌의 전쟁영웅으로서 대통령에 당선된 잭슨의 경우와 다르다.

한편 신자유주의에 따른 제조업의 쇠락과 미국 중산층의 붕괴는 1970년대 이래 지속되어온 문제다. 좀 더 넓은 의미에서 보자면 러스트 벨트 백인 노동자의 분노는 자본주의와 민주주의의 양립이 지니는 구조적 문제이고, 패권국가로서 미국이 국가적 이익과 세계자본주의의 체제적 이익을 어떻게 조화시키며 국가경제와 세계경제를 관리해나갈 수 있느냐 하는 패권의 본질적 딜레마와 연관되어 있다. 트럼프의 부상과 브렉시트를 단순하게 신자유주의에 대한 반발의 맥락에서만 보는 것은 그 충격의 차이, 즉 영국과 패권국가 미국의 차이를 무시하는 것이다. 또한 2008년 세계 금융위기 이후 유럽은 물론 중국과 비교해도 미국 경제의 회복은 상대적으로 나쁘지 않다. 10%에 이르던 실업률은 5% 아래로 떨어졌다. 트럼프의 부상은 단순히 백인 노동자들의 경제적인 반발이 아니라 직접적으로는 오바마 정부의 정책과 민주당 대선 후보 클린턴에 대한 그들의 반발을 트럼프가 조직해낸 것이다. 즉, 신자유주의의 모순, 더 넓은 의미에서는 미국 패권의 구조적 문제가 언제 어떤 경로를 거쳐서 일종의 정치 변동의 임계점을 넘어 기성질서에 대한 전면적인 도전을 제기하는지에 대한 복합적이고 체계적인 분석이 필요하다.

이 장은 미국 패권의 복합적 과제, 특히 민주주의와 (세계) 자본주의, 지구적 개입 기제를 동시에 관리해야 하는 과제에 대한 이론적·역사적 분석을 바탕으로, 경제적 민족주의와 일방주의의 미국 우선주의, 인종주의와 토착주의의 '백인 우선주의', 그리고 트럼프 개인의 독단적인 반기성질서 리더십의 '트럼프 우선주의' 등 세 가지 관점을 종합해 트럼프의 정치적 부상을 설명하고 대통령 트럼프에 대한 전망을 제기한다.

2. 미국의 트럼프: 신자유주의 병리현상

리더십으로서 패권hegemony의 어원적 의미는 강제와 동의의 결합이다. 미국 패권은 지구적 수준에서 패권과 미국적 특성의 결합이다. 미국은 북미 대륙 동부에 있는 영국의 13개 식민지에서 출발해 현재의 지구적인 패권국가로 팽창했다. 이 과정은 크게 두 가지로, 인종적·문화적·역사적 차원에서의 국민·민족 건설과 국가·제국·패권의 연속적·중층적 건설이 착종된 것으로 볼 수 있다(Kurth, 1996; 이혜정, 2016).

국민의 인종적·문화적·역사적 정체성의 측면에서 보면, 미국은 캐나다나 호주처럼 영국으로부터 독립한 이후에도 유럽 백인의 이주, 정착, 침략에 의해 건설된 사회다. 원주민에 대한 박해와 이민자들 사이의 인종적·문화적 갈등, 그리고 이민자에 대한 토착주의nativism 반발은 미국 역사의 정상 상태이고, 이들을 관리하는 것은 미국의 국민 건설,

즉 정치의 영원한 과제다. 또한 독립 당시 미국 연방의 일부는 (단순히 노예가 존재하는 사회가 아니라) 노예제도에 정치경제적·문화적 기반을 둔 노예제 사회였고, 이에 따른 인종주의는 흑인 노예를 인구 비례 하원 의석 산출에서 5분의 3으로 계산하는 헌법 조항으로 제도화되었다. 인종주의의 측면에서 미국은 19세기 후반에서야 노예제를 폐지한 브라질이나 20세기 후반까지 인종차별을 제도화했던 남아공에 비견되는 '전근대적' 사회다.

영토나 영향력의 공간적 범위로 보자면, 미국은 북미 대륙 전체로의 영토적 팽창과 '백인 국민' 건설을 통한 연방국가, 배타적·군사적 세력권의 지역적 제국이며, 지구적 차원에서 군사력뿐 아니라 경제력과 이념, 국제기구를 통해 국제질서를 관장하는 패권국가로의 팽창을 거듭해왔다. 이러한 팽창의 방식, 즉 각 단계의 팽창이 고유한 논리를 지닌 동시에 이전 단계의 팽창을 승계하면서 중첩되는 방식은 상이한 팽창의 논리 혹은 명분의 충돌을 초래한다. 예를 들면, 영토 및 백인 국민 건설의 논리는 군사적 세력권의 논리와 배치되는 것으로, 19세기 후반 미국의 반제국주의는 군사적 팽창을 통한 연방정부의 권한 강화나 세금 부담으로 인한 미국 체제의 기능 부전뿐만 아니라 열등한 인종에 의한 미국(백)인의 타락을 우려했다. 인종적·문명적 우월 의식이 시장이나 군사적 필요 못지않게 제국주의적 팽창의 명분이기도 했다. 자유무역이나 국제기구의 형성, 반식민주의의 이념적 호소 등의 차원에서 지구적 수준에서 패권적 팽창의 원형을 제공했다고 볼 수 있는 윌슨도 국내에서의 인종차별과 중남미에서의 군사적 개입을 주저하지 않았다.

패권의 부상은 단순히 능력이 아니라 의지의 문제이고, 이는 (그람시적 시각에서 보면) 상이한 이해를 가진 지배계급 분파들 사이에서의 합의는 물론 피지배계급으로부터도 동의를 확보해내는 패권 기획hegemonic projects의 수립에 달린 것이다. 결국 이런 패권 기획의 주체인 역사적 블록historic bloc의 형성과 능력이 패권 부상의 핵심인 것이다. 산업화 이후 자본주의는 국내 정치경제의 근간이자 군사력의 기반인 동시에 지구적 수준에서 패권 기획의 핵심 영역이다. 19세기 영국 패권의 기반은 제해권, 자유무역과 금본위제를 통한 세계자본주의의 관리이며 무엇보다도 고전적 시장경제 이념의 국제적 확산과 영향력에 있다. 영국은 19세기 중반부터 산업 생산력의 우위를 상실했고 제1차 세계대전을 거치면서는 금융의 영향력도 쇠퇴했다. 반면 미국은 제1차 세계대전 이전에 세계 1위의 산업국가로 성장했고 제1차 세계대전을 거치면서 채무국에서 채권국으로 부상했지만, 윌슨의 패권 기획은 상원의 국제연맹 비준 거부가 보여주듯 국내적 지지를 확보하지 못했고, 영국 패권의 이념적 기반인 고전적 자유시장의 이념은 대공황을 맞닥뜨리고 나서야 깨졌다 (Lee, 2000).

제2차 세계대전 이후 미국 패권 수립은 능력의 차원에서 압도적인 군사력과 경제력, 자본주의 패권 기획으로서 뉴딜의 수정자본주의, 그리고 패권의 제도 및 국내 정치적 지지 기반으로서는 소련과의 체제 경쟁을 명분으로 자유진영을 관리해나가는 국가안보국가의 건설에 의해서 이루어졌다. 자본주의 패권 기획에 주목하면 전후의 미국 패권은 뉴딜의 수정자본주의 혹은 국가의 거시경제 조정과 복지 역할이 내장된 자유주의embedded liberalism다. 내장된 자유주의로서 미국 패권 1.0은 국민 건설, 복지국가 건설, 정당체제 등의 측면에서 인종주의적이었다. 19세기 후반 산업화의 진전과 이민의 급증이 극심한 사회 혼란을 초래하면서, 미국은 앵글로색슨계의 우위를 지키기 위해 기존 인구구성별 할당

그림 7-1 **1820~2012년 미국 이민자 수 변화** (1000명)

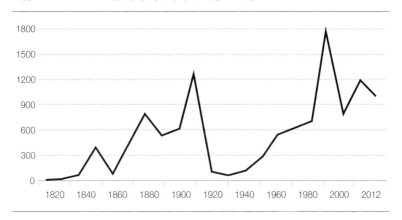

자료: U.S. Department of Homeland Security(2016).

제를 실시했고 제1차 세계대전 이후에는 이민 문호를 거의 폐쇄했다(그
림 7-1 참조). 뉴딜의 복지 혜택은 중산층 백인 남성에게 집중되었고, 연
방의회에서 민주당의 뉴딜 연합은 북부의 중산층 백인 남성 노동자 기
반의 자유주의자들과 남부의 보수적 인종주의자들로 구성되었다
(Schickler, 2016).

미국 패권 1.0의 인종주의적 기반은 1960년대의 민권운동과 인종
별 할당제를 폐지하는 1965년 이민법으로 침식되기 시작했고, 복지 확
대 프로그램과 동시에 추진된 베트남 전쟁의 미국화로 미국 패권 1.0의
총체적 쇠퇴로 이어졌다. 남부 백인의 시각에서 연방정부는 이등시민
이자 격리 대상이어야 하는 흑인에게 시민권과 투표권을 보장하고 자
신들의 세금으로 이들에게 복지 혜택을 제공하는 '공공의 적'이었다. 이
들의 반발은 주의 권리state's rights와 작은 정부의 이름으로, 그리고 민주
당에서 공화당으로의 대거 이탈로 나타났다. 흑인들의 도시 폭동으로

북부 백인 중산층도 민주당에 대한 지지를 철회하기 시작했다. 베트남 전쟁은 미국의 대외 개입의 명분에 대한 비판과 외교정책에 대한 초당파적 합의의 붕괴 및 징병제의 폐지를 초래했다. 미국 민주주의가 감당할 수 있는 지구적·군사적 개입의 한계가 노정된 것이다. 서유럽과 일본의 경제성장, 그리고 전비와 복지비용의 급증에 따른 미국 경제의 상대적 하락으로 금·달러 통화 질서를 근간으로 하는 브레턴우즈 체제도 무너졌다. 1971년 달러의 금 태환 중지는 닉슨의 설명에 따르면, 미국 국가경제의 이익을 국제통화 질서의 볼모로 잡아둘 수 없었기 때문에 내린 불가피한 결정이었다(Zeiler, 2013: 12).

금 태환 중지 이후 1970년대의 스태그플레이션을 거치면서 미국의 자본주의 패권 기획은 내장된 자유주의의 복지국가를 해체하고 완전고용 대신 인플레이션 방지 등 금융자본의 이해를 최우선적 정책 목표로 하는 탈규제 및 사유화의 신자유주의로 전환된다. 미국 재개의 주도권은 금융으로 이동하고, 신자유주의의 이념적 영향력도 학계와 전문가 집단에서 증가했으며, 워터게이트 사건 이후 기존의 위계적인 의회 및 정당 체제를 해체한 미국 정치제도의 개혁은 역설적으로 금융자본의 영향력을 증폭시키는 결과를 초래했다. 레이건의 집권은 백인 민주당원의 공화당으로의 이동을 가속화했고, 신자유주의는 정부정책의 좌표가 되었으며 워싱턴 합의의 이름으로 수출되었다.

신자유주의를 자본주의 패권 기획으로 하는 미국 패권 2.0은 냉전의 종언 이후 민주당 클린턴 정부에 의해 전 지구적으로 확산·심화되었다. 미국 중심의 지역경제 재편(NAFTA와 APEC)은 지구적 차원에서의 무역자유화(WTO) 및 금융자유화와 동시에 진행되었다. 신자유주의는 감세나 (상업은행과 투자은행의 구분을 없앤 것과 같은) 규제 철폐, (파생상

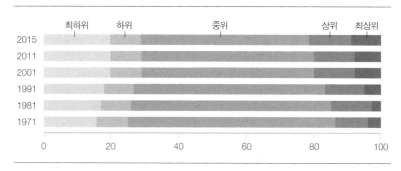

그림 7-2 **1971~2015년 미국 중산층의 감소** (연간소득 기준, %)

자료: Pew Research Center(2015a).

품이나 금융CEO의 보너스에 관한) 새로운 규제 시도의 억제 등을 통해 금융자본의 이해를 적극적으로 보장하는, 그리하여 1970년대 이래의 미국 제조업의 쇠퇴와 중산층의 붕괴를 가속화하는 '승자독식'의 왜곡된 정치경제체제였다(Hacker and Pierson, 2010; 그림 7-2 참조).

중산층은 어느 국가에서나 민주주의와 자본주의의 중추이지만, 미국에서는 특히 그렇다. 미국 패권의 기본 과제가 미국의 국가(경제) 이익과 세계자본주의의 체제적 이익을 동시에 관리하는 것이고, 중산층은 바로 그런 패권 기획의 핵심적 기반이기 때문이다. 신자유주의 미국 패권 2.0에서 미국 중산층은 다양하면서 치명적인 고통을 감수해야 했다.

경제적 불평등은 노동(이민 유입), 무역(저렴한 상품 수입), 생산(해외 이전)과 자본의 지구화는 물론 기술(고용 대체)의 발전으로 심화되었다. 신자유주의 지구화 시대에 교육(대학 이상)의 비용과 투자 효과 모두 상승했다. 미국 경제는 대학 이상의 교육을 통해 기술과 금융 등 안정적인 직종으로 진입할 수 있는 30%와 그렇지 못한 70%로, 다시 슈퍼리치 1%와 나머지 99%로 이원화되었다(Temin, 2016). 1980년대 이래 하위

그림 7-3 **상위 소득자의 평균 세율(1960~2004년)** (%)

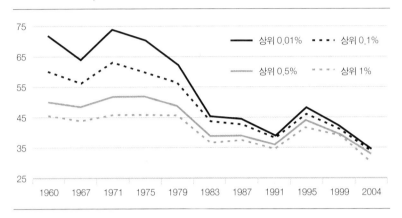

그림 7-3 **상위 소득자의 평균 세율(1960~2004년)** (%)

자료: Hacker and Pierson(2010).

그림 7-4 **총세전소득에서 상위 1%의 소득이 차지하는 비율(1960~2008년)** (%)

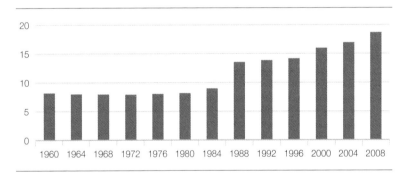

자료: Hacker and Pierson(2010).

90%의 소득은 정체되었고, 남성 노동자의 중간 임금은 1970년대 이래 감소한 반면 상위 1%의 소득은 두 배 이상 증가했다(Stiglitz, 2016.8.5; 그림 7-3, 7-4 참조). 2008년 미국발 금융위기 이후에도 이런 추세는 계속

표 7-1 **소득구간별 실질소득 증감(2007~2014년)** (%)

기간	평균 소득 실질 증가율	상위 1% 소득 실질 증가율	하위 99% 소득 실질 증가율	총소득증가분 중 상위 1% 소득증가분 비율
2007~2009년 대침체기	-17.4	-36.3	-11.6	49
2009~2014년 회복기	8.4	27.1	4.3	58

자료: Zilman(2016.1.13).

되었다. 2009년 이후 상위 1%의 소득은 27.1%가 증가했지만, 나머지 99%의 소득은 4.4% 증가하는 데 그쳤다(표 7-1 참조).

중산층의 경제적 파탄은 '절망의 질병'으로 불리는 마약과 알코올 중독, 자살의 증가로 이어져, 1999년에서 2013년 사이 45~55세의 (비히스패닉계) 고졸 이하 백인 중산층의 사망률이 증가하는 유례없는 사례가 발생하기도 했고, 이는 다시 이혼의 증가, 의료비·교육비의 상승과 맞물리면서 자녀 교육 포기의 악순환을 초래했다(Case and Deaton, 2015; Cherlin, 2014; Murray, 2012; Putnam, 2013). 2014년 10월 연방준비이사회의 조사에 따르면, 400달러의 급전이 필요할 때 이를 마련할 수 없어서 포기하거나 물건을 팔거나 빚을 내야 하는 가구가 미국 전체 가구의 47%에 이르렀고, 지난 1년간 의료비 부담 때문에 병원에 가지 않은 가구가 31%에 달했다(Board of Governors of the Federal Reserve System, 2015).

1980년대 레이건 집권 이후 공화당은 말할 것도 없고 1990년대 민주당도 신자유주의를 수용하면서 신자유주의의 최대 피해자인 미국 중산층의 경제적 이익은 양당 모두에게 외면당했다. 1960년대 후반 이래 (닉슨에 의해) '조용한 다수'로 불린 백인 노동자들이 대거 민주당에서

표 7-2 **트럼프가 롬니보다 우세했던 카운티 분석** (%)

구분	미국 전역	중서부 산업 지역	애팔래치아 지역	뉴잉글랜드 지역
트럼프가 롬니보다 더 나은 성적을 거두었던 카운티의 비율	79.5	88.5	90.7	68.7
카운티 중, 약물·알코올 중독 및 자살로 인한 사망률이 중간값 이상인 카운티의 비율	81.7	94.8	94.5	82.9
카운티 중, 약물·알코올 중독 및 자살로 인한 사망률이 중간값 이하인 카운티의 비율	77.3	83.8	80.2	53.1

자료: Monnat(2016).

공화당으로 '이적'하면서, 민주당은 동서부 연안의 코즈모폴리턴cosmo-politan 엘리트와 문화적·인종적 소수자의 연합정당이 되었고, 공화당의 주류는 경제, 가치, 안보의 보수주의가 차지했다. 1990년대 이후 양당의 문화전쟁은 공화당으로 옮긴 백인 노동자들, '조용한 다수'의 분노를 배출하는 간접적인 통로가 되기는 했지만, 문화적 대리전쟁으로 그들의 실제 삶이 나아지지는 않았다.

샌더스와 트럼프의 잠재적 지지자들은 오랜 기간에 걸쳐 버려져 왔던 것이다. 2012년 공화당 후보 밋 롬니의 득표와 2016년 대선에서 트럼프의 득표를 비교한 한 연구는 '절망의 질병' 사망률이 높은 지역에서 트럼프의 득표율이 훨씬 높았다는 '절망적인' 발견을 보고한 바 있다(Monnat, 2016; 표 7-2 참조).

3. 트럼프의 미국: 백인 우선주의, 트럼프 우선주의, 미국 우선주의

신자유주의로 인한 중산층의 붕괴는 대선 예비경선 과정에서 트럼프와 샌더스 돌풍의 배경이며 트럼프가 대선에서 승리한 주요한 원인이다. 하지만 이는 트럼프의 정치 입문이나 경선 승리의 가장 직접적이고 중요한 요인은 아니다. 트럼프가 정치적 논란의 주인공으로 등장한 것은 최초의 흑인 대통령에 대한 반감으로 오바마 대통령의 출생지가 미국이 아니기 때문에 그의 대통령 출마 자격 자체가 없다는 주장을 펼친 버서 운동Birther Movement에 동참해 오바마의 출생증명서를 요구하면서부터다. 트럼프가 공화당 대선 후보 예비경선에 출마하면서 언론의 '공짜 유명세'를 얻게 된 이슈 역시 멕시코 국경의 장벽 설치 등 (반)이민 이슈였다. 백인들의 인종주의와 토착주의가 철저한 정치적 국외자인 트럼프가 단기필마로 정치판에 진입하는 통로가 되었으며, 정치적으로 부상하는 도약대 역할을 한 셈이다. (트럼프가 2016년 3월 《뉴욕 타임스》 인터뷰 이후 생어에게서 차용하게 되는) 미국 우선주의의 구호에 빗댄다면, 백인 우선주의와 트럼프 우선주의의 결합으로 트럼프는 정치적 올바름을 넘어 미국의 '불구국가' 현실을 직시하는 '진실'의 모험을 시작한 셈이다.

백인 우선주의는 기존의 다양한 (인종적·문화적·사회경제적 등) 차원에서의 백인 우위가 무너지는 데 대한 반응이다. 1980년대 이후 이민자의 절대 숫자와 비율, 특히 노동인구에서의 비중은 급격하게 증가했다(그림 7-5 참조). 이는 19세기 후반의 이민 증가에 버금가는, 규모 면에서는 오히려 능가하는 수준의 변화다. 미국 내부의 인구 변동도 급

그림 7-5 **전체 미국 인구 및 노동인구 대비 이민자 비율(1980~2015년)** (%)

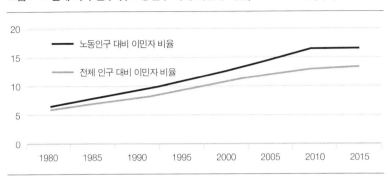

자료: Migration Policy Institute(2015).

그림 7-6 **전체 인구 중 백인 비율의 감소(1965~2065년)** (%)

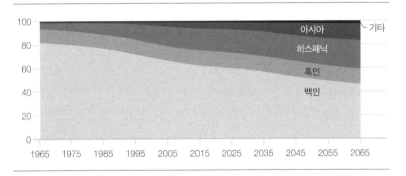

자료: Cohn and Caumont(2016).

속하게 진행되고 있다. 히스패닉은 흑인을 제치고 제1의 소수인종이 되었으며, 21세기 중반이면 백인의 비율이 50% 아래로 떨어질 것으로 전망된다(그림 7-6 참조). 2000년 이후 유권자의 인종구성만 보더라도 백인의 비율은 2000년의 78%에서 2016년에는 69%로 10%p 가까이

표 7-3 **유권자 중 백인 비율의 감소(2000~2016년)** (%)

	2000년	2004년	2008년	2012년	2016년(추정)
백인	78	75	73	71	69
흑인	12	12	12	12	12
히스패닉	7	7	8	11	12
아시아인	2	3	3	4	4

자료: Cohn and Caumont(2016).

감소했다(표 7-3 참조).

백인이 급속하게 감소하는 인구 변동 추세는 소수인종이 지지자의 과반에 육박하는 민주당에 유리하게 작용할 것이라는 전망을 낳았고, 2012년 대선에서의 패배 이후 공화당 지도부는 히스패닉과 여성, 청년층 등에 대한 호소력을 증가시키지 않고는 공화당의 미래가 없다는 패배분석autopsy 보고서를 내놓기도 했다(Edsall, 2013.3.20). 하지만 이민과 소수인종의 증가 추세는 백인의 정치적 반발을 추동했고, 이는 최초의 흑인 대통령 당선으로 더욱 증폭되었다. 지역에서 이민의 급속한 (절대 규모가 아니라 변화의 폭) 증가가 국가적 차원에서의 이민의 (경제, 문화, 안보 등) 위협 담론과 맞물리면 그 지역의 백인들은 이민에 대한 반감을 갖게 되면서, 강경한 이민정책을 펴는 공화당으로 지지 정당을 변경하거나 지역정부에 이민자에 대한 교육이나 복지 지원은 줄이고 경찰력 등에 대한 정책은 강화하라고 요구한다(Hopkins, 2010; Abrajano and Hajnal, 2015).

오바마의 당선은 탈인종주의적 통합의 새 시대에 대한 기대를 높였으나, 현실은 정반대였다. 1990년대 힐러리 클린턴이 건강보험 개혁안을 주도했을 때 아무도 그의 정책을 힐러리케어나 클린턴케어로 명명하지 않았던 점을 고려한다면, 오바마 정부의 건강보험 개혁을 '오바마케어'라고 부른 것 자체가 흑인 대통령에 대한 인종주의적 반감의 표현이다. 인종을 기준으로 지지 정당을 결정하고 다른 정책 이슈들을 재단하는 '인종화racialization'는 오바마 집권 이후에 급속하게 진행·악화되었다(Tesler, 2016). 인종주의를 미국의 고질적인 원죄로 보는 입장에서는 미국의 전 역사에서 인종 문제의 해결을 위한 노력이 소수인종의 희생이 필요한 전시에만 제한적으로 이루어졌다고 본다. 그리고 그에 대한 국내 정치적, 주로 백인들의 지지가 그나마 전후에 빠르게 쇠퇴했다는 '법칙'을 발견하고, 냉전의 종언과 지구화에 의한 이민의 증가, 미국 내에서 백인의 감소 등에 따른 백인의 반발이 2016년 대선에서 트럼프의 당선으로 이어진 것이 전혀 놀랍지 않다고 지적했다(Klinkner and Smith, 2002, 2016.11.17).

트럼프의 정치 입문이 백인 우선주의의 활용을 통해 이루어졌다면, 그 추동력은 무엇보다 기존의 모든 미국 민주주의와 패권의 이념이나 상식, 사실을 무시하며 전폭적으로 기성질서에 도전하는 그의 독단적인 리더십, 즉 트럼프 우선주의에 있었다. 트럼프 우선주의가 작동할 수 있었던 가장 직접적인 원인은 기존 공화당 지도부의 붕괴이고, 좀 더 넓은 의미에서 보자면 기성질서의 구조적 문제와 기능부전이 트럼프의 정치적 승리를 허용했다(그림 7-7, 7-8 참조).

공화당 지도부는 17명의 후보자가 난립한 공화당 예비경선에서 트럼프의 돌풍을 예상하지 못해 '기성질서' 후보자들 가운데 대항마를 미리 선출할 전략을 세우지도 못했지만, 설사 그런 전략적 판단을 했다고 해도 이를 실행할 능력이 없었다. 그 단적인 예가 그런 전략을 실행할 시점인 2015년 9월에 하원의장 존 베이너John Boehner가 예산 등에서 오

그림 7-7 **정부 신뢰도 하락(1958~2015년)** (%)

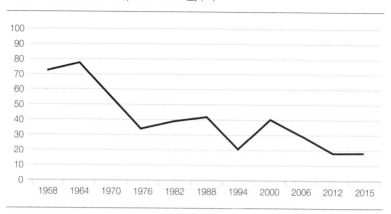

자료: Pew Research Center(2015b).

그림 7-8 **미국의 현실에 대한 만족도(1980~2016년)** (%)

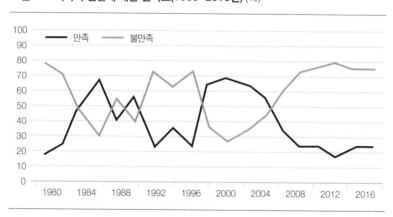

자료: Gallup(2016).

바마 정부와의 타협에 반대하는 티파티 중심의 강경파의 압박에 의해 사임해버리고, 우여곡절 끝에 폴 라이언Paul Ryan이 후임 하원의장으로 선출된 것이다. 베이너의 사임은 공화당의 중심이 베이너의 지역구인 신시내티 교외가 아니라 남부와 농촌의 백인 다수 거주 지역으로 옮겨 가고 있다는 방증이었다(Steinhauer, 2015.9.25).

공화당의 기존 주류 지도부를 무너뜨린 주역은 티파티다. 자유지상주의와 인종주의가 결합된 티파티 운동가들이 볼 때 '오바마케어'는 자신이 내는 세금을 이민자, 흑인, 세금도 내지 않는 청년 등 지원을 받을 자격이 없는 자들에게 낭비하는 대표적인 악덕이었다(Skocpol and Williamson, 2012). 의회로 진입한 티파티 지도부는 감세와 균형예산, 작은 정부론을 극단적으로 밀어붙여 2011년에는 미국 신용등급이 하락하고, 2013년에는 연방정부가 폐쇄되는 업적(악덕)을 이루었다. 공화당 경선에서 최후까지 남은 이는 상원의 티파티 대표 주자 테드 크루즈Ted Cruz였다. 공화당 주류가 예비경선 막판에 기성질서의 대항마로 내세웠던 (혹은 기대한) 마르코 루비오Marco Rubio나 젭 부시Jeb Bush는 안보 보수주의와 히스패닉을 포용하는 이민법 개정을 내세웠고, 크루즈와 트럼프는 이를 강력하게 반대했다. 양자 간의 대결에서 크루즈의 작은 정부론은 인종적·문화적 '백인 우선주의'뿐 아니라 (이후 미국 우선주의의) 불구국가 미국의 경제적 '진실'에도 주목한 트럼프의 적수가 되지 못했다. 공화당 지도부를 무너뜨리고 주류 기성질서 후보를 낙마시켜 트럼프의 정치적 부상을 가능케 한 일등공신은 티파티인 셈이다.

2016년 7월 전당대회에서 트럼프는 미국·트럼프·백인 우선주의를 정립했다. 백인·트럼프 우선주의는 기존의 민주주의 규범을, 미국·트럼프 우선주의는 기존의 군사적·경제적 패권 기제에 대한 전면적 도전을 의미한다. 공화당 예비경선에서 백인·트럼프 우선주의가 기층의 지지를 끌어내는 데 결정적이었다면, 대선 본선에서 이는 민주당의 집중적 공격 대상이었다. 트럼프의 승기가 굳어지면서 미국 패권의 역사적 블록이나 주류 엘리트들은 미국·트럼프 우선주의의 실체를 확인하고 비판하기 시작했다. 미국 패권의 대표적 주류 언론인이라고 할 수 있는 데이비드 생어가 그를 인터뷰하면서 미국 우선주의 용어가 나온 것은 우연이 아니다. 미국 우선주의를 전면에 내세우는 것은 백인 우선주의를 상대적으로 약화시켜 '샤이 트럼프'를 보호하는 효과가 있고, 미국·트럼프 우선주의(의 기존 자유무역 전면 재협상과 같은 경제적 민족주의)를 통해서 중산층의 경제적 곤경을 이슈화하고, '절망의 질병'에 시달리며 '마약 벨트'가 되어버리기도 한 러스트 벨트의 절망과 분노에 승부를 거는 방법이기도 했다(Monnat, 2016).

공화당 안보전문가들이 미국·트럼프 우선주의의 이단을 비판하고 나서기도 했지만, 민주당의 공세는 트럼프의 품성과 자질에 맞춰졌다. 이는 전몰용사의 부친을 트위터로 공격하는 등 트럼프가 자초한 측면도 있었지만, 결과적으로 보면 기성질서의 낡은 정치인으로서 태생적인 약점을 지니고 있는 클린턴으로서는 자신의 약점을 방어하고 경제와 테러, 이민 등 트럼프 지지자들이 관심을 갖는 문제들을 해결할 정책 대안의 개발과 선전에 더욱 적극적이었어야 했다(표 7-4, 7-5 참조).

10월 중순 소득세 미납에 이어 성희롱·추행의 폭로에 직면한 트럼프는 게티즈버그 연설을 통해 워싱턴 부패 청산의 구호를 새로 내걸고 경제적 민족주의를 좀 더 구체화한, 자신의 품성에 대한 비판을 기성질서에 대한 비판으로 맞받아치는 데 중점을 둔 트럼프·미국·백인 우선주의의 반격을 시도했다.

표 7-4 **2016년 대선 등록 유권자가 답한 후보자 지지 요인** (%)

지지 요인	클린턴	트럼프
테러 문제에 대한 후보의 입장	48	78
경제 문제에 대한 후보의 입장	58	76
이민 문제에 대한 후보의 입장	46	64
인종 문제에 대한 후보의 입장	55	28
정부 활동 경력이 있(없)어서	79	47
리더십 역량	67	59
후보자의 인격	32	18
상대 후보가 싫어서	64	67
공화당·민주당의 지명후보자라서	43	28

자료: Pew Research Center(2016a).

표 7-5 **향후 10년간 미국에 중대한 위협이 될 요인**

	트럼프 지지자	민주당원	공화당원	무당파
1	국제 테러리즘 (83%)	국제 테러리즘 (74%)	국제 테러리즘 (83%)	국제 테러리즘 (71%)
2	이민자·난민 유입 (80%)	북핵 문제 (64%)	이슬람 근본주의 (75%)	비우호국 핵무장 (57%)
3	이슬람 근본주의 (76%)	비우호국 핵무장 (60%)	이민자·난민 유입 (67%)	이슬람 근본주의 (57%)
4	비우호국 핵무장 (68%)	기후변화 (57%)	비우호국 핵무장 (66%)	북핵 문제 (52%)
5	북핵 문제 (62%)	국제 금융위기 (50%)	북핵 문제 (63%)	국제 금융위기 (49%)

자료: Smeltz et al.(2016).

그림 7-9 **오바마 지지에서 트럼프 지지로 돌아선 카운티**

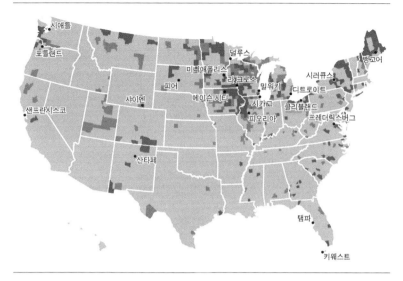

주: 짙은 음영은 오바마가 2회 승리한 카운티, 옅은 음영은 오바마가 1회 승리한 카운티.

자료: Uhrmacher, Schaul and Keating(2016.11.9).

대선 결과는 유권자의 선택이 선거인단에 의해 왜곡되는 구조적 '오류'로 인해서, 중서부의 '분노한 백인'이 민주당을 버리면서 트럼프의 승리로 돌아갔다(그림 7-9 참조). 소수인종이 집중적으로 거주하는 도시와 백인이 널리 퍼져 있는 농촌의 왜곡된 대표제에 의해 공화당은 대통령과 연방의회뿐만 아니라 주지사와 의회를 장악하는 전대미문의 승리를 거두었다(표 7-6 참조). 지지자들의 열정의 차이도 선거 결과를 가른 요인이었다. '샤이 트럼프'를 포함해 공화당원들과 복음주의자들까지 트럼프 지지자들이 적극적으로 투표에 참여한 반면에 히스패닉과 흑인, 청년층의 투표 참여는 이전 오바마의 대선 승리 때보다 저조했다. 장기적으로 민주당에 유리한 소수인종이 늘어나는 인구 변동과 그에

표 7-6 **2016년 선거 결과: 전대미문의 공화당 우세**

	공화당	민주당	다수당
대선 선거인단	306	232	공화당
연방의회 상원 의석	51	46	공화당
연방의회 하원 의석	240	194	공화당
주의회 상원 의석	1,157	803	공화당
주의회 하원 의석	3,044	2,342	공화당
주지사	31	18	공화당

주: 단위는 선거인단 및 의석의 수이며, 잔여 의석은 공화당·민주당 외 의석임.
자료: Ballotpedia(2016); CNN(2016); National Governors Association(2016).

대한 백인의 반발로 단기적으로 공화당이 연방정부 및 주정부 선거를 휩쓰는 선거공학이 빚어내는 긴장이나 갈등은 앞으로도 상당 기간 지속될 것이다.

대선 결과를 트럼프·백인·미국 우선주의 트라이앵글의 틀에서 해석하면, 우선 민주당의 패착은 트럼프의 (트럼프·백인, 트럼프·미국 우선주의의) '이단적' 주장 자체가 아니라 트럼프 개인의 품성에 공세를 집중한 것이고, 이슈 면에서 트럼프의 승리는 결국 백인·미국 우선주의가 제기하는 (특히 러스트 벨트에서) 경제적·인종적·문화적 민족주의가 주효한 것이다.

트럼프가 '진실'의 이름으로, 백인·트럼프 우선주의의 결합으로 깨버린 정치적 올바름의 규율이나 미국 민주주의의 기본 규범, 다인종·다민족·다문화 사회의 기본적인 예의는 회복될 수 있을까? 트럼프가 제기했던 최악의 가능성, 즉 클린턴을 감옥에 보내는 정치 보복과 선거 결과에 대한 불복은 현실화되지 않았다. 그가 '왜곡된' 제도로 승리했고, 클린턴에 대한 조사 의지를 접었기 때문이다. 하지만 미국 민주주

표 7-7 **대선 이후 공화당·트럼프 지지자와 민주당·힐러리 지지자들의 응답** (%)

항목	공화당·트럼프 지지자	민주당·클린턴 지지자
민주당 지도자들의 역할		
민주당에 중요한 문제라면 트럼프 정권과 대립해야 한다	15	63
국정을 위해 트럼프 정권에 협력하고 협조해야 한다	83	35
지지자들의 요구 부응		
트럼프는 지지자들의 요구를 우선해 다룰 것이다	16	75
트럼프는 모든 이들의 요구를 동등하게 다룰 것이다	84	20
정치권에 가져올 변화		
트럼프는 현재 정치권 상황을 개선할 것이다	89	9
트럼프는 현재 정치권 상황을 악화할 것이다	2	48
트럼프의 비전과 계획		
트럼프의 비전과 계획은 미국을 이끌기에 충분히 훌륭하다	87	14
트럼프의 비전과 계획은 모호하고 명확하지 않다	12	84
인종 문제		
트럼프의 당선으로 인종 문제가 개선될 것이다	50	2
트럼프의 당선으로 인종 문제가 악화될 것이다	9	84

자료: Pew Research Center(2016b).

의의 전망은 밝지 않다. 트럼프는 소위 대안우파 인사를 백악관 고위 참모로 임명했고, 민주당과 주류 언론은 이에 대해 비판과 우려를 제기 했다. 클린턴 지지자들은 인종 문제의 악화를 우려하는 데 반해, 트럼 프 지지자들은 이민·난민·테러리즘의 위협에 대단히 민감하다(표 7-4, 7-5, 7-7 참조).

트럼프의 집권은 정치적 양극화를 치유하기보다는 악화시킬 가능 성이 높다. 공화당은 기존 주류와 티파티, 그리고 트럼프 지지층으로 삼분되어 있고, 민주당은 기존 주류와 샌더스의 진보 진영으로 양분되

그림 7-10 **상·하원의 민주당·공화당 간 이념적 간극(1879~2016년)**

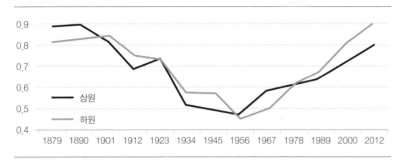

자료: Drutman(2016.3.24).

어 있다. 양당 모두에게서 당내 분열을 단기간에 수습할 비전이나 지도자는 찾아보기 힘들다. 거시적으로 보면, 이민의 증가는 19세기 후반 수준을 능가하는 과제이고, 백인이 과반 이하로 감소할 미래도 유례가 없는 도전이다. 하지만 정부의 신뢰도는 제2차 세계대전 이후 최악이고, 정당의 양극화는 19세기 미국 내전 이후 최악이다(그림 7-1, 7-6, 7-7, 7-10 참조). 미국이 노예제도라는 인종 문제의 원죄를 해결한 방식은 전쟁이었고, 19세기 후반 이민 문제에 대한 대응도 결국 문호 폐쇄였다는 점을 고려하면, 백인·트럼프 우선주의가 제기한 미국 민주주의의 문제는 그 해결 전망이 더욱 어두워 보인다.

미국 패권의 시각에서 보면, 백인·트럼프 우선주의는 민주주의의 모델로서 미국의 이념적 힘이나 연성권력에 심각한 타격을 의미한다. 또한 반이민 정서가 해외 두뇌의 유인에 부정적인 영향을 미칠 가능성과 반무슬림 수사·정서가 대테러작전이나 미국의 대중동 정책에 미칠 부정적 효과까지 고려하면, 미국 민주주의의 문제는 연성권력의 손상에 그치지 않고 미국의 경제적·군사적 하드파워의 약화를 초래할 수도 있다.

미국·트럼프 우선주의의 경제적 민족주의와 일방주의가 과연 현실화될지는 미국은 물론 전 세계의 관심사다. 대선 승리 이후 당선자 신분으로 전 세계 정상들과 통화하면서 트럼프는 동맹에 대한 기존 공약을 재확인했다. 하지만 그는 독재국가의 정상을 칭찬하고 대만 총통과 통화하는 등 기존의 관례를 완전히 무시하고 있다. 정보 보고는 제대로 받지 않으면서 트위터는 놓지 않는 등의 행태는 선거운동 기간 중 제기되었던, 그가 과연 품성과 자질 면에서 핵 버튼을 관리할 능력이 있는가 하는 비판이 유효함을 보여준다. 강경 군 출신 인사들로 외교·안보 라인을 짜는 점은 기존 동맹이 강화될 전망의 근거로 해석되기도 하지만, 다른 한편으로 보면 인재풀의 한계에 따른 선택으로 기존 외교·안보 엘리트들을 적극적으로 포섭할 의지가 없기 때문일 수도 있다.

미국의 대통령으로서 트럼프가 전면적으로 기존 패권의 기제와 명분을 승계할 가능성도 배제할 수는 없지만, 그가 불구국가 재건의 출사표를 내놓은 이후 일관되게 밝히고 있는 미국 우선주의의 경제적 민족주의가 폐기될 가능성은 없어 보인다. 그는 최근 대선 승리 감사투어에서 선거 이후 미국인의 통합을 강조하면서 백인 우선주의 요소를 일정하게 희석하고 있지만, 기본적으로는 지난 10월 게티즈버그 연설에서 제시한 취임 직후의 최우선적 정책 프로그램 공약을 반복하고 있다. 특히 경제적 민족주의 정책 중에서 TPP의 폐기는 이미 실현되었고 중국에 대한 환율조작국 지정과 고율의 관세 부과 등 중상주의적 정책 공약은 반복되고 있다. 또한 그는 개인적 협상을 통해서 제조업 기업의 해외 이전을 막았음을 선전하고 해외 이전 미국 기업에 대한 처벌을 강화할 것임을 공언했다(표 7-8 참조).

표 7-8 **트럼프 대통령 당선자의 취임 초기 구상**

구분	내용
'트럼프 우선주의' 워싱턴 부패 척결 6개 조치	1. 수정헌법안을 제안해 상·하원 의원의 연임 총임기상한제를 도입한다.
	2. 연방 공무원의 고용을 동결해 연방 인력을 감축한다.
	3. 새로운 연방 규제가 하나 만들어질 때마다 기존 규제 두 가지는 반드시 폐지한다.
	4. 백악관 관계자 및 상·하원 의원이 공직에서 물러난 때로부터 5년 동안은 로비스트로 활동하지 못하게 한다.
	5. 백악관 관계자가 외국 정부를 위해 로비 활동에 나서는 것을 전면 금지한다.
	6. 외국 정부 로비스트가 미국 내 선거를 위해 모금하는 것을 전면 금지한다.
'미국 우선주의' 미국 노동자 보호 7개 조치	1. NAFTA를 재협상하거나 동 협정 제2205조에 따라 탈퇴한다.
	2. TPP에서 즉각 탈퇴한다.
	3. 재무장관에게 지시해 중국을 환율조작국으로 지정한다.
	4. 상무장관 및 무역대표부에게 지시해 미국 노동자에게 해악을 끼치는 외국 정부의 불공정 무역 행위를 색출하고 관련 법에 따라 즉각 저지한다.
	5. 셰일가스, 석유, 천연가스, 청정석탄 등 에너지 생산량 규제를 해제하고 일자리를 창출한다.
	6. 에너지 인프라 프로젝트에 부과된 오바마-클린턴 행정부의 규제를 해제하고 중대한 국익이 걸린 이 프로젝트들을 속히 추진한다.
	7. UN 기후변화 프로그램에 대한 미국의 분담금을 물·환경 인프라 개선에 사용한다.
'백인 우선주의' 법치국가 회복 5개 조치	1. 오바마 대통령의 위헌적인 행정명령 및 행정조치 등을 모두 취소한다.
	2. 미국 헌법을 수호할 20명의 후보자들 가운데 안토닌 스칼리아 대법관의 후임자를 선발 및 임명하는 절차를 속행한다.
	3. 이민자 보호도시(Sanctuary Cities)에 대한 연방보조금을 중단한다.
	4. 200만 명에 달하는 불법 이민자를 추방하고, 추방 조치를 수용하지 않는 외국 정부에 대해 비자를 취소한다.
	5. 신원조사가 담보되지 않는 테러위험국 시민의 이민을 중단하고 미국으로 들어오는 외국인에 대해 강력한 신원조사를 실시한다.

자료: Donald J. Trump Official Website(2016).

미국 패권의 시각에서 미국 우선주의의 가장 큰 문제는 트럼프가 재건하려는 위대한 미국이 기존의 패권국가 미국이 아니라는 점이다. 패권의 논리는 국제질서의 관리자로서 미국의 신뢰성을 중시하지만, 트럼프는 기존의 미국 패권 엘리트들이 자유무역협정과 WTO 등을 통해서 미국 산업과 노동자의 이익을 침해하는 최악의 협상으로 미국을 불구국가로 만들어놓고도 자신들이 무슨 짓을 했는지 전혀 알지 못한다고 비판한다. 협상의 달인 트럼프는 미국 시장에 의존하는 중국의 취약점을 공략할 것이며, 그런 협상의 무기는 언제든 협상을 깨고 나갈지도 모른다는 점을 상대에게 인식시키는 예측 불가능성이다.

　　기존의 미국 패권도 미국의 이익을 우선했다. 시혜적 패권의 대표적 사례로 꼽히는 마셜플랜의 경우에도 미국은 상호 이익과 자조의 원칙을 통해 미국의 원조가 미국이 원하는 용도에 사용되도록 압력을 가했다. 닉슨의 금 태환 중지 결정도 미국이 기축통화의 특권을 이용해 전 세계에 적응을 강요한 일방주의의 사례다. 하지만 이들은 모두 미국의 경제적 이익과 세계자본주의의 이익을 일정하게 조화 혹은 관리하려는 패권의 의지를 포기하지 않은 사례다. 트럼프의 미국 우선주의는 이런 패권의 의지나 목표가 아예 없다. 그의 입장에서 보면 미국인의 이익으로 전환되지 않은 미국의 이익은 의미가 없으며 불구국가 미국은 세계자본주의의 운영을 걱정할 만큼 한가롭지 않고, 그런 패권의 의지는 위선일 뿐이다. 닉슨의 금 태환 중지 이후 미국이 약탈적 패권국가로 전환했다면, 트럼프의 불구국가 미국은 그런 패권의 능력을 완전히 상실한 국가이며 그가 재건하려는 위대한 미국은 약탈적 보통 강대국이다.

　　트럼프는 패권국가 미국의 위신을 원하지 않는다. 그가 원하는 것은 미국의 군사력과 경제력에 대한 전 세계의 존경이다. 그는 강력한 군대를 원하지만, 그 용도는 전 지구적인 군사력 투사 능력이나 지구적 공공재의 보호도 아니고 이라크 전쟁과 같은 어리석은 해외에서의 국가 건설도 아니다. 그에게 군대의 용도는 미국이 '사막에 선을 그으면' 전 세계가 그 선을 존중하도록 만드는 것이다. 트럼프는 민주주의나 법치의 전범 미국을 꿈꾸지도 않는다. 대신 그는 미국을 안전하게 하는 법과 질서를 원한다. 그 법과 질서가 난민의 추방이나 잠재적 테러리스트에 대한 철저한 신원조회이든 특정 지역으로부터의 이민의 제한이든 그는 상관하지 않는다. 미국에는 아무나 들어와서는 안 되고, 오직 미국을 사랑할 의지와 능력이 있는 이들을 환영할 뿐이다. 그가 원하는 위대한 미국은 미국인이 안전하고 잘살고 자부심을 느끼는 그런 보통의 강대국이다.

4. 소결: 트럼프 효과 혹은 후과

미국은 인구 면에서 세계의 5%가 안 되지만 세계경제의 20%, 군사비의 40%를 차지하는 세계 제1의 강대국이다. 하지만 패권은 단순히 능력에 달린 것이 아니고, 국제질서를 창출하고 관리할 의지와 그를 위한 구체적인 패권 기획, 그런 패권 기획을 수립하고 실행할 역사적 블록에 달린 것이다.

트럼프에게 미국은 패권의 능력이 없는 불구국가다. 그의 미국 우선주의는 패권을 꿈꾸지 않으며, 백인 우선주의는 민주주의나 법치의 전범을 원하지 않는다. 그리고 트럼프 우선주의의 목표는 기존 패권 엘리트와의 협력이나 새로운 역사적 블록의 형성이 아니다. 이기는 것과 유명해지는 것이 그의 필생의 원칙이었다.

대통령 트럼프는 과연 미국의 이익만을 우선하며 패권을 포기할 것인가? 알 수 없다. 그리고 기존 패권의 기제와 명분이 갑자기 해체되지도 않을 것이다. 하지만 그가 밝힌 취임 초기 최우선적 정책 과제로 보면 새로운 미국이 나타날 가능성도 배제할 수 없다. 그 미국은 미국의 진보가 알고 있는 그런 미국이 아닐 것이다. 또한 그 미국은 한국의 지배계급에게 익숙한 아름다운 나라, 혈맹의 나라가 아닐 수 있다.

이번 대선으로 미국 사회의 인종주의적·계급적 민낯이 여지없이 드러났고, 클린턴의 이메일 스캔들과 관련한 FBI의 개입과 민주당 선거운동 본부에 대한 러시아의 해킹, 유권자-선거인단 득표의 차이 등으로 선거 과정의 공정성이나 대표성의 문제도 불거졌으며, 미국 사회의 분열은 극심해졌다. 정치개혁 및 새로운 미국적 정체성, 즉 국민 형성의 과제는 쉽게 해결되지 않을 것이다.

한편으로는 워싱턴의 부패 청산을 외치면서 왜 대통령의 업무와 기업인 트럼프의 사적 이익의 엄격한 분리 방안은 만들지 않느냐는 주류 언론의 비판도 거세다. 기성질서와 트럼프 우선주의의 갈등은 지속될 것이다. 요술램프에서 뛰쳐나온 지니를 다시 집어넣기 힘든 것처럼, 트럼프 우선주의와 백인 우선주의의 결합이나 결탁으로 세를 불린 극우 백인 민족주의가 미국 사회의 새로운 정상new normal으로 자리 잡을 것에 대한 우려 또한 크다. 진보 진영은 민주주의와 애국의 이름으로 트럼프 정부에 저항하겠다고 벼르고 있고, 워낙 정책 논쟁이 실종되기도 했지만 일반 유권자 득표에서 근 300만 표 가까이 뒤진 트럼프는 자신의 정책에 대한 미국인의 위임을 주장할 위치에 있지도 않다.

    대통령 트럼프의 대외정책은 과연 미국 우선주의의 선거공약처럼 반패권적일 것인가? 트럼프의 국가·패권 건설 혹은 재조정 기획의 효과가 무엇일지는 불확실하지만, 이미 트럼프의 불구국가 재건 기획과 백인 노동자들의 분노와 절망으로 TPP, 더 넓게는 신자유주의의 정치적 종언이 선언되었다. IMF와 WTO, APEC, NAFTA, 이에 더하여 한미 FTA 등으로 겹겹이 경제적 레짐을 수립했던 미국이 TPP를 포기한 것은 절대로 작은 변화가 아니다. 민주주의의 전범을 포기한 것도 마찬가지다.

    미국의 기존 패권질서에 대한 트럼프 쇼크 혹은 후과는 이미 현실인 것이다. 당선자 트럼프는 하나의 중국 정책을 부정하고, 러시아의 미 대선 개입 논란을 패자의 정치적 불만으로 치부하며, 이스라엘의 정착촌 건설을 옹호하고 유엔을 지구촌의 사교클럽으로 폄하하는 트위터를 날리고 있다. 국제질서의 지도자로서 미국의 신뢰성이 아니라 동맹까지 거래와 흥정의 대상으로 삼으며 예측 불가능성을 미국 우선주의 실현의 최대 외교적 자산으로 선전했던 그의 선거공약을 고려한다면, 트럼프는 기존 국제질서와 규범, 관례의 파괴자로서 트럼프 우선주의를 전 세계에 시연하고 있는 셈이다.

    역사적 변화를 인식하고 대응하기는 쉽지 않다. 특히 기성질서의 이념적·제도적 관성이 강력할 때 그러하다. 미국 패권은 한국 외교의 절대적 조건으로 작용해왔고 한국의 보수에게 친미는 여전히 국시다. 미국의 주류 패권 담론이 미국 패권의 위기, 자유주의적 국제질서의 위기를 거듭해 외쳐대는데도, 한국의 보수는 트럼프가 보여주는 아름답지 않은 나라 미국, 불구국가 미국의 반패권주의 선언을 여전히 믿지 못한다. 관성과 미련의 한계는 분명해질 것이다. 트럼프의 당선으로 한국의 보수가 주장해온 미국과 안보는 물론 경제와 가치의 차원에서도 일체화되겠다는 전략 동맹의 기조는 이미 무너졌다.

대선 당선사례 집회에서 트럼프는 아무도 가본 적 없는 새로운 미래가 열렸다고 선언했다. 그리고 집회의 참가자들, 미국의 민중이 그 역사의 저자가 되어야 한다고 역설했다. 트럼프가 '진실'이라고 주장하는 불구국가 미국의 현실을 직시할 때다. 그리고 트럼프의 보통 강대국 '위대한 미국'과의 새로운 관계를 준비하고, 우리도 우리 역사의 저자가 될 각오를 다져야 할 때다.

참고문헌

김재관. 2009. 「오바마 정부의 대 중국전략과 정책에 대한 전망」. ≪현대중국연구≫, 제 11집 1호, 45~101쪽.

김준석. 2014. 「유권자와 연방의원의 분석을 통해 본 티파티 운동 2010~2013: 유권자 지지의 변화와 의원모임 이념변화를 중심으로」. ≪한국정당학회보≫, 제13권 2호, 131~164쪽.

김치욱. 2013. 「경제위기와 미국 패권의 국내적 기초 변화」. ≪국제정치논총≫, 제53집 1호, 89~118쪽.

마상윤. 2010. 「오바마 행정부의 안보전략과 한미동맹: 현실주의 역외균형론을 넘어서」. ≪국가전략≫, 제16권 2호, 5~32쪽.

백창재. 2009. 『미국 패권 연구』. 인간사랑.

손병권. 2012. 「미국 의료보험 개혁입법의 최종 통과 과정: 하원의 자동실행규칙의 폐기 와 오바마 행정명령의 선택」. ≪의정연구≫, 제18권 3호, 173~206쪽.

_____. 2013. 「티파티 운동과 공화당 보수주의의 재형성」. ≪의정연구≫, 제19권 1호, 319~330쪽.

신유섭. 2003. 「9·11테러 사건 이후 미국정보계 개혁의 성격과 전망」. ≪국제정치논총≫, 제43권 4호, 81~100쪽.

유성진. 2012. 「오바마 이후 미국의회, 양극화는 완화되었나?」. ≪한국정당학회보≫, 제 11권 3호, 187~211쪽.

유성진·정진민. 2011. 「티파티운동과 미국 정당정치의 변화」. ≪한국정당학회보≫, 제 10권 1호, 137~166쪽.

이상현. 2009. 「오바마 행정부 출범과 한미관계의 현안 및 전망」. ≪군사논단≫, 제57호 (봄호), 13~38쪽.

_____. 2010. 「오바마 행정부의 국가안보전략」. ≪정세와 정책≫, 7월호, 12~15쪽.

이성형. 2010. 「오바마 정부와 라틴아메리카: 선린외교에서 힘의 외교로?」. ≪라틴아메 리카연구≫, 제23권 2호, 43~82쪽.

이수형. 2013. 「제2기 오바마 행정부의 동아시아 전략과 미중관계: 남북한 한반도 정치 에 미치는 영향과 대응방안」. ≪국방연구≫, 제56권 1호, 81~105쪽.

이승주. 2011. 「글로벌 금융위기와 동아시아의 대응」. ≪세계정치≫, 제32권 1호, 11~ 44쪽.

이왕휘. 2012. 「세계금융위기 이후 경제학의 위기: 국제 정치경제학에 주는 함의」. ≪국제정치논총≫, 제52집 1호, 31~55쪽.

이정문. 2008. 「9·11 이후 미국 대외원조의 재구성」. 중앙대학교 대학원 석사학위 논문.

이헌경. 2006. 「국제안보환경의 변화와 테러의 발전방향」. ≪평화학연구≫, 제7권 1호, 5~27쪽.

이혜정. 2000. 「단극 시대 미국 패권전략의 이해」. ≪한국과 국제정치≫, 제16권 1호, 1~38쪽.

_____. 2001. 「미국세기의 논리: 이차대전과 미국의 대영역」. ≪한국정치학회보≫, 제35집 1호, 365~380쪽.

_____. 2004. 「주권과 국제관계이론」. ≪세계정치≫, 제25집 1호, 122~156쪽.

_____. 2006. 「미국의 베트남전쟁」. ≪한국정치외교사논총≫, 제27집 2호. 91~119쪽.

_____. 2009. 「미국 공화당의 위기: 보수의 역사적 정체성과 정치적 과제」. ≪의정연구≫, 제15권 1호, 209~235쪽.

_____. 2016. 「Donald Trump and American Hegemony」. ≪평화연구≫, 제24집 2호, 205~251쪽.

이혜정·최계원. 2012. 「관타나모 수용소: 9/11 이후 미국의 안보와 민주주의, 그리고 인권의 딜레마」. ≪민주주의와 인권≫, 제12권 2호. 173~210쪽.

전재성. 2006. 「21세기 미국의 변환외교」, 하영선·김상배 엮음. 『네트워크 지식국가: 21세기 세계정치의 변환』. 을유문화사.

정하용. 2013. 「2008 미국 금융위기와 보호주의의 쇠퇴」. ≪평화연구≫, 제21권 1호, 47~72쪽.

조성권. 2009. 「부시 행정부 대테러전쟁의 평가」. ≪한국정치외교사논총≫, 제30권 2호, 157~201쪽.

채규철. 2010. 「오바마 행정부 출범 이후 북미관계와 6자회담 추진 전망」. ≪동서연구≫, 제22권 1호, 315~338쪽.

최준영. 2013. 「경제 불평등의 심화와 미국의 위기」. ≪동서연구≫, 제25권 4호, 111~134쪽.

하영선. 2006.1.23. "변환외교의 새 파도". ≪중앙일보≫.

하영선·김상배 엮음. 2006. 『네트워크 지식국가: 21세기 세계정치의 변환』. 을유문화사.

하영선·남궁곤 엮음. 2007. 『변환의 세계정치』. 을유문화사.

Abrajano, Marisa and Zoltan L. Hajnal. 2015. *White Backlash: Immigration, Race And American Politics*. Princeton: Princeton University Press.

Abramowitz, Alan I. 2013. "The Electoral Roots of America's Dysfunctional Government." *Presidential Studies Quarterly*, Vol.43, No.4, pp.709~731.

Acharya, Amitav. 2007. "State Sovereignty after 9·11: Disorganized Hypocrisy." *Political Studies*, Vol.55, No.2, pp.274~296.

Acheson, Dean. 1969. *Present at the Creation*. New York: Norton.

The Advisory Committee on Transformational Diplomacy. 2008. "A Call to Action." http://www.state.gov/documents/organization/99903.pdf

Albright, Madeleine. 1997. "Madeleine Albright's Confirmation Statement." https://www.mtholyoke.edu/acad/intrel/albright.htm

_____. 1998. "The Test of American Foreign Policy." *Foreign Affairs*, Vol.77, No.6, pp.50~64.

Altman, Roger. 2009. "Globalization in Retreat." *Foreign Affairs*, Vol.88, No.4, pp.2~7.

Amanat, Abbas. 2001. "Empowered Through Violence: The Reinventing of Islamic Extremism." in Strobe Talbott and Nayan Chanda(eds.). *The Age of Terror: America And The World After September 11*. New York: Basic Books.

Annan, Kofi. 2003. "The Secretary-General Address to the General Assembly." http://www.un.org/webcast/ga/58/statements/sg2eng030923.htm

Appelbaum, Yoni. 2016.10.23. "Trump's Gettysburg address." *The Atlantic*.

Art, Robert J. 1991. "A Defensible Defense: America's Grand Strategy after the Cold War." *International Security*, Vol.15, No.4, pp.5~53.

_____. 1998/99. "Geopolitics Updated: The Strategy of Selective Engagement." *International Security*, Vol.23, No.3, pp.79~113.

Atwood, J. Brian. 2003.9.23. "Statement of J. Brian Atwood, Dean, Humphrey Institute of Public Affairs, University of Minnesota, Testimony before the Committee on Foreign Relations, United States Senate."https://www.foreign.senate.gov/imo/media/doc/AtwoodTestimony030923.pdf

Avramenko, Richard and Richard Boyd. 2013. "Subprime Virtues: The Moral Dimensions of American Housing and Mortgage Policy." *Perspectives on Politics*, Vol.11, No.1, pp.111~131.

Babb, Sarah. 2013. "The Washington Consensus as Transnational Policy Paradigm: Its Origins, Trajectory and Likely Successor." *Review of International Political Economy*, Vol.20, No.2, pp.268~297.

Badger, Anthony J. 1989. *The New Deal: The Depression Years, 1933~1940*. New York: Noonday.

Baker, James A. and Lee H. Hamilton. 2006. *The Way Forward: A New Approach:*

The Iraq Study Group Report. New York: Vintage Books.

Baker, Peter. 2014.9.15. "President Haunted by Past and Present Wars." *The New York Times.*

Ballotpedia. 2016. "State Legislative Elections." https://ballotpedia.org/State_ legisl ative_elections,_2016

Balz, Dan and Peyton M. Graighill. 2014.10.28. "Poll: Midterm Momentum Belongs to GOP." *The Washington Post.*

Barber, Benjamin R. 2003. "The War of All against All: Terror and the Politics of Fear." in Verna V. Gehring(ed.). *War After September 11.* New York: Rowman and Littlefield.

Bearden, Milton. 2001. "Afghanistan, Graveyard of Empires." *Foreign Affairs*, Vol. 80, No.6, pp.17~30.

Benjamin, Daniel. 2010.1.13 "The Obama Administration's Counterterrorism Policy at One Year". http://www.state.gov/s/ct/rls/rm/2010/135171.htm

Berger, Samuel R. 1997.3.27. "A Foreign policy Agenda for the Second Term." http://www.whitehouse.gov/WH/EOP/NSC/html/spe.../032797speech.htm

_____. 1999.10.21. "American Power: Hegemony, Isolationism or Engagement." http://www.whitehouse.gov/WH/EOP/NSC/html/speeches/19991021.html

Betts, Richard K. 2000. "Is Strategy an Illusion?" *International Security*, Vol.25, No.2, pp.5~50.

_____. 2002. "The Soft Underbelly of American Primacy: Tactical Advantages of Terror." *Political Science Quarterly*, Vol.117, No.1, pp.19~36.

Biddle, Stephen, Fortini Christia and F Alexander Thier. 2010. "Defining Success in Afghanistan: What Can the United States Accept?" *Foreign Affairs*, Vol.89, No.4, pp.48~60.

Birdsall, Nancy and Francis Fukuyama. 2011. "The Post-Washington Consensus." *Foreign Affairs*, Vol.90, No.2, pp.45~53.

Blinder, Alan S. 2013. *After the Music Stopped: The Financial Crisis, the Response, and the Work Ahead.* New York: Penguin Books.

Board of Governors of the Federal Reserve System. 2015. *Report on the Economic Well-Being of U.S. Households in 2014.* Washington, D.C.: Board of Governors of the Federal Reserve System.

Boniface, Pascal. 2003. "What Justifies Regime Change?" *The Washington Quarterly*, Vol.26, No.3, pp.61~71.

Boot, Max. 2003. "The New American Way of War." *Foreign Affairs*, Vol.82, No.4, pp.41~58.

Borden, William S. 1984. *The Pacific Alliance: United States Foreign Economic Policy and Japanese Trade Recovery, 1947~1955*. Madison: The University of Wisconsin Press.

Boucher, Richard. 2005.2.14. "Press Statement: Selection of Stephen Krasner as New Director of Policy Planning." http://2001~2009.state.gov/r/pa/prs/ps/2005/42274.htm

Bowie, Robert R. and Richard H. Immerman. 1998. *Waging Peace: How Eisenhower Shaped an Enduring Cold War Strategy*. New York: Oxford University Press.

Boyle, Michael. 2010, "Do Counterterrorism and Counterinsurgency Go Together?" *International Affairs*, Vol.86, No.2, pp.333~353.

Brands, Hal. 2014. *What Good is Grand Strategy? Power and Purpose in American Statecraft from Harry Truman to George W. Bush*. Ithaca: Cornell University Press.

_____. 2015. "Fools Rush Out? The Flawed Logic of Offshore Balancing." *The Washington Quarterly*, Vol.38, No.2, pp.7~28.

Bremmer, Ian. 2010. *The End of the Free Market: Who Wins the War Between States and Corporations?* New York: Portfolio Hardcover.

_____. 2015. *Superpower: There Choices for America's Role in the World*. New York: Penguin Books.

Brennan, John. 2009.8.6. "A New Approach for Safeguarding Americans." http://www.whitehouse.gov/the-press-office/remarks-john-brennan-center-strategic-and-international-studies

_____. 2010.5.26. "Securing the Homeland by Renewing American Strength, Resilience, and Values." http://www.whitehouse.gov/the-press-office/remarks-assistant-president-homeland-security-and-counterterrorism-john-brennan-csi

Brinkely, Alan. 1995. *The End of Reform: New Deal Liberalism in Recession and War*. New York: Alfred A. Knopf.

Brooks, David. 2008.12.2. "Continuity We Can Believe In." *The New York Times*.

_____. 2016.11.11. "The View from Trump Tower." *The New York Times*.

Brooks, Stephen G. and William Wohlforth. 2005. "Hard Times for Soft Balancing." *International Security*, Vol.30, No.1, pp.72~108.

_____. 2008. *World Out of Balance: International Relations and the Challenge of*

American Primacy. Princeton: Princeton University Press.

Brooks, Stephen G., G. John Ikenberry and William Wohlforth. 2012/13. "Don't Come Home, America: The Case Against Retrenchment." *International Security*, Vol.37, No.3, pp.7~51.

_____. 2013a. "Lean Forward." *Foreign Affairs*, Vol.92, No.1, pp.130~142.

_____. 2013b. "Debating American Engagement: The Future of U.S. Grand Strategy." *International Security*, Vol.38, No.2, pp.193~199.

Brzezinski, Zbigniew. 2010. "From Hope to Audacity: Appraising Obama's Foreign Policy." *Foreign Affairs*, Vol.89, No.1, pp.16~30.

Bumiller, Elisabeth. 2007. *Condoleezza Rice: An American Life*. New York: Random House.

Bump, Philip and Aaron Blake. 2016.7.21. "Donald Trump's Dark Speech to the Republican National Convention." *The Washington Post*.

Burrows, Mathew and Jennifer Harris. 2009. "Revisiting the Future: Geopolitical Effects of the Financial Crisis." *The Washington Quarterly*, Vol.32, No.2, pp. 27~38.

Bush, George H. W. 1992. "State of the Union Address." https://bush41library.ta mu.edu/archives/public-papers/3886

Bush, George W. 2003. "Statement by His Excellency Mr. George W. Bush, President of the United States of America." http://www.un.org/webcast/ga/ 58/statements/usaeng030923.htm

Buzan, Barry. 2006. "Will the 'Global War on Terrorism' be the New Cold War?" *International Affairs*, Vol.82, No.6, pp.1101~1118.

Cain, Peter and Antony Gerald Hopkins. 2001. *British Imperialism: 1688~2000*. Harlow, UK & New York: Longman.

Callahan, David. 1994. "Saving Defense Dollars." *Foreign Policy*, No.96, pp.94~ 112.

Calomiris, Charles W. and Stephen H. Haber. 2013. "Why Banking Systems Succeed – and Fail: The Politics behind Financial Institutions." *Foreign Affairs*, Vol.92, No.6, pp.97~110.

Campbell, David. 1998. *Writing Security: United States Foreign Policy and the Politics of Identity*. Minneapolis: University of Minnesota Press.

Campbell, Kurt M. 2002. "Globalization's First War?" *The Washington Quarterly*, Vol.25, No.1, pp.7~14.

Carpenter, Daniel. 2010. "Institutional Strangulation: Bureaucratic Poltics and Financial Reform in the Obama Administration." *Perspectives on Politics*, Vol. 8, No.3, pp.825~846.

Carpenter, Ted Glen. 1992. *A Search for Enemies*. Washington, D.C.: Cato Institute.

_____(ed.). 1997. *Delusions of Grandeur: The United Nations and Global Intervention*. Washington, D.C.: Cato Institute.

Case, Anne and Angus Deaton. 2015. "Rising Morbidity and Mortality in Midlife among White Non-Hispanic Americans in the 21st Century." *PNAS*, Vol.112, No.49, pp.15078~15083.

Cha, Taesuh. 2016. "Jacksonianism: The International Implications Of The Trump Phenomenon." *The Washington Quarterly*, Vol.39, No.4, pp.83~97.

Chace, James. 1998. *Acheson: The Secretary of State Who Created the American World*. New York: Simon & Schuster.

_____. 2003. "Present at the Destruction: The Death of American Internationalism." *World Policy Journal*, Vol.20, No.1, pp.1~5.

Cherlin, Andrew J. 2014. *Labor's Love Lost: The Rise and Fall of the Working-Class Family in America*. New York: Russell Sage Foundation.

Chirac, Jacques. 2003. "French President Speaks to the U.N. General Assembly." http://www.un.org/webcast/ga/58/statements/fraeng030923.htm

Christopher, Warren. 1998. *In the Stream of History: Shaping Foreign Policy for a New Era*. Stanford: Stanford University Press.

Clinton, Hillary Rodham. 2010.5.27. "The Obama Administration's National Security Strategy."(May 27), http://www.state.gov/secretary/rm/2010/05/142312.htm

_____. 2015. "PBS Newshour, Full Interview: Hillary Clinton on trade pact doubts, dealing with Putin." http://www.pbs.org/newshour/bb/full-interview-hillary-clinton-trade-pact-doubts/

Clinton, William Jefferson. 1996. "The 1996 State of the Union." https://clinton.presidentiallibraries.us/items/show/16124

_____. 1997a. "The Inauguration." http://www.nytimes.com/1997/01/21/us/the-inauguration.html

_____. 1997b. "1997 State of the Union Address." https://partners.nytimes.com/library/politics/uniontext.html

_____. 2000.10.20. "President Clinton Hails Bipartisan Effort on China PNTR."

http://usinfo.state.gov/regional/ea/uschina/pntrcern.htm

CNN. 2016. "2016 Election Results." http://edition.cnn.com/election/results

Cohen, Michael, James March and Johan Olsen. 1972. "A Garbage Can Model of Organization." *Administrative Science Quarterly*, Vol.17, No.1, pp.1~25.

Cohen, William S. and Gary Hart. 2016.11.22. "Don't Retreat into Fortress America." *The New York Times*.

Cohn, D'Vera and Andrea Caumont. 2016. *10 Demographic Trends That Are Shaping The U.S. And The World*. Washington, D.C.: Pew Research Center.

Congressional Budget Office. 2001. *The Budget and Economic Outlook: Fiscal Years 2002~2011*. Washington, D.C.: Congressional Budget Office.

_____. 2010. *The Budget and Economic Outlook: Fiscal Years 2010 to 2020*. Washington, D.C.: Congressional Budget Office.

Cooper, Michael. 2010.6.18. "Obama Hopes 'Recovery Summer' Will Warm Voters to the Stimulus." *The New York Times*.

Corasaniti, Nick and Michael D. Shear. 2016.12.1. "Trump Kicks off 'Thank you' Tour, Reveling in Crowd and Campaign Themes." *The New York Times*.

Cordesman, Anthony H. 2003a. "The Lessons of the Iraq War: Executive Summary." http://www.csis.org/irg_instantlesson_exec.pdf

_____. 2003b "Four Wars and Counting: Rethinking the Strategic Meaning of the Iraq War" https://www.csis.org/analysis/four-wars-and-counting-rethinking-strategic-meaning-iraq-war

Cornish, Paul. 2009. "The United States and Counterinsurgency: 'Political First, Political Last, Political Always'." *International Affairs*, Vol.85, No.1, pp.61~79.

Cornish, Paul and Andrew Dorman. 2009, "National Defence in the Age of Austerity." *International Affairs*, Vol.85, No.4, pp.733~753.

Cox, Robert. 1987. *Production, Power, and World Order: Social Forces in the Making of History*. New York: Columbia University Press.

Craig, Campbell. 2013. "Debating American Engagement: The Future of U.S. Grand Strategy." *International Security*, Vol.38, No.2, pp.181~183.

Cronin, Audrey Kurth. 2002~2003. "Behind the Curve: Globalization and International Terrorism." *International Security*, Vol.27, No.3, pp.30~58.

_____. 2010, "The Evolution of Counterterrorism: Will Tactics Trump Strategy?" *International Affairs*, Vol.86, No.4, pp.837~856.

Cumings, Bruce. 1993. "The End of the Seventy-Years' Crisis: Trilateralism and the

New World Order." in M. Woo-Cumings and M. Loriaux(eds.). *Past as Prelude: History in the Making of a New World Order.* Boulder, Colo: Westview Press.

_____. 1999. "The American Century and the Third World." *Diplomatic History*, Vol.23, No.2, pp.355~370.

De Rosa, Mary. 2003. "Privacy in the Age of Terror." *The Washington Quarterly*, Vol.26, No.3, pp.27~41.

Dingell, Debbie. 2016.11.10. "I Said Clinton Was in Trouble with the Voters I Represent. Democrats Didn't Listen." *The Washington Post.*

Dionne, Eugene. J. 2016.12.7. "America Will Be Soon Be Ruled by a Minority." *The Washington Post.*

Dobbins, James. 2003.9.18. "Next Steps in Iraq and Beyond." Testimony before the Committee on Foreign Relations, United States Senate. http://www.rand. org/pubs/testimonies/CT212.html

Dobbins, James. et al, 2003. *America's Role in Nation-Building: From Germany to Iraq.* Santa Monica: RAND.

Donald J. Trump Official Website. 2016. "Contract with the American Voter." https://www.donaldjtrump.com/press-releases/donald-j.-trump-delivers-grou ndbreaking-contract-for-the-american-vote1

Drezner, Daniel W. 2014. "The System Worked: Global Economic Governance during the Great Recession." *World Politics*, Vol.66, No.1, pp.123~164.

Drutman, Lee. 2016.3.24. "American Politics Has Reached Peak Polarization." http://www.vox.com/polyarchy/2016/3/24/11298808/american-politics-peak- polarization

Dueck, Colin. 2004. "Ideas and Alternatives in American Grand Strategy, 2000- 2004." *Review of International Studies*, Vol.30, No.4, pp.511~535.

_____. 2011. "Hybrid Strategies: The American Experience." *Orbis*, Vol.55, No.1, pp.30~52.

_____. 2015. *The Obama Doctrine: American Grand Strategy Today.* New York: Oxford University Press.

Dumbrell, John. 1997. *American Foreign Policy: Carter to Clinton.* London: Macmillan.

Edsall, Thomas B. 2013.3.20. "The Republican Autopsy Report." *The New York Times.*

Eichengreen, Barry. 1992. *Golden Fetters: The Gold Standard and the Great*

Depression 1919~1939. New York: Oxford Unviersity Press.

_____. 2011. *Exorbitant Privilege: The Rise and Fall of the Dollar and the Future of the International Monetary System.* Oxford: Oxford University Press.

Eikenberry, Karl W. and David M. Kennedy. 2013.5.26. "Americans and Their Military, Drifting Apart." *The New York Times.*

Evans, Gareth and Mohamed Sahnoun. 2001. "Intervention and State Sovereignty: Breaking New Ground." *Global Governance*, Vol.7, No.2, pp.119~125.

Executive Office of the President. 2012. *The Economic Report of the President.* Washington, D.C.: The White House.

Falk, Richard A. 2003. *The Great Terror War.* New York: Olive Branch Press.

Farrell, Henry and Martha Finnemore. 2013. "The End of Hypocrisy: American Foreign Policy in the Age of Leaks." *Foreign Affairs*, Vol.92, No.6, pp.22~27.

Feaver, Peter D. 2009. "Debating American Grand Strategy after Major War." *Orbis*, Vol.53, No.4, pp.547~552.

Ferguson, Niall and Moritz Schularick. 2007. "'Chimerica' and the Global Asset Market Boom." *International Finance*, Vol.10, No.3, pp.215~239.

Ferguson, Thomas. 1995. *Golden Rule: The Investment Theory of Party Competition and the Logic of Money-Driven Political Systems.* Chicago: The University of Chicago Press.

Fettweis, Christopher. 2011. "Free Riding or Restraint? Examining European Grand Strategy." *Comparative Strategy*, Vol.30, No.4, pp.316~332.

Firestone, David. 2003.9.27. "Debate Rises Where Bush and Marshall Plans Diverge." *The New York Times.*

Fisher, Beth A. 1997. *The Reagan Reversal: Foreign Policy and the End of the Cold War.* Columbus: The University of Missouri Press.

Frederkin, Brian. 2003. "Constructing Post-Cold War Collective Security." *American Political Science Review*, Vol.97, No.3, pp.363~378.

Freedman, Lawrence. 2001. "The Third World War?" *Survival*, Vol.43, No.4, pp.61~88.

Friedberg, Aaron L. 2000. *In the Shadow of the Garrison State: America's Anti-Statism and Its Cold War Grand Strategy.* Princeton: Princeton University Press.

Friedman, Benjamin H., Brendan Rittenhouse Green and Justin Logan. 2013. "Debating American Engagement: The Future of U.S. Grand Strategy."

International Security, Vol.38, No.2, pp.183~192.

Friedman, Thomas L. 2016.10.12. "Can the U.S. Win the Election?" *The New York Times*.

Fukuyama, Francis. 1989. "The End of History?" *The National Interest*, No.16, pp.3~18.

Fukuyama, Francis(ed.). 2006. *Nation-Building: Beyond Afghanistan and Iraq*. Baltimore: The Johns Hopkins University Press.

Gaddis, John Louis. 1982. *Strategies of Containment*. New York: Oxford University Press.

_____. 2002. "A Grand Strategy." *Foreign Policy*, Vol.133, pp.50~57.

_____. 2005. "Grand Strategy in the Second Term." *Foreign Affairs*, Vol.84, No.1, pp.2~15.

Gadzey, Anthony T. 1994. *The Political Economy of Power: Hegemony and Economic Liberalism*. New York: St. Martin's Press.

Gallup. 2010a. "Worldwide Leadership Approval." http://www.gallup.com/poll/142631/Worldwide-Leadership-Approval.aspx

_____. 2010b. "World Citizens Views Leadership Pre-Post Obama." http://www.gallup.com/poll/121991/World-Citizens-Views-Leadership-Pre-Post-Obama.aspx

_____. 2010c. "Obama Approval Averages 45% in September." http://www.gallup.com/poll/143354/Obama-Approval-Averages-September.aspx

_____. 2016. "Satisfaction with the United States." http://www.gallup.com/poll/1669/general-mood-country.aspx

Gardner, Lloyd C. and Marilyn B. Young(eds.). 2007. *Iraq and the Lessons of Vietnam: Or, How Not to Learn from the Past*. New York: The New Press.

Gates, Robert M. 2008.9.29. "Speech by Secretary of Defense at National Defense University" http://www.defense.gov/speeches/speech.aspx?speechid=1279

_____. 2009. "A Balanced Strategy." *Foreign Affairs*, Vol.88, No.1, pp.28~40.

_____. 2009.12.3. "State of Secretary of Defense Roberts Gates Senate Foreign Relations Committee." http://foreign.senate.gov/imo/media/doc/GatesTestimony091203a1.pdf

_____. 2010. "Helping Others Defend Themselves." *Foreign Affairs*, Vol.89, No.3, pp.2~6.

Gavin, Francis J. 2004. *Gold, Dollars, and Power: The Politics of International*

Monetary Relations. Chapel Hill: UNC Press.

Gerson, Michael. 2016.7.29. "Clinton vs. Trump: A Contest Between the Uninspiring and the Unfit." *The New York Times*.

Gholz, Eugene, Daryl G. Press and Harvey M. Sapolsky. 1997. "Come Home America: The Strategy of Restraint in the Face of Temptation." *International Security*, Vol.21, No.4, pp.5~48.

Gilens, Martin and Benjamin Page. 2014. "Testing Theories of American Politics: Elites, Interest Groups, and Average Citizens." *Perspectives on Politics*, Vol.12, No.3, pp.564~581.

Gilpin, Robert. 1981. *War and Change in World Politics*. New York: Cambridge University Press.

Gordon, Philip H. 2006. "The End of the Bush Revolution." *Foreign Affairs*, Vol.85, No.4, pp.75~86.

Gould, Erica R. and Stephen D. Krasner. 2003. "Germany and Japan: Binding versus Autonomy." in K. Yamamura and W. Streeck(eds.). *The End of Diversity? Prospects for German and Japanese Capitalism*. Ithaca: Cornell University Press.

Gray, Colin S. 2011. "Harry S. Truman and the Forming of American Grand Strategy in the Cold War, 1945~1953." In William Murray, Richard Hart Sinnereich and James Lacey(eds.). *The Shaping of Grand Strategy: Policy, Diplomacy, and War*. New York: Cambridge University Press.

Haass, Richard. 1995. "Paradigm Lost." *Foreign Affairs*, Vol.74, No.1, pp.43~58.

_____. 2003. "Sovereignty: Existing Rights, Evolving Responsibilities." http://www.state.gov/s/rem/2003.1668pf.htm

Hacker, Jacob S. 2010. "The Road to Somewhere: Why Health Reform Happened: Or Why Political Scientists Who Write about Public Policy Shouldn't Assume They Know How to Shape It." *Perspectives on Politics*, Vol.8, No.3, pp.861~876.

Hacker, Jacob S. and Paul Pierson. 2010. *Winner-Take-All Politics: How Washington Made The Rich Richer: And Turned Its Back On The Middle Class*. New York: Simon & Schuster.

Hahn, Peter L. and Mary Ann Heiss. 2001. *Empire and Revolution: The United States and the Third World Since 1945*. Columbus: Ohio State University Press.

Hamre, John J. 2003.9.23. "Iraq: Next Steps, How to Internationalize Iraq and Organize the U.S. Government to Adminsiter Reconstruction Efforts." https://www.foreign.senate.gov/imo/media/doc/HamreTestimony030923.pdf

Hannon, Elliot. 2016.12.2. "Trump's First 'Victory Tour' Speech Outlines His Menacing Vision for an Angry, Insular America in a Hostile World." http://www.slate.com/blogs/the_slatest/2016/12/02/trump_s_victory_speech_outlines_menacing_vision_for_an_angry_insular_america.html

Helleiner, Eric and Jonathan Kirshner(eds.). 2009. *The Future of the Dollar*. Ithaca: Cornell University Press.

_____. 2014. *The Great Wall of Money: Power and Politics in China's International Monetary Relations*. Ithaca: Cornell University Press.

The HELP Commission. 2007. *Beyond Assistance: The HELP Commission Report on Foreign Assistance Reform*. Washington, D.C.: The Brookings Institution Press.

Hendrickson, David C. 1994. "The Recovery of Internationalism: Stemming the Isolationist Impulse." *Foreign Affairs*, Vol.73, No.5, pp.26~43.

Heniff, Bill, Elizabeth Rybicki and Shannon M. Mahan. 2011. *The Budget Control Act of 2011*. Washington, D.C.: Congressional Research Service.

Herring, George C. 1991. "America and Vietnam: The Unending War." *Foreign Affairs*, Vol.70, No.5, pp.104~119.

_____. 1996. *America's Longest War: The United States and Vietnam, 1950~1975* (3rd Edition). New York: McGraw-Hill.

Hobsbawm, Eric. 1994. *The Age of Extremes: A History of the World, 1914~1991*. New York: Vintage Books.

Hoffman, Frank G. 2014. "Grand Strategy: The Fundamental Considerations." *Orbis*, Vol.58, No.4, pp.472~485.

Hoffmann, Stanley. 1995. "The Crisis of Liberal Internationalism." *Foreign Policy*, No.98, pp.159~177.

Holmes, J. Anthony. 2009. "Where Are the Civilians? How to Rebuild the U.S. Foreign Service." *Foreign Affairs*, Vol.88, No.1, pp.148~160.

Hogan, Michael. 1987. *The Marshall Plan: America, Britain, and the Reconstruction of Western Europe*. New York: Cambridge University Press.

_____. 1998. *A Cross of Iron: Harry S. Truman and the Origins of the National Security State, 1945~1954*. Cambridge: Cambridge University Press.

Hopkins, Daniel J. 2010. "Politicized Places: Explaining Where and When Immigrants Provoke Local Opposition." *American Political Science Review*, Vol.104, No.1, pp.40~60.

Huber, John. 2013.10.17. "Stop Blaming the Tea Party. It's the Moderate Republicans' Fault." *The Washington Post*.

Hunt, Albert R. 2014.8.10. "Case for Suing Obama Is Weak." *The New York Times*.

Huntington, Samuel P. 1982. "American Ideals Versus American Institutions." *Political Science Quarterly*, Vol.97, No.1, pp.1~37.

_____. 1997. "The Erosion of American National Interests." *Foreign Affairs*, Vol.76, No.5, pp.28~49.

Ikenberry, G. John. 1998. "Constitutional Politics in International Relations." *European Journal of International Relations*, Vol.4, No.2, pp.147~177.

_____. 1998/99. "Institutions, Strategic Restraint, and the Persistence of American Postwar Order." *International Security*, Vol.23, No.3, pp.43~78.

_____. 2002. "America's Imperial Ambition." *Foreign Affairs*, Vol.81, No.5, pp.44~60.

_____. 2007. "The Case for Restraint." *American Interest*, Vol.3, No.1, pp.23~24.

_____. 2009. "Liberal Internationalism 3.0: America and the Dilemmas of Liberal World Order." *Perspectives on Politics*, Vol.7, No.1, pp.71~87.

_____. 2011. "The Liberal Sources of American Unipolarity." in G. J. Ikenberry, M. Mastanduno and W. C. Wohlforth(eds.). *International Relations and the Consequences of Unipolarity*. New York: Cambridge University Press.

_____. 2014. "The Illusion of Geopolitics: The Enduring Power of the Liberal Order." *Foreign Affairs*, Vol.93, No.3, pp.80~91.

Ikenberry, G. John and Anne-Marie Slaugher. 2006. *Forging a World of Liberty under Law: U.S. National Security in the 21st Century*, Princeton Project on National Security. Princeton: The Woodrow Wilson School of Public and International Affairs.

Isaacson, Walter and Evan Thomas. 1986. *The Wise Men: Six Friends and the World They Made*. New York: Simon and Schuster.

Jacobson, Gary C. 2011a. "Legislative Success and Political Failure: The Public's Reaction to Barack Obama's Early Presidency." *Presidential Studies Quarterly*, Vol.41, No.2, pp.220~243.

_____. 2011b. "The Republican Resurgence in 2010." *Political Science Quarterly*,

Vol.126, No.1, pp.27~52.

_____. 2013. "Partisan Polarization in American Politics: A Background Paper." *Presidential Studies Quarterly*, Vol.43, No.4, pp.688~708.

Jacques, Martin. 2016.8.21. "The Death of Neoliberalism and the Crisis in Western Politics." *The Guardian.*

Jervis, Robert. 1980. "The Impact of the Korean War on the Cold War." *Journal of Conflict Resolution*, Vol.24, No.4, pp.563~592.

_____. 2005. "Why the Bush Doctrine Cannot be Sustained?" *Political Science Quarterly*, Vol.120, No.3, pp.351~377.

Kaplan, Robert D. 2015. "Fated to Lead." *The National Interest*, No.135, pp.58~69.

Karl, Colin H. 2007. "COIN of the Realm: Is There Future for Counterinsurency?" *Foreign Affairs*, Vol.86, No.6, pp.472~476.

Kennedy, David M. 2009. "What the New Deal Did." *Political Science Quarterly*, Vol.124, No.2, pp.251~268.

Keohane, Robert O. 2012. "Hegemony and After: Knowns and Unknowns in the Debate Over Decline." *Foreign Affairs*, Vol.91, No.4, pp.114~118.

Kerry, John. 2013.10.24. "Remarks at the Center for American Progress' 10~year Anniversary Policy Conference." http://www.state.gov/secretary/remarks/2013/10/215852.htm

Kessler, Glenn. 2006.11.28. "Close Advisor to Rice Plans to Resign." *The Washington Post.*

_____. 2007. *The Confidante: Condoleezza Rice and the Creation of the Bush Legacy.* New York: St. Martin's Press.

_____. 2007.6.8. "A Foreign Policy, In Two Words." *The Washington Post.*

Khalilzad, Zalmay M. and David A. Ochmanek. 1997. "Rethinking US Defense Planning." *Survival*, Vol.39, No.1, pp.43~64.

Kindleberger, Charles P. 1986. *The World in Depression, 1929~1939* (Revised and Enlarged Edition). Berkeley: University of California Press.

Kingdon, John. 1995. *Agendas, Alternatives, and Public Policies* (2nd ed.). New York: Addison-Wesley.

Kirshner, Jonathan. 2014. *American Power after the Financial Crisis.* Ithaca: Cornell University Press.

Klare, Michael T. 1999. "The New 'Rogue State' Doctirne." in Gearoid O. Thuathail, Simon Dalby and Paul Routledge(eds.). *The Geopolitical Reader.* London and New York: Routledge.

Klinkner, Philip A. 2006. "Mr. Bush's War: Foreign Policy in the 2004 Election." *Presidential Studies Quarterly*, Vol.36, No.2, pp.281~296.

Klinkner, Philip A. and Roger M. Smith. 2002. *The Unsteady March: The Rise And Decline of Racial Equality in America*. Chicago: University of Chicago Press.

_____. 2016.11.17. "Trump's Election is Actually a Return to Normal Racial Politics. Here's why." *The Washington Post*.

Kohout, John J., et al. 1995. "Alternative Grand Strategy Options for the United States." *Comparative Strategy*, Vol.14, No.4, pp.61~420.

Korb, Lawrence J. 2003.12.8. "A War of Choice or of Necessity?" *The Washington Post*.

Krasner, Stephen D. 1992. "Realism, Imperialism and Democracy: A Response to Gilbert." *Political Theory*, Vol.20, No.1, pp.38~52.

_____. 1995a. "Sovereignty and Intervention." in G. M. Lyons and M. Mastanduno(eds.). *Beyond Westphalia? State Sovereignty and International Intervention*. Baltimore and London: The Johns Hopkins University Press.

_____. 1995b. "Compromising Westphalia." *International Security*, Vol.20, No.3, pp.115~151.

_____. 1997. "Pervasive not Perverse: Semi-Sovereigns as the Global Norm." *Cornell International Law Journal*, Vol.30, pp.651~680.

_____. 1999. *Sovereignty: Organized Hypocrisy*. Princeton: Princeton University Press.

_____. 2001. "Sovereignty." *Foreign Policy*, No.122, pp.20~29.

_____. 2004. "Sharing Sovereignty: New Institutions for Collapsed and Failing States." *International Security*, Vol.29, No.2, pp.85~120.

_____. 2005. "The Day After." *Foreign Policy*, No.146, pp.68~70.

_____. 2009. "Autobiographical Reflections on the Policy-Academy Divide." *Cambridge Review of International Affairs*, Vol.22, No.1, pp.111~116.

_____. 2010. "An Orienting Principle for Foreign Policy." *Policy Review*, No.163, pp.3~12.

Krasner, Stephen D. and Carlos Pascual. 2005. "The Danger of Failed States." *Foreign Affairs*, Vol.84, No.4, pp.153~163.

Krauthammer, Charles. 1990/91. "The Unipolar Moment." *Foreign Affairs*, Vol.70, No.1, pp.23~33.

_____. 2002/03. "The Unipolar Moment Revisited." *The National Interest*, No.70, pp.5~17.

_____. 2010.9.3. "Our Distracted Commander in Chief." *The Washington Post*.

Krebs, Ronald R. and Jennifer K. Lobasz. 2007, "Fixing the Meaning of 9·11: Hegemony, Coercion and the Road to War in Iraq." *Security Studies*, Vol.16, No.3, pp.409~451.

Kreisler, Harry. 2003.3.31 "Sovereignty: Interview with Stephen D. Krasner." http://globetrotter.berkeley.edu/people3/Krasner/krasner-con0.html

Krepinevich, Andrew F. 1995. "The Clinton Defense Strategy." in Williamson Murray(ed). *Bressey's Mershon American Defense Annual 1995~1996*. Washington, D.C.: Bressey's.

Kristol, William and Robert Kagan. 1996. "Toward a Neo-Reaganite Foreign Policy." *Foreign Affairs*, Vol.74, No.4, pp.18~32.

Krugman, Paul. 2009. *The Conscience of A Liberal*. New York: Norton.

_____. 2016.11.25. "The Populism Perplex." *The New York Times*.

Kurth, James. 1996. "America's Grand Strategy: A Pattern of History." *The National Interest*, No.43, pp.3~19.

LaFeber, Walter. 2002. "The Bush Doctrine." *Diplomatic History*, Vol.26, No.4, pp.543~558.

Lake, Anthony. 1993.9.21 "From Containment to Enlargement." http://www.mtholyoke.edu/acad/intrel/lakedoc.html

_____. 1996. "Laying the Foundation for a New American Century." U.S. *Department of State Dispatch*, Vol.7, No.18, pp.208~212.

Lancaster, Carol. 2008. *George Bush's Foreign Aid*. Washington, D.C.: Center for Global Development.

Landler, Mark. 2000.4.28. "Making Nike Shoes in Vietnam." *The New York Times*.

Latham, Robert. 1997. *The Liberal Moment: Modernity, Security and the Making of Postwar International Order*. New York: Columbia University Press.

Layman, Geoffrey C. et al. 2010. "Activists and Conflict Extension in American Party Politics." *American Political Science Review*, Vol.104, No.2, pp.324~346.

Layne, Christopher. 1993. "The Unipolar Illusion: Why New Great Powers Will Rise." *International Security*, Vol.17, No.4, pp.5~51.

_____. 1997. "From Preponderance to Offshore Balancing: America's Future Grand

Strategy." *International Security*, Vol.22, No.1, pp.86~124.

_____. 2007. *The Peace of Illusion: U.S. Grand Strategy from 1940 to the Present*. Ithaca: Cornell University Press.

_____. 2012a. "This Time It's Real: The End of Unipolarity and the Pax Americana." *International Studies Quarterly*, Vol.56, No.1, pp.203~213.

_____. 2012b. "The (Almost) Triumph of Offshore Balancing." http://national interest.org/commentary/almost-triumph-offshore-balancing-6405

Lebow, Richard Ned and Thomas Risse-Kappen(eds.). 1995. *International Relations Theory and the End of the Cold War*. New York: Columbia University Press.

Lee, Heajeong. 2000. *The making of American Hegemony from the Great Depression to the Korean War*. Seoul: Seoul National University Press.

Leffler, Melvyn P. 1992. *A Preponderance of Power*. Stanford: Stanford University Press.

_____. 2010. "The Emergence of an American Grand Strategy." in M. P. Leffler and O. A. Westad(eds.). *The Cambridge History of the Cold War*. New York: Cambridge University Press.

Leonhardt, David. 2009.6.10. "America's Sea of Red Ink Was Years in the Making." *The New York Times*.

Loeb, Vernon. 2003.12.28. "In Iraq, Pace of US Casualties Has Accelerated." *The Washington Post*.

Logevall, Fredrik. 2014. *Embers of War: The Fall of an Empire and the Making of America's Vietnam*. New York: Random House.

Lundestad, Geir. 1999. "Empire by Invitation' in the American Century." *Diplomatic History*, Vol.23, No.2, pp.189~217.

Luttwak, Edward N. 1980/81. "The Operational Level of War." *International Security*, Vol.5, No.3, pp.61~79.

Lyons, Gene M. and Michael Mastanduno(eds.). 1995. *Beyond Westphalia?* Baltimore: The Johns Hopkins University Press.

Martel, William C. 2015. *Grand Strategy in Theory and Practice: The Need for an Effective American Foreign Policy*. New York: Cambridge University Press.

May, Ernest R.(ed.). 1993. *American Cold War Strategy: Interpreting NSC 68*. New York: St. Martin's Press.

Maynes, Charles William. 1993~1994. "A Workable Clinton Doctrine." *Foreign*

Policy, No.93, pp.3~21.

_____. 1995. "Relearning Intervention." *Foreign Policy*, No.98, pp.96~113.

Mazarr, Michael J. 2014. "The Rise and Fall of the Failed-State Paradigm." *Foreign Affairs*, Vol.93, No.1, pp.113~121.

McCain, John and Lindsey Graham. 2014.8.29. "Confront ISIS Now." *The New York Times*.

MccGwire, Michael. 2001. "The Paradigm that Lost Its Way." *International Affairs*, Vol.77, No.4, pp.777~803.

_____. 2002. "Shifting the Paradigm." *International Affairs*, Vol.78, No.1, 1~28.

McDougall, Walter A. 1997. *Promised Land, Crusade State*. Boston: Houghton, Mifflin.

_____. 2010. "Can the United States Do Grand Strategy?" *Orbis*, Vol.54, No.2, pp.165~184.

McMullin, Evan. 2016.12.5. "Trump's Threat to the Constitution." *The New York Times*.

Mead, Walter Russell. 2014. "The Return of Geopolitics: The Revenge of the Revisionist Powers." *Foreign Affairs*, Vol.93, No.3, pp.69~79.

Mearsheimer, John. 2011. "Imperial by Design." *The National Interest*, No.111, pp.16~34.

_____. 2014. "America Unhinged." *The National Interest*, No.129, pp.9~30.

Mearsheimer, John and Stephen Walt. 2003. "An Unnecessary War." *Foreign Policy*, No.134, pp.50~59.

_____. 2006. "The Isreal Lobby and U.S. Foreign Policy." *Middle East Policy*, Vol.13, No.3, pp.29~87.

Medzihorsky, Juraj, Levente Littvay and Erin K. Jenne. 2014. "Has the Tea Party Era Radicalized the Republican Party? Evidence from Text Analysis of the 2008 and 2012 Republican Primary Debates." *PS: Political Science and Politics*, Vol.47, No.4, pp.806~812.

Migration Policy Institute. 2015. "Immigrant share of the U.S. Population and Civilian Labor Force, 1980~present." http://www.migrationpolicy.org/programs/data-hub/charts/immigrant-share-us-population-and-civilian-labor-force

Milbank, Dana. 2003.9.24. "Bush Is Criticized at U.N. Over Iraq." *The Washington Post*.

_____. 2016.5.4. "A Promise Is a Promise: Trump is the GOP Nominee and I Will

Literally Eat my Words." *The Washington Post.*

Milevski, Lukas. 2014. "Grand Strategy and Operational Art: Companion Concepts and Their Implications for Strategy." *Comparative Strategy*, Vol.33, No.4, pp. 342~353.

Miller, Aaron David. 2014. *The End of Greatness: Why America Can't Have (and Doesnt Want) Another Great President.* New York: Palgrave Macmillan.

Miroff, Bruce. 2009. *The Liberals' Moment: The McGovern Insurgency and the Identity Crisis of the Democratic Party.* Lawrence: University Press of Kansas.

Miscamble, Wilson D. 2009. "Roosevelt, Truman and the Development of Postwar Grand Strategy." *Orbis*, Vol.53, No.4, pp.553~570.

Monnat, Shannon M. 2016. "Deaths of Despair and Support for Trump in the 2016 Presidential Election." http://aese.psu.edu/directory/smm67/Election16.pdf

Mueller, John. 2002. "Harbinger or Aberration? A 9·11 Provocation." *The National Interest*, No.69, pp.45~50.

_____. 2005. "The Iraq Syndrome." *Foreign Affairs*, Vol.84, No.6, pp.44~54.

_____. 2009. *Overblown: How Politicians and the Terrorism Industry Inflates National Security Threats and Why We Believe Them.* New York: Free Press.

Murray, Charles. 2012. *Coming Apart: the State of White America, 1960~2010.* New York: Crown Forum.

Murray, William. 2011. "Thoughts on Grand Strategy." In William Murray. Richard Hart Sinnereich and James Lacey(eds.). *The Shaping of Grand Strategy: Policy, Diplomacy, and War.* New York: Cambridge University Press.

National Defense Panel. 1997. *Transforming Defense: National Security in the 21st Century.* Arlington: National Defense Panel.

National Governors Association. 2016. "Current Governors." https://www.nga.org/cms/governors/bios

Newhouse, John. 2002. "The Threats America Faces." *World Policy Journal*, Vol.19, No.2, pp.22~37.

The New York Times. 2016.11.8. "What Happened on Election Day." *The New York Times.*

Norpoth, Helmut, Andrew H. Sidman and Clara H. Suong. 2013. "The New Deal Realignment in Real Time." *Presidential Studies Quarterly*, Vol.43, No.1, pp.146~166.

Norris, Floyd. 2014.10.23. "Banks Again Avoid Having Any Skin in the Game." *The*

New York Times.

Nye, Joseph S. 2001/02. "Seven Tests: Between Concert and Unilateralism." *The National Interest*, No.66, pp.5~13.

_____. 2002. "The American National Interest and Global Public Goods." *International Affairs*, Vol.78, No.2, pp.233~244.

_____. 2003. "U.S. Power and Strategy After Iraq." *Foreign Affairs*, Vol.82, No.4, pp.60~74.

_____. 2005. "Forum: In the National Interest." *Boston Review*, Vol.30, No.1. http://bostonreview.net/nye-politics-information-age

Obama, Barack. 2007. "Renewing American Leadership." *Foreign Affairs*, Vol.86, No.4, pp.2~16.

_____. 2008, *The Audacity of Hope*. New York: Vintage.

_____. 2009.1.20. "Inaugural Address." http://www.whitehouse.gov/the_press_office/President_Barack_Obamas_Inaugural_Address

_____. 2009.3.27. "A New Strategy for Afghanistan and Pakistan." http://www.whitehouse.gov/the_press_office/Remarks-by-the-President-on-a-New-Strategy-for-Afghanistan-and-Pakistan/

_____. 2009.12.1. "On the Way Forward in Afghanistan and Pakistan." http://www.whitehouse.gov/the-press-office/remarks-president-address-nation-way-forward-afghanistan-and-pakistan

_____. 2010.1.27. "Remarks by the President in State of Union Address." http://www.whitehouse.gov/the-press-office/remarks-president-state-union-address

_____. 2010.5.22. "Commencement Speech at West Point." http://www.whitehouse.gov/the-press-office/remarks-president-united-states-military-academy-west-point-commencement

_____. 2012.5.23. "Remarks by the President at the Air Force Academy Commencement." http://www.whitehouse.gov/the-press-office/2012/05/23/remarks-president-air-force-academy-commencement

_____. 2013.5.23. "Remarks by the President at the National Defense University." http://www.whitehouse.gov/the-press-office/2013/05/23/remarks-president-national-defense-university

_____. 2013.12.4 "Remarks by the President on Economic Mobility." http://www.whitehouse.gov/the-press-office/2013/12/04/remarks-president-economic-mobility

_____. 2014a.1.28. "The State of the Union Address." http://www.whitehouse.gov/the-press-office/2014/01/28/president-barack-obamas-state-union-address

_____. 2014.8.1. "Press Conference." http://www.whitehouse.gov/the-press-office/2014/08/01/press-conference-president

_____. 2014.8.7. "Statement by the President." http://www.whitehouse.gov/the-press-office/2014/08/07/statement-president

_____. 2014.9.10. "We Will Degrade and Ultimately Destroy ISIL." http://www.whitehouse.gov/blog/2014/09/10/president-obama-we-will-degrade-and-ultimately-destroy-isil

_____. 2014.10.2. "Remarks by the President on the Economy-Northwestern University." http://www.whitehouse.gov/the-press-office/2014/10/02/remarks-president-economy-northwestern-university

Office of Management and Budget. 2010. *Budget of the U.S. Government*. Washington, D.C.: Office of Management and Budget.

O'Hanlon, Michael E. 2002. "A Flawed Masterpiece." *Foreign Affairs*, Vol.81, No.3, pp.47~63.

Olsen, Johan P. 2001. "Garbage Cans, New Institutionalism, and the Study of Politics." *American Political Science Review*, Vol.95, No.1, pp.191~198.

Onis, Ziya and Ali Burak Guven. 2011. "The Global Economic Crisis and the Future of Neoliberalism: Rupture vs. Continuity." *Global Governance*, Vol.17, No.4, pp.469~488.

Panetta, Leon E. 2011.10.11. "Lee H. Hamilton Lecture." http://archive.defense.gov/Speeches/Speech.aspx?SpeechID=1620

_____. 2012.1.5. "Statement on Defense Strategic Guidance." http://archive.defense.gov/speeches/speech.aspx?speechid=1643

Pape, Robert A. 2005. "Soft Balancing against the United States." *International Security*, Vol.30, No.1, pp.7~45.

Pascual, Carlos. 2005.12.14. "Special Briefing: Signing of a Presidential Directive to Improve Management of U.S. Efforts for Reconstruction and Stabilization." http://2001-2009.state.gov/r/pa/prs/ps/2005/58085.htm

Patashnik, Eric. M. and Julian E. Zelizer. 2013. "The Struggle to Remake Politics: Liberal Reform and the Limits of Policy Feedback in the Contemporary American State." *Perspectives on Politics*, Vol.11, No.4, pp.1071~1087.

Patterson, James T. 1967. *Congressional Conservatism and the New Deal: The*

Growth of the Conservative Coalition in Congress, 1933~1939. Lexington: University of Kentucky Press.

Perle, Richard. 2003.3.21. "Thank God for the Death of the UN." *The Guardian.*

Perry, William J. 1996. "Defense in an Age of Hope." *Foreign Affairs*, Vol.75, No.6, pp.64~79.

Perry, William J. and Ashton Carter. 1998. *Preventive Defense.* Washington, D.C.: Brookings Institution Press.

Pew Research Center. 2010. "Global Indicators Database." http://www.pewglobal. org/database/

Pew Research Center. 2014. "Political Polarization in the American Public." http:// www.pewresearch.org/packages/political-polarization/

_____. 2015a. "The American Middle Class Is Losing Ground: No Longer the Majority and Falling Behind Financially." http://www.pewsocialtrends.org/ files/2015/12/2015-12~09_middle-class_FINAL-report.pdf

_____. 2015b. "Beyond Distrust: How Americans View Their Government: Broad Criticism, But Positive Performance Ratings in Many Areas." http://www. people-press.org/files/2015/11/11-23-2015-Governance-release.pdf

_____. 2016a. "In Their Own Words: Why Voters Support – and Have Concerns about – Clinton and Trump." http://www.people-press.org/2016/09/21/in- their-own-words-why-voters-support-and-have-concerns-about-clinton-and-tr ump/

_____. 2016b. "Low Marks for Major Players in 2016 Election – Including the Winner: Half of Voters are Happy about Trump Won; Democrats Take A Hard Line." http://www.people-press.org/2016/11/21/low-marks-for-major- players-in-2016-election-including-the-winner/

Philpott, Daniel. 2001. "Usurping the Sovereignty of Sovereignty?" *World Politics*, Vol.53, No.2, pp.297~324.

Philpott, Simon and David Mutimer. 2009, "The United States of Amnesia: US Foriegn Policy and the Recurrence of Innocence." *Cambridge Review of International Affairs*, Vol.22, No.2, pp.301~317.

Polsky, Andrew. 2010. "Staying the Course: Presidential Leadership, Military Stalemate, and Strategic Inertia." *Perspectives on Politics*, Vol.8, No.1, pp. 127~139.

Posen, Barry. 1984. *The Sources of Military Doctrine: France, Britain, and*

Germany Between the World Wars. Ithaca: Cornell University Press.

_____. 2003. "Command of the Commons: The Military Foundation of U.S. Hegemony." *International Security*, Vol.28, No.1, pp.5~46.

_____. 2007. "The Case for Restraint." *The American Interest*, Vol.3, No.1, pp.7~17.

_____. 2008. "Restraining Order." *The American Interest*, Vol.3, No.3, 88~93.

_____. 2014. *Restraint, A New Foundation for U.S. Grand Strategy*. Ithaca: Cornell University Press.

Posen, Barry and Andrew Ross. 1996/97. "Competing Visions for U.S. Grand Strategy." *International Security*, Vol.21, No.3, pp.5~53.

Preble, Christopher A. 2009. *The Power Problem: How American Military Dominance Makes Us Less Safe, Less Prosperous and Less Free*. Ithaca: Cornell University Press.

Putnam, Robert D. 2013. *Our Kids: The American Dream in Crisis*. New York: Simon & Schuster.

Quadrennial Defense Review Independent Panel. 2010. *QDR in Perspective: Meeting America's National Security Needs In the 21st Century*. Washington, D.C.: U.S. Department of Defense.

Ravenal, Earl C. 1990/91. "The Case for Adjustment." *Foreign Policy*, No.81, pp.10~15.

Reveron, Derek S. and Nikolas K. Grosdev. 2015. "(Re)Discovering the National Interest: The Future of U.S. Foreign Policy and Defense Strategy." *Orbis*, Vol.59, No.3, pp.299~316.

Rhodes, Edward. 2003. "The Imperial Logic of Bush's Liberal Agenda." *Survival*, Vol.45, No.1, pp.131~154.

Rice, Condoleezza. 2000. "Promoting the National Interest." *Foreign Affairs*, Vol.79, No.1, pp.45~62.

_____. 2005.1.18. "Opening Remarks by Secretary-Designate Dr. Condoleezza Rice." http://2001-2009.state.gov/secretary/rm/2005/40991.htm

_____. 2005.1.31. "Remarks at Town Hall Meeting." http://2001-2009.state.gov/secretary/rm/2005/41414.htm

_____. 2005.6.3. "Remarks at Town Hall Meeting." http://2001-2009.state.gov/secretary/rm/2005/47285.htm

_____. 2005.6.20a. "Remarks at the American University in Cairo." http://2001-

2009.state.gov/secretary/rm/2005/48328.htm

_____. 2005.6.20b. "Joint Press Availability With Saudi Foreign Minister Saud Al-Faisal." http://2001-2009.state.gov/secretary/rm/2005/48390.htm

_____. 2005.12.11. "The Promise of Democratic Peace." *The Washington Post*.

_____. 2006.1.18. "Transformational Diplomacy." http://2001-2009.state.gov/secretary/rm/2006/59306.htm

_____. 2007.6.7. "Remarks at the Centennial Dinner for the Economic Club for New York." http://2001-2009.state.gov/secretary/rm/2007/06/86200.htm

_____. 2008a. "Rethinking the National Interest: American Realism for a New World." *Foreign Affairs*, Vol.87, No.4, pp.2~27.

_____. 2008b.2.12. "Remarks on Transformational Diplomacy." http://2001-2009.state.gov/secretary/rm/2008/02/100703.htm

Rice, Condoleezza and Robert Gates. 2008.2.13. "What We Need Next in Iraq." *The Washington Post*.

Rich, Frank. 2010.9.4. "Freedom's Just Another Word." *The New York Times*.

Richburgm, Keith B. and Glenn Kessier. 2003.10.24. "Nations Pledge Billions for Iraq." *The Washington Post*.

Ritholtz, Barry, Bill Fleckenstein and Aaron Task. 2010. *Bailout Nation, with New Post-Crisis Undate: How Greed and Easy Money Corrupted Wall Street and Shook the World Economy*. New York: Wiley.

Roberts, Adam. 2002. "Counter-terrorism, Armed Force and the Laws of War." *Survival*, Vol.44, No.1, pp.7~32.

_____. 2005. "The 'War on Terror' in Historical Perspective." *Survival*, Vol.47, No.2, pp.101~130.

Rubin, Alissa J. 2003.11.26. "Iraquis Begin Debating the Riddle of Sovereignty." *Los Angeles Times*.

Ruggie, John G. 1982. "International Regimes, Transactions, and Change: Embedded Liberalism in the Postwar Economic Order." *International Organization*, Vol.36, No.2, pp.379~415.

Rumsfeld, Donald H. 2001.9.27. "A New Kind of War." *The New York Times*.

_____. 2002. "Transforming the Military." *Foreign Affairs*, Vol.81, No.3, pp.20~32.

Russett, Bruce. 2005. "Bushwhacking the Democratic Peace." *International Studies Perspective*, Vol.6, No.4, pp.395~408.

Sanger, David E. 2003.11.16. "America's Gamble: A Quick Exist Plan for Iraq." *The*

New York Times.

_____. 2009. *The Inheritance: The World Obama Confronts and the Challenges to American Power.* New York: Harmony Books.

_____. 2014.9.5 "Three-Headed Monster Challenges Obama Foreign Policy." *The New York Times.*

Sanger, David E. and Maggie Haberman. 2016.3.26. "In Donald Trump's Worldview, America Comes First, and Everybody Else Pays." *The New York Times.*

Sapolsky, Harvey M. 1972. *The Polaris System Development: Bureaucratic and Programmatic Success in Government.* Cambridge: Harvard University Press.

Sapolsky, Harvey, Eugene Gholz, and Caitlin Talmadge. 2008. *US Defense Politics: The Origins of Security Policy.* New York: Routledge.

Sapolsky, Harvy, et al. 2009. "Restraining Order: For Strategic Modesty." *World Affairs,* Vol.2, No.4, pp.84~94.

Schickler, Eric. 2016. *Racial Realignment: the Transformation of American Liberalism, 1932~1965.* Princeton: Princeton University Press.

Schlesinger, Arthur M. 1998. *The Vital Center: The Politics of Freedom*(New ed.). New Brunswick: Transaction Publishers.

Schlesinger, James. et al. 2001. "After September 11: Conversation." *The National Interest,* No.65, pp.67~82.

Schwarz, Benjamin. 1998. "Exporting the Myth of a Liberal America." *World Policy Journal,* Vol.15, No.3, pp.69~77.

Serfaty, Simon. 2010, "The Limits of Audacity." *The Washington Quarterly,* Vol.33, No.1, pp.99~110.

Sevastopulo, Demetri. 2008.12.5. "Gates Wants Action on 'Todays' Wars'." *Financial Times.*

Shanker, Thom. 2003.10.23. "Rumsfeld Sees Need to Realign Military Fight Against Terror." *The New York Times.*

_____. 2003.10.26. "Rockets Hit Baghdad Hotel Where Wolfowitz Was Staying." *The New York Times.*

_____. 2008.9.30. "Defense Chief Criticizes Bureaucracy at the Pentagon." *The New York Times.*

Shear, Michael. 2014.10.28. "After One Year, Is the U.S. Health Care Overhaul Working?" *The New York Times.*

Skocpol, Theda and Lawrence R. Jacobs. 2012. "Accomplished and Embattled: Understanding Obama's Presidency." *Political Science Quarterly*, Vol.127, No.1, pp.1~24.

Skocpol, Theda and Vanessa Williamson. 2012. *The Tea Party and the Remaking of Republican Conservatism*. Oxford: Oxford University Press.

Smeltz, Dana. et al. 2016. "2016 Chicago Council Survey: America in the Age of Uncertainty." https://www.thechicagocouncil.org/sites/default/files/ccgasurvey2016_america_age_uncertainty.pdf

Smith, Daniel. 2001. "The Quadrennial Defense Review." http://www.cdi.org/issues/qdr/qdr.html

Stedman, Stephen John. 1993. "The New Interventionists." *Foreign Affairs*, Vol.72, No.1, pp.1~16.

Steinhauer, Jennifer. 2015.9.25. "John Boehner, House Speaker, Will Resign from Congress." *The New York Times*.

Stiglitz, Joseph E. 2016.8.5. "Globalization and its New Discontents." *Project Syndicate*.

Strachan, Hew. 2005. "The Lost Meaning of Strategy." *Survival*, Vol.47, No.3, pp.33~54.

_____. 2013. *The Direction of War: Contemporary Strategy in Historical Perspective*. Cambridge: Cambridge University Press.

Stremlau, John. 1994~1995. "Clinton's Dollar Diplomacy." *Foreign Policy*, No.97, pp.18~35.

Stuart, Douglas. T. 2003. "Ministry of Fear: The 1947 National Security Act in Historical and Institutional Context." *International Studies Perspectives*, Vol.4, No.3, pp.293~313.

Temin, Peter. 2010. "The Great Recession & the Great Depression." *Daedalus*, Vol.139, No.4, pp.115~124.

_____. 2016. "The American Dual Economy: Race, Globalization, and the Politics of Exclusion." *International Journal of Political Economy*, Vol.45, No.2, pp.85~123.

Tesler, Michael. 2016. *Post-Racial or Most-Racial? Race and Politics in the Obama Era*. Chicago: The University of Chicago Press.

Tharoot, Shashi. 2003. "Why America Still Needs the United Nations." *Foreign Affairs*, Vol.82, No.5, pp.67~80.

Thomas, Louisa. 2016.7.24. "America First, for Charles Lindbergh and Donald Trump." *The New Yorker.*

Tilly, Charles. 2004. "Terror, Terrorism, Terrorists." *Sociological Theory,* Vol.22, No.1, pp.5~13.

Truman, Harry S. 1953.1.12. "U.S. Foreign Policy in Review." *Department of State Bulletin,* pp.43~46.

Trump, Donald J. 2015. *Crippled America: How To Make America Great Again.* New York: Threshold Editions.

_____. 2016. *Great Again: How To Fix Our Crippled America.* New York: Threshold Editions.

Tucker, Robert W. et al. 2002. "One Year On: Power, Purpose and Strategy in American Foreign Policy." *The National Interest,* No.69, pp.5~34.

Tyler, Patrick E. 1992.3.8. "U.S. Strategy Plan Calls for Insuring No Rivals Develop." *The New York Times.*

Uhrmacher, Kevin, Kevin Schaul and Dan Keating. 2016.11.9. "These Former Obama Strongholds Sealed the Election for Trump." *The Washington Post.*

U.S. Bureau of Economic Analysis. 2014. *National Income and Product Accounts Tables.* http://www.bea.gov//national/nipaweb/DownSS2.asp

U.S. Bureau of Labor Statistics. 2014. *Labor Force Statistics from the Current Population Survey.* http://data.bls.gov/timeseries/LNS14000000

The United States Commission on National Security/21st Century. 1999. *New World Coming: American Security in the 21st Century.* Washington, D.C.: U.S. Department of Defense.

_____. 2000. *Seeking a National Strategy: A Concept for Preserving Security and Promoting Freedom.* Washington, D.C.: U.S. Department of Defense.

U.S. Department of Defense. 1993. *Report on the Bottom-up Review.* Washington, D.C.: U.S. Department of Defense.

_____. 1997. *Report of the Quadrennial Defense Review Report.* Washington, D.C.: U.S. Department of Defense.

_____. 2001. *Quadrennial Defense Review Report.* Washington, D.C.: U.S. Department of Defense.

_____. 2006. *Quadrennial Defense Review Report.* Washington, D.C.: U.S. Department of Defense.

_____. 2008. *National Defense Strategy.* Washington, D.C.: U.S. Department of

Defense.

_____. 2010a. *Quadrennial Defense Review Report*. Washington, D.C.: U.S. Department of Defense.

_____. 2010b. *National Defense Budget estimates for FY 2011*. Washington, D.C.: U.S. Department of Defense.

_____. 2012. *Sustaining U.S. Global Leadership: Priorities for 21st Century Defense*. Washington, D.C.: U.S. Department of Defense.

U.S. Department of Homeland Security. 2016. "Yearbook of immigration statistics." https://www.dhs.gov/immigration-statistics/yearbook

U.S. Department of Labor. 2010. "Labor Force Statistics including the National Unemployment Rate." http://www.bls.gov/data/

Valsek, Tomas. 2003. "New Threats, New Rules: Revising the Law of War." *World Policy Journal*, Vol.20, No.1, pp.17~24.

Wallerstein, Immanuel. 2002. "The Eagle Has Crash Landed." *Foreign Policy*, No.131, pp.60~68.

Walt, Stephen. 1987. *The Origins of Alliances*. Ithaca: Cornell University Press.

_____. 2002. "American Primacy: Its Prospects and Pitfalls." *Naval War College Review*, Vol.55, No.2, pp.9~28.

_____. 2005a. "In the National Interest: A Grand New Strategy for American Foreign Policy." *Boston Review*, Vol.30, No.1, http://bostonreview.net/archives/BR30.1/walt.php

_____. 2005b. "Taming American Power." *Foreign Affairs*, Vol.84, No.5, pp.105~120.

_____. 2011. "The End of the U.S. Era." *The National Interest*, No.116, pp.6~16.

Wayne, Stephen. 2011. "Presidential Character and Judgment: Obama's Afghanistan and Health Care Decisions." *Presidential Studies Quarterly*, Vol.41, No.2, pp.291~306.

Weatherford, M. Stephen. 2012. "The Wages of Competence: Obama, the Economy, and the 2010 Midterm Elections." *Presidential Studies Quarterly*, Vol.42, No.1, pp.8~39.

Weisman, Steven R. 2006.1.30. "Rice Admits U.S. Underestimated Hamas Strength." *The New York Times*.

Westad, Odd Arne. 2005. *The Global Cold War: Third World Interventions and the Making of Our Times*. New York: Cambridge University Press.

The White House. 1991. *National Security Strategy of the United States.* Washington, D.C.: The White House.

_____. 1995. *A National Security Strategy of Engagement and Enlargement.* Washington, D.C.: The White House.

_____. 1996. *A National Security Strategy of Engagement and Enlargement.* Washington, D.C.: The White House.

_____. 1997. *A National Security Strategy for a New Century.* Washington, D.C.: The White House.

_____. 1998. *A National Security Strategy for a New Century.* Washington, D.C.: The White House.

_____. 1999. *A National Security Strategy for a New Century.* Washington, D.C.: The White House.

_____. 2002. *The National Security Strategy of the United States of America.* Washington, D.C.: The White House.

_____. 2003. *National Strategy for Combatting Terrorism.* Washington, D.C.: The White House.

_____. 2006. *The National Security Strategy of the United States of America.* Washington, D.C.: The White House.

_____. 2010. *The National Security Strategy of the United States of America.* Washington, D.C.: The White House.

_____. 2015. *The National Security Strategy.* Washington, D.C.: The White House.

Wilenz, Sean. 2008. *The Age of Reagan: A History, 1974~2008.* New York: Harper.

Williams, William Appleman. 1959. *The Tragedy of American Diplomacy.* New York: Norton.

Williamson, Vanessa, Theda Skocpol and John Coggin. 2011. "The Tea Party and the Remaking of Republican Conservatism." *Perspectives on Politics*, Vol.9, No.1, pp.25~43.

Wohlforth, William C. 1999. "The Stability of a Unipolar World." *International Security*, Vol.23, No.1, pp.5~41.

Wong, Edward. 2003.12.26. "Sunnis in Iraq Form Own Political Council." *The New York Times.*

Woodward, Bob. 2006. *State of Denial.* New York: Simon & Schuster.

_____. 2008. *The War Within: A Secret White House History 2006~2008.* New York: Simon & Schuster.

_____. 2010. *Obama's Wars*. New York: Simon & Schuster.

Wright, Robin. 2003.11.7. "Idealism in the Face of a Troubled Reality." *The Washington Post*.

Zakaria, Fareed. 2013. "Can America Be Fixed?" *Foreign Affairs*, Vol.92, No.1, pp.22~33.

Zakheim, Dov S. 1997. "Tough Choices: Toward a True Strategic Review." *The National Interests*, No.47, pp.32~43.

Zeiler, Thomas W. 2013. "Requiem For the Common Man: Class, the Nixon Economic Shock and the Perils of Globalization." *Diplomatic History*, Vol.37, No.1, pp.1~23.

Zelikow, Philip. 2003. "The Transformation of National Security: Five Redefinitions." *The National Interest*, No.71, pp.17~28.

_____. 2005.5.6. "Practical Idealism: Present Policy in Historical Perspective." http://2001-2009.state.gov/s/c/rls/rm/45851.htm

Zelikow, Philip and Condoleezza Rice. 1997. *Germany Unified and Europe Transformed: A Study in Statecraft*. Cambridge: Harvard University Press.

Zillman, Claire. 2016.1.13. "Obama's Economy in 7 Charts: The Good, The Bad, and The Ugly." *Fortune Magazine*.

찾아보기

인물

용어

이혜정

중앙대학교 정치국제학과 교수이자 국제정치학자이다. 서울대학교 외교학과를 졸업하고 동 대학원에서 석사학위를, 노스웨스턴 대학교에서 정치학 박사학위를 받았다. 박사과정 중 '냉전의 재조명'을 주제로 한 국제 연구원 과정에 선발되어 노르웨이 노벨연구소에서 초빙연구원을 지냈으며, 경남대학교 극동문제연구소 객원연구위원, 연세대학교 통일연구원 전문연구원 등을 역임했다. 2002년 9월부터 중앙대학교에서 미국 외교와 국제정치를 가르치고 있으며, 2008~2009년 몬태나 대학교에서 맨스필드 센터 방문교수를 지냈다. 주요 연구 관심은 '정치적 현상의 기원'으로, 군부 정치 개입의 기원을 탐구하기 시작해 미국 패권의 기원과 근대 국제관계의 기원으로 연구 지평을 넓혔고, 한미 동맹에 대한 연구를 이어오고 있다.

주요 저서: *The Making of American Hegemony from the Great Depression to the Korean War* (2000), 『분단 70년의 국제관계』(공저, 2016), 『세계정치론』(5판, 공역, 2015), 『한국 민주주의의 도전과 극복』(공저, 2013), 『한국 민주주의의 위기와 전망』(공저, 2013), 『변환의 세계정치』(2판, 공저, 2012), 『2012 차이나 리포트』(공저, 2008), 『동아시아시대 새로운 외교지형의 구축』(공저, 2006), 『북한연구의 성찰』(공저, 2005), 『변화하는 세계 바로보기』(공저, 2004), 『미국의 신보수주의 외교전략과 한반도 평화문제』(공저, 2004), 『21세기 국제환경 변화와 한반도』(공저, 2004), 『동아시아 국제관계와 한국』(공저, 2003)

한울아카데미 2010

냉전 이후 미국 패권
자본주의와 민주주의, 전쟁의 변주

ⓒ 이혜정, 2017

지은이 **이혜정**
펴낸이 **김종수**
펴낸곳 **한울엠플러스(주)**
편집 **최규선**

초판 1쇄 인쇄 **2017년 9월 8일**
초판 1쇄 발행 **2017년 9월 25일**

주소 **10881 경기도 파주시 광인사길 153 한울시소빌딩 3층**
전화 **031-955-0655**
팩스 **031-955-0656**
홈페이지 **www.hanulmplus.kr**
등록번호 **제406-2015-000143호**

Printed in Korea.
ISBN 978-89-460-7010-3 93340 (양장)
ISBN 978-89-460-6387-7 93340 (반양장)

* 책값은 겉표지에 표시되어 있습니다.